U0454645

电子商务师

主　编　马晓燕　丁　辉　王守涛
副主编　徐　璐　鲁　洁　臧秀云

四川科学技术出版社

图书在版编目（CIP）数据

电子商务师/马晓燕，丁辉，王守涛主编 . —成都：

四川科学技术出版社，2024.5

ISBN 978-7-5727-1370-5

Ⅰ.①电… Ⅱ.①马…②丁…③王… Ⅲ.①电子商务—职业技能—鉴定—教材 Ⅳ.①F713.36

中国国家版本馆 CIP 数据核字（2024）第 108343 号

电子商务师

DIANZI SHANGWUSHI

主　　编　马晓燕　丁　辉　王守涛

出品人程　程佳月
责任编辑　胡小华
责任出版　欧晓春
出版发行　四川科学技术出版社
　　　　　成都市锦江区三色路 238 号邮政编码 610023
　　　　　官方微博：http：//e. weibo. com/sckjcbs
　　　　　官方微信公众号：sckjcbs
　　　　　传真：028-86361756
成品尺寸　185mm×260mm
印　　张　14.5
字　　数　290 千
印　　刷　成都一千印务有限公司
版　　次　2024 年 5 月第 1 版
印　　次　2024 年 5 月第 1 次印刷
定　　价　59.90 元

ISBN 978-7-5727-1370-5

邮　　购：成都市锦江区三色路 238 号新华之星 A 座 25 层邮政编码：610023
电　　话：028－86361758

前　　言

　　电子商务作为一门高速发展的新兴学科，已成为推动社会、经济、生活和文化进步的重要动力和工具，对国民经济的各个环节产生了深刻影响。随着新技术不断推动电子商务的发展，过去不适合采用电子商务的产品和业务流程也逐渐被电子商务化。"十四五"规划纲要提出要发展现代互联网产业体系。我国已进入以互联网工程为核心，加快推进基于互联网的商业模式、服务模式、管理模式及供应链、物流链等各类创新，培育适应现代市场需要的电子商务新业态的时代。

　　培养适应电子商务发展需要的各类人才，是各个院校及培训机构的重要任务，它直接影响到未来经济的发展。本书注重整体的优化，坚持能力本位，旨在拓展学生的视野和知识面，培养他们的技能素质和综合素质。

　　本书结构清晰，体系完整，内容新颖，且注重时效性和针对性。本书共六章，系统而全面地介绍了认识电子商务、商务网页设计与制作、网店维护与商品发布、网络营销、电子支付与网上银行、电子商务与物流。全书围绕电子商务的基本概念、模式，电子商务实现的基础条件，电子商务流程中涉及的各个方面进行讲述，通过对这些内容的介绍，使学生对电子商务有全方位的了解，同时掌握电子商务的基础技术，熟悉电子商务的流程。

　　由于作者的水平有限，加之电子商务知识更新速度较快，书中难免存在疏漏和不足之处，敬请专家和读者批评指正。

目　　　录

第一章

认识电子商务

随着互联网的不断发展，网络正改变着人们生活的各个方面，任何领域都没有像商务运作方式那样经历着一场如此快速且巨大的变革。据此，众多企业正在准备或已经实现使用互联网技术将业务转变到电子商务的道路上。

本节主要讲述电子商务的基本知识，通过对电子商务的功能、特性、本质等内容的详细阐述，使学生对电子商务能够有清晰的认识，了解电子商务行业的职业发展，了解和掌握电子商务应用到商贸领域所带来的理念、方式的改变，并为后续的深入学习、研究及从事电子商务活动奠定基础。

第一节　电子商务职业发展认知

一、认识电子商务

21世纪人们迎来了以网络通信为核心的信息时代，随着经济全球化、贸易自由化和信息网络化进程的推进，与信息时代相伴而生的电子商务，作为实现金融电子化、管理自动化、商业信息网络化的一种综合活动，正在使企业的经营方式、个人的消费方式以及政府的运作方式发生有史以来最深刻的变革。

（一）现实生活中的电子商务

在互联网技术迅速发展的今天，电子商务完成了许多传统商务所不能完成的事情，它涉及网络技术、商务活动等多个方面，具体的表现形式有网上购物、网上银行、在线旅游、网上销售等。

1. 网上购物

如今网上购物已经成为潮流，随着网上交易的安全保障、管理制度越来越完善，网上购物将会有更大的发展前景。如图1-1所示，人们可以在戴尔的官网上选购想要的商品。

图 1-1　网上购物

2. 网上银行

网上银行的支付功能。在网上银行里，用户可以办理信息咨询、银证转账、个人理财等多种业务，特别是办理数额比较大的资金存取与转账业务，既方便，又安全。

3. 在线旅游

"在线旅游"（见图1-2）作为一个新的服务业态成型于2003年，携程、去哪儿、驴妈妈、途牛等旅游网站成立，正式标志着中国在线旅游产业新模式的形成。在欧美等发达国家，在线旅游已经成为整个电子商务领域发展最快、最突出的部分。

图 1-2　在线旅游

4. 网上销售

借助于计算机网络进行的信息交流和商务交易活动打破了时空界限，使交易双方能够便捷地完成商务贸易、销售及采购等各种商务活动。如图1-3所示，全球跨境购物正日新月异地发展，成为电子商务不可缺少的一部分。

图 1-3　网上销售

3

（二）电子商务的成功案例

接下来以戴尔（Dell）公司成功的计算机网上销售作为案例来具体认识电子商务。

戴尔总部设在美国得克萨斯州圆石市，是世界上最成功的采用电子商务的计算机公司之一。如图 1-4 所示，戴尔在 1994 年推出了 www.dell.com 官方网站，并在 1996 年加入了电子商务功能。1995 年，戴尔只有 5% 的收入来自服务器业务，占整个服务器市场的份额不到 4%，全球服务器出货量仅排名世界第七。历时 20 余年，戴尔 PowerEdge 产品组合的销量以高于行业平均水平两倍以上的速度增长，稳居全球 x86 服务器市场第二名的位置。客观地说，自戴尔进入服务器市场以来，整个服务器市场的增长已超过 600%。据 IDC（互联网数据中心）数据统计，戴尔 PowerEdge 服务器在中国市场从 2011 年到 2014 年连续四年出货量排名第一。

图 1-4　戴尔中文官网

戴尔很清楚互联网的重要作用，包括获取信息、客户支持和客户关系的管理。在 http://www.ap.dell.com（戴尔亚太区）网站上，不同国家的客户可以对戴尔全系列产品进行评比、配置，并获知相应的报价。顾客可以在线（网络、电话）订购，并且随时监测产品制造及送货流程。在官网上，戴尔和供应商共享包括产品质量和库存清单在内的一整套信息。戴尔利用互联网将其业内领先的服务带给广大客户。

电子商务在不同的领域有不同的定义，但其关键依然是依靠电子设备和网络技术进行的商业模式。随着电子商务的高速发展，它已不仅仅包括购物环节，还包括物流配送等附带服务。

戴尔的电子商务应用模式集 B2B（business to business，企业到企业的电子商务模式）、B2C（business to customer，企业到用户的电子商务模式）和 B2G（business to government，企业与政府机构间的电子商务模式）于一体，具有更强的综合性。这是属于产品主导型的模式，以销售实体产品和核心技术为主。一般以 B2B 和 B2C 应用模式为主的电子商务网站都使用用户管理模式是实现用户管理，戴尔网站的登录者被设定为潜在的"目标客户"，客服代表只需随时与在线的客户进行沟通，促成交易即可。

戴尔的网站有统一的用户登录页，想购买产品的用户必须经过注册、登录才能完成交易，所有用户都享有平等、自由的权利。在交易过程当中，用户自行选择商品、加入购物车、校验、选择支付方式和发货方式、填写注册信息等。

在不断完善供应链系统的过程中，戴尔敏锐地捕捉到互联网对供应链和物流带来的巨大变革，不失时机地建立了包括信息搜集、原材料采购、生产、客户支持及客户关系管理以及市场营销等环节在内的网上电子商务平台。

二、电子商务岗位认知

近年来随着互联网的普及和推广，电子商务已逐渐深入各个行业，企业纷纷设立电子商务或者网络营销部门开展公司业务。由于各地区经济发展不均衡，各行业互联网络应用参差不齐等原因，各企业的电子商务运营水平差别较大，故企业对岗位名称的设置差别也较大。

根据对技术和商务要求的侧重点不同，可以把电子商务岗位分为以下两类：一是以技术为主的电子商务岗位，如网站设计和数据库维护人员等；二是以商务为主的电子商务岗位，如电子商务运营人员、产品推广人员等。

作为学习电子商务专业的在校学生，应该了解该行业相关的职业发展，对未来做好合理的职业规划。下面以戴尔为例，讲解以商务为主的电子商务岗位及其职责与要求。

（一）电子商务运营人员

1. 岗位职责

（1）负责戴尔网上商店的运营。

（2）熟悉网上商店的各类活动，跟进网络购物平台的各种官方推广活动的执行，配合客服人员力争获得最佳活动效果。

（3）能够规划出方案来提升戴尔品牌的知名度和影响力。

（4）负责制定营销战略规划和投放网络广告，并做好营销费用的预算和数据统计分析。

（5）挖掘客户需求，对客户体验进行优化，提出优化方案和改进建议，包括网店装修、文案编辑等方面。

（6）分析月度、季度、年度的业绩目标，分析流量目标和转化率目标等，实施策略规划，并监督管理执行。

2. 任职要求

（1）计算机或者电子商务相关专业。

（2）具备 B2B/B2C 网站的营销、推广工作经验。

（3）熟练掌握软文、交换链接、邮件推广、社交网络推广、论坛推广及其他特殊的推广方式。

（4）对网络营销有深刻理解和实操经验，熟悉不同的营销方式：竞价排名、网络广告投放、电子邮件营销、论坛营销、web 2.1 营销等。

（5）对数据、相关数据内部联系及逻辑等具备较强的敏感度，具备数据分析能力。

（6）精通 Microsoft Word、Excel、PowerPoint 等办公软件，具有良好的沟通协作能力和文案水平。

（二）电子商务产品推广人员

1. 岗位职责

（1）利用各种方式，包括电子邮件、论坛、QQ 群、微博、博客等站内外各种渠道，推广和宣传戴尔的品牌、产品、口碑，从而带动销售。

（2）制定推广目标、计划，对广告费用投入与回报进行预测分析总结，并负责执行。

（3）不断研究、发现新的潜在推广渠道方式，并能够有效执行。

（4）负责站内搜索引擎的优化，提升关键词排名，增加访问量。

（5）关注研究同类产品、同行业的宣传推广方式。

2. 任职要求

（1）熟悉电子产品行业消费者的购物习惯和购物心理。

（2）具备丰富的产品策划、运营分析、营销推广经验和能力。

（3）负责对店铺与标题关键字策略优化、橱窗推荐、搜索引擎营销、网络广告等的推广工作。

（4）需要有实际操作运营经验，有较强的战略意识。

（5）具有较强的责任感，独立性强，勇于挑战，有较强的团队合作精神，并能承受较大压力。

（三）电子商务文案策划

1. 岗位职责

（1）负责戴尔产品的文字描述，卖点的提炼以及拍摄需求的提交、实施，实现产品在网页上的展示，并根据效果进行优化。

（2）负责各种专题活动、促销活动、广告海报的文字策划，协助营销人员、设计人员完成活动。

（3）负责戴尔品牌的推广策划，包括品牌传播内容、品牌故事、品牌精神的打造。

（4）负责总结发现传播热点，撰写软文、新闻稿并推送，针对产品卖点在对应的各大社交网络社区发布维护并统计效果。

（5）负责戴尔官网、微博、博客的管理和维护。

2. 任职要求

（1）有较强的文字撰写能力，能辅助进行市场宣传推广方案的撰写。

（2）善于写作具有吸引力的推广性软文。

（3）具有负责活动规划及执行、文案撰写等相关工作经验。

（4）高度关注电子产品市场营销活动，具有敏锐的观察力，具有独具创意的思维方式以及独到的市场眼光。

（5）具有良好的沟通能力、学习能力，以及较强的大型活动策划、组织、协调能力。

（6）具有开拓进取精神、较强的责任心，以及良好的职业道德、敬业精神和团队意识。

（四）网络图片美工设计

1. 岗位职责

（1）负责戴尔网站建设的布局和结构等方面的整体规划的设计、更新、改版。

（2）负责公司产品描述页面的设计、编辑、美化等工作。

（3）负责产品宣传资料的制作。

（4）负责组织产品的拍摄并上传网店。

（5）配合策划推广活动并参与执行，做好主题活动、促销活动的页面设计。

（6）负责网络广告图片的设计，协助营销人员完成广告投放。

2. 任职要求

（1）能熟练操作 Photoshop、Freehand、CorelDRAW、Dreamweaver 等设计软件。

（2）有扎实的美术功底，具有创新思维和创作能力，美术专业最佳。

（3）具有品牌宣传推广能力以及良好的审美能力和设计水平。

（4）具备专业摄影技巧和创意视角拍摄水平。

（5）具备良好的沟通能力及团队合作精神。

（五）电子商务产品客服

1. 岗位职责

（1）负责接听客户的购买电话，负责戴尔网络交易平台在线接待客户并进行合理引导，促成销售订单的完成。

（2）负责确认客户资料及订购信息，及时、准确回答客户提出的问题，在解答过程中使用文明用语。

（3）根据客户需求，妥善处理客户的投诉及建议，不断提升客户满意度。

（4）负责售前、售后数据汇总、分析，努力提升各项网络指标。

（5）及时、有效地做好客户的回访工作。

（6）负责与其他运营团队之间的沟通与协调。

2. 任职要求

（1）专科以上学历，有良好的英语阅读和表达能力。

（2）具有电子商务及售后服务工作经验。

（3）熟悉互联网，熟练使用网络交流工具，对网络在线交流感兴趣，了解网络交流的基本礼仪。

（4）有较好的语言表达能力，善于沟通，具有较强的说服力。

（5）性格开朗，普通话标准，客户服务意识强，责任心强，做事耐心细致。

（6）精通图片处理、产品编辑技术，熟悉网络推广者优先。

（六）电子商务产品库管

1. 岗位职责

（1）根据业务订单进行发货，对比货品、型号、数量与系统是否一致，确认发货并分拣打包。

（2）负责库存管理，严格执行入库手续，商品进仓时，仓管员要核实数量、规格、种类是否与货单一致，是否符合采购订单的数量和要求，做好入库日期统计。

（3）对所发货物进行核对包装，与物流做好交接，保证件数与底单相符。

（4）负责电子商务仓的产品入库、盘点、数据统计整理等工作。

（5）负责退货入仓等工作。

2. 任职要求

（1）中专以上学历，具有相关的电商仓库管理经验。

（2）熟悉仓储库存管理流程，掌握进销存管理基本知识。

（3）熟悉 Office 办公软件，能够熟练操作电商企业资源计划（ERP）仓库管理软件者优先考虑。

（4）品行端正，身体素质较好，做事认真负责，主动性强，能够长期稳定工作。

三、电子商务岗位职业规划

（一）电子商务服务企业

电子商务服务企业需要的岗位人才主要分为硬件（研发、生产、销售、集成）、软件（研发、销售、实施）、咨询等行业。随着电子商务应用的普及，相关的硬件、软件开发和销售对专业人员的需求是确定的，不过这种需求可能是显性的，也可能是隐性的。显性情况下，用人单位会明确招聘具有电子商务的专业人才；隐性情况下，用人单位的招聘人员信息中，只强调招聘有计算机等相关学科背景的人即可，或要求具有计算机学科背景的求职者须补充学习电子商务知识。咨询行业因为其与生俱来的专业广度和深度，需求一般都比较明确。

（二）电子商务企业

对电子商务企业来说，无论是单一的专业电子商务企业还是和其他主业结合开辟的全新运营模式，电子商务专业人才与此种企业是最对口的。

（三）传统企业

对于传统企业来讲，电子商务意味着新增的运营工具（比如企业网站）。运行新增运营工具的人员来源，或是从使用传统运营方式的员工中培养，或者另外招聘专业人才。

（四）传统行业

对传统行业来讲，电子商务就是新的业务手段，无论贸易、物流、加工行业还是农业等都会使用到电子商务。把传统行业专门提出来讲，目的就在于提醒学生，如果有志于某一行业，就应该深入了解这个行业的发展状况、发展趋势、新技术、新产品，从专业的角度判断这个行业的电子商务发展水平和发展潜力。

四、电子商务专业相关证书

（一）电子商务师国家职业资格证书

电子商务师国家职业资格证书即中国电子商务师证书，目前分为四个等级：电子商务员、助理电子商务师、电子商务师和高级电子商务师。2019 年 12 月，发证部门改为由人力资源和社会保障部遴选的社会评价组织和用人单位。

（二）全国计算机等级证书

（1）一级考试：计算机基础及 MS Office 应用、计算机基础及 WPS Office 应用、计算机基础及 Photoshop 应用、网络安全素质教育，共四个科目。

（2）二级考试：语言程序设计类（C、C＋＋、Java、Python）、数据库程序设计类（Access、MySQL、Open Gauss）、办公软件高级应用（MS Office、WPS Office）、Web 程序设计等，共十个科目。

（3）三级考试：网络技术、数据库技术、信息安全技术、嵌入式系统开发技术，共四个科目。

（4）四级考试：网络工程师、数据库工程师、信息安全工程师与嵌入式系统开发工程师，共四个考核项目。

（三）全国英语等级证书

对于非英语专业的学生，可以选择大学英语级别考试，一级～三级为 PETS，四级和六级为 CET，且四、六级仅针对大学生。划分的标准是级数越高代表的水平越高，考试的难度越大。最直观的标准就是级数越高所要求的单词量越大。

（四）商务英语证书

商务英语考试，指的是剑桥商务英语资格考试，因其权威性和规范性，在中国极具知名度，是求职者有力的语言能力证明。

（五）平面设计师证书

Adobe 公司是全球图形处理软件领域的"巨无霸"，其推出的平面设计师证书具有一定的权威性，持证者被公认为在平面设计方面具有专家水平。报考条件：所有使用 Adobe 软件进行平面、广告、网页设计的人员均可报考。

（六）国际商业美术设计师证明书（ICAD）

这个证书代表着当今商业美术设计专业资质认证的国际水平，与国家职业资格证书具有同等的效力，并纳入国家职业资格证书统一管理体系，在很多的国家和地区都能被认可。

（七）物流师职业资格证书

物流师是指具体从事供应、采购、运输、储存、成品加工、包装、回收的安排和物流相关信息的处理等工作的人员。

物流师证书设四个等级，分别为物流员（国家职业资格四级）、助理物流师（国家职业资格三级）、物流师（国家职业资格二级）、高级物流师（国家职业资格一级）。

第二节 电子商务的定义、起源与发展

一、电子商务的定义

（1）基本解释。电子商务是建立在电子技术和网络技术基础上的商业运作，是利用电子技术所提供的工具手段实现其操作过程的一种新型商业模式。电子商务作为一种新的商业模式，带动了经济结构的变革，对现代经济活动产生了巨大的影响。

（2）广义。广义上讲，电子商务一词源自 Electronic Business，就是通过电子手段进行的商业事务活动。通过使用互联网等电子工具，使公司内部、供应商、客户和合作伙伴之间利用电子工具共享信息，实现企业间业务流程的电子化，配合企业内部的电子化生产管理系统，提高企业的生产、库存、流通和资金等各个环节的效率。

（3）狭义。狭义上讲，电子商务是指通过使用互联网等电子工具，在全球范围内进行的商务贸易活动。它是以计算机网络为基础所进行的各种商务活动，包括商品和服务的提供者、广告商、消费者、中介商等有关各方行为的总和。人们一般理解的电子商务是指狭义上的电子商务。

如今，电子商务利用网络实现所有商务活动业务流程的电子化，不仅包括了电子商务面向外部的业务流程，如网络营销、电子支付、物流配送等，还包括了企业内部的业务流程，如企业资源计划、管理信息系统、客户关系管理、供应链管理、人力资源管理、网上市场调研、战略管理及财务管理等。

传统企业要进行电子商务运作，重要的是优化内部管理信息系统（management information system，简称 MIS）。MIS 是企业进行电子商务活动的基石，MIS 的本质是通过对各种内部信息的加工处理，实现对物流、资金流、信息流的有效管理和控制，从而提高销量，降低成本，提高利润。

二、电子商务的起源与发展

（一）电子商务的起源

早在 20 世纪 70 年代，电子数据交换（electronic data interchange，简称 EDI）和电子资金传送（electronic funds transfer，简称 EFT）就已作为企业间电子商务应用的系统雏形出现。多年来，大量的银行、航空公司、连锁店及制造业单位已建立了供应方和客户间的电子通信和处理关系。这种方式加快了供应方处理速度，有助于实现最优化管理，使得操作更有效率，并提高了对客户服务的质量。

早期的解决方式都是建立在大量功能单一的专用软硬件设施的基础上，因此使用价格极为昂贵，仅大型企业才会使用。此外，早期网络技术的局限也限制了电子商务应用范围的扩大和水平的提高。

互联网的强劲发展和网络应用在全球范围内的普及，为电子商务的发展奠定了良好的基础。

（二）电子商务发展的条件

电子商务最早产生于 20 世纪 60 年代，发展于 20 世纪 90 年代，其发展的重要条件如下。

（1）计算机的广泛应用。近 50 年来，计算机的处理速度越来越快，处理能力越来越强，价格越来越低，应用越来越广泛，这为电子商务的应用提供了基础。

（2）网络的普及和成熟。由于互联网逐渐成为全球通信与交易的媒体，全球上网用户呈指数增长趋势，快捷、安全、低成本的特点为电子商务的发展提供了应用条件。

（3）网络支付的普及。网络支付成为人们消费支付的重要手段，并由此形成了完善的网络支付与结算系统，也是电子商务中支付的重要手段。

（4）电子安全交易协议的制定。1997 年 5 月 31 日，由美国维萨信用卡和万事达信用卡国际组织等联合制定的《安全电子交易协议》（Secure Electronic Transation，SET）的出台，以及该协议得到大多数厂商的认可和支持，为开发电子商务提供了一个关键的支付安全环境。

（5）组织及政府的支持与推动。1997 年 4 月，欧盟发布了《欧洲电子商务行动方案》，同年 7 月，美国发布了《全球电子商务纲要》。此后，电子商务受到世界各国政府的重视，许多国家的政府开始尝试"网上采购"，这为电子商务的发展提供了有利的支持。

三、我国电子商务的发展

（一）我国电子商务的发展历程

我国电子商务的发展经历了四个历程，具体如下。

（1）1993—1998 年起步阶段。1993 年我国成立以国务院副总理为主席的国民经济信息化联席会议及其办公室，相继组织了金关、金卡、金税等"三金工程"，取得了重大进展。1996年，全桥网与因特网正式开通。1997年，信息办组织有关部门起草编制中国信息化规划。1997年，中国第一家垂直互联网公司——浙江网盛科技股份有限公司诞生。1998年3月，中国第一笔互联网网上交易成功。

（2）1999—2002年初步发展阶段。1999年3月8848等B2C网站正式开通，网上购物进入实际应用阶段。同年，政府上网、企业上网、电子政务、网上纳税、网上教育、远程诊断等广义电子商务开始启动并已有试点，进入实际试用阶段。这个阶段中国的网民数量特别少，根据2000年年中公布的统计数据，此时中国网民仅1 000万人，而且这个阶段，网民的网络生活方式还仅仅停留于电子邮件和新闻浏览的阶段。网民未成熟，市场未成熟，以8848为代表的B2C电子商务站点可以说是当时最闪耀的亮点，这个阶段要发展电子商务难度相当大。

（3）2003—2006年高速增长阶段。在这一阶段，当当、卓越、阿里巴巴、慧聪、全球采购、淘宝，这几个响当当的名字成了互联网江湖里的热点。这些生在网络、长在网络的企业，在短短的数年内崛起，和网游、服务提供商（SP）企业等一起搅翻了整个通信和网络世界。这个阶段对电子商务来说最大的变化有3个：大批的网民逐步接受了网络购物的生活方式，而且这个规模还在高速地扩张；众多的中小型企业从B2B电子商务中获得了订单，获得了销售机会，"网商"的概念深入商家之心；电子商务基础环境不断成熟，物流、支付、诚信瓶颈得到基本解决，在B2B、B2C、C2C领域里，都有不少的网络商家迅速成长，积累了大量的资金和电子商务运营管理经验。

（4）2007年至今是电子商务纵深发展阶段。这个阶段最明显的特征就是，电子商务已经不仅仅是互联网企业的天下，数不清的传统企业和资金流入电子商务领域，使得电子商务世界异彩纷呈。B2B领域的阿里巴巴、网盛上市标志着电子商务步入了稳定、规范化发展的阶段；淘宝的战略调整、百度的试水等事件意味着C2C市场在不断地优化和细分；PPG、红孩子、京东商城的火爆，不仅引爆了整个B2C领域，更让众多传统商家按捺不住纷纷跟进。

我国电子商务行业的发展将迎来新高度，人们会看到更为精彩绝伦的新鲜事，还会看到一个现实社会与虚拟社会不断融合发展的新时代。

（二）我国电子商务的未来发展趋势

中国电子商务研究中心针对2011年上半年国内电子商务发展所呈现出来的特征进行了归纳、总结，对电子商务未来有可能出现的趋势进行了预测。

趋势一：电子商务行业将成为发展主流。

趋势二：团购成为增长最快的网络形式。

趋势三：电子商务网站将会出现兼并热潮。

趋势四：电子商务呈现出常态化。

趋势五：电子商务将融合物流供应链。

趋势六：电子商务将融合商业智能。

趋势七：传统企业电子商务将出现集团军式爆发。

趋势八：航空、保险将成为电子商务爆发行业。

趋势九：更多的第三方服务商完善电子商务产业链。

趋势十：数据成为影响电商发展的重要因素。

（三）我国电子商务发展存在的问题

我国的电子商务虽然经过长足的发展而取得了举世瞩目的成绩，但仍然存在一些问题，具体如下。

①电子商务法律法规、电子商务标准规范滞后，亟须改进。

②电子商务税务发展滞后。

③电子商务安全保密建设相对较弱。

④电子商务相关企业管理体制、机制、管理理念与组织机构还不能适应市场经济的要求。

第三节　电子商务功能、特性及本质

一、电子商务功能

电子商务具有广告宣传、咨询洽谈、网上订购、网上支付、电子账户管理、服务传递、意见征询、交易管理等各项功能，下面将以戴尔网上商城为例具体阐述这几项功能的使用。

（一）广告宣传

Dell 官网凭借企业的 Web 服务器和客户的浏览，在 Internet 上发布各类商业信息。与以往的各类广告相比，网上的广告成本最为低廉。如图 1-5、图 1-6 所示，Dell 产品广告展现给客户的信息量最为丰富，例如产品的性能、价格、配置等信息。

图 1-5　Dell 营销活动广告宣传

图 1-6　Dell 品牌广告

（二）咨询洽谈

Dell 官网借助非实时的电子邮件（E-mail）、新闻组（news group）和实时的讨论组（Chat）来了解市场和商品信息，洽谈交易事务，如有进一步的需求，还可用网上的白板会议（whiteboard conference）来交流即时的图形信息。网上的咨询和洽谈打破了需要面对面洽谈的局限，提供多种方便的异地交谈形式。如图 1-7 所示，在 Dell 官网电子邮件订阅页面，客户可以填写信息，完成 Dell 家用产品信息订阅。

图 1-7　Dell 电子邮件订阅

（三）网上订购

Dell 官网借助 Web 中的邮件交互传送实现网上的订购，订购信息可采用加密的方式使客户和商家的商业信息不会泄露。如图 1-8 所示，戴尔购物车提交页面，显示"**数据加密**"的安全保障，可增加客户网上订购的安全感。

图 1-8　网上订购安全保障

（四）网上支付

电子商务要成为一个完整的交易过程，网上支付是重要的环节。如图 1-9 所示，客户和戴尔之间可采用信用卡账号实施支付，在网上直接采用电子支付手段可省略交易中很多人员的开销，网上支付需要确保支付环境的安全。

图 1-9　戴尔购物支付方式

（五）电子账户管理

网上支付必须要有电子金融的支持，即银行或信用卡中心。戴尔及保险公司等金融单位要为金融服务提供网上操作的服务，而电子账户管理是其基本的组成部分。信用卡号或银行账号都是电子账户的一种标志，而其可信度须配以必要技术措施来保证，如数字凭证、数字签名、加密等手段的应用为电子账户操作提供安全保障。

（六）服务传递

对于已付款的客户，戴尔官网将其订购的货物尽快地传递到他们的手中，有些货物可本地发货，有些货物需异地配货，电子邮件将在网络中进行物流的调配。而最适合在网上直接传递的货物是信息产品，如软件、电子读物、信息服务等，它能直接将货物从电子仓库发到用户端。如图 1-10 所示，客户可以直接在网站上查询到详细的订单状态，实时关注货物物流信息。

图 1-10　Dell 订单查询服务

（七）意见征询

如图 1-11 所示，戴尔官网采用网页上的"选择""填空"等格式来收集客户对销售服务的反馈意见，这样可以使企业的市场运营形成一个封闭的回路。根据客户的反馈意见，企业不仅可以不断提升售后服务水平，改进产品性能，还能发现新的商业机会。

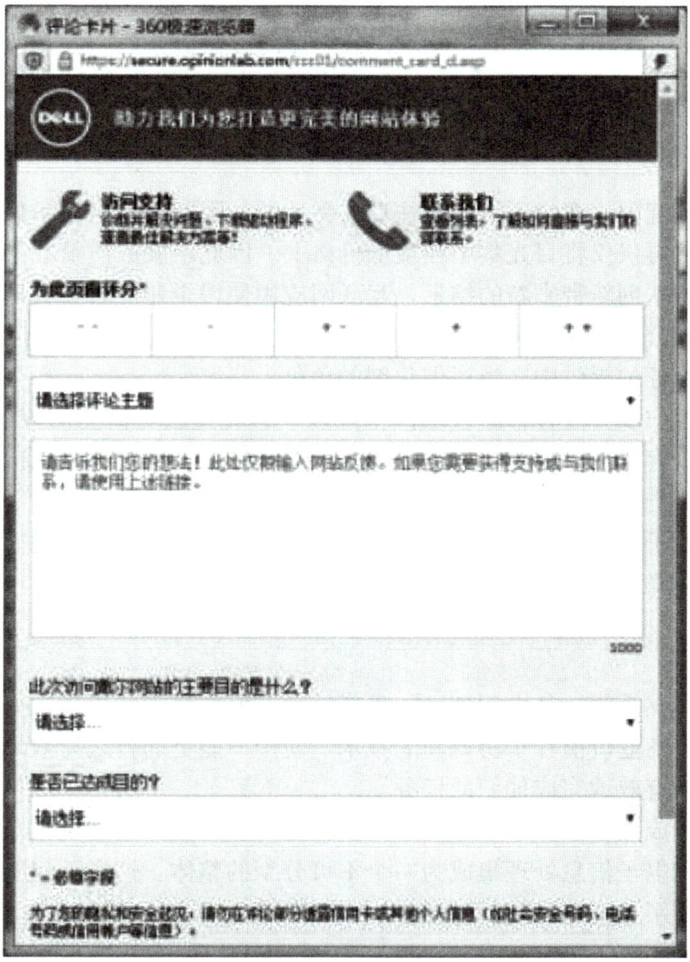

图 1-11　戴尔意见征询

（八）交易管理

交易管理涉及人、财、物多个方面以及企业和企业、企业和客户、企业内部等各方面的协调和管理。因此，交易管理涉及商务活动全过程。电子商务的发展，将会提供一个良好的交易管理的网络环境及多种多样的应用服务系统，这样才能保障电子商务获得更广泛的应用。

二、电子商务的特性

电子商务的特性可归结为：商务性、服务性、集成性、可扩展性、安全性、协调性。

（一）商务性

电子商务最基本的特性为商务性，即提供买、卖交易的服务、手段和机会。网上购物为客户提供其所需要的方便途径，因而，电子商务对任何规模的企业而言，都是一种机遇。就商务性而言，电子商务可以扩展市场，增加客户数量。通过将互联网信息连至数据库，企业能记录下每次访问、销售、购买形式和购货动态以及客户对产品的偏爱，这样企业就可以通过这些数据统计来获知客户最想购买的产品是什么。

（二）服务性

在电子商务环境中，客户不再像以往那样受地域的限制，忠实地只做某家邻近商店的老主顾，他们也不再仅仅将目光集中在最低价格上。因此，服务质量在某种意义上成为商务活动的关键。技术创新带来新的结果，互联网应用使得企业能自动处理商务过程，并不再像以往那样强调公司内部的分工。现在在互联网上许多企业都能为客户提供完整服务，而互联网在这种服务的提供中充当了催化剂的角色。

企业通过将客户服务过程移至互联网上，以一种比过去更简捷的方式完成客户服务。例如将资金从一个存款户头移至一个支票户头，查看一张信用卡的收支，记录发货请求，乃至搜寻购买稀有产品，这些都可以足不出户地完成。

显而易见，电子商务提供的客户服务具有一个明显的特性——方便。这不仅提高了客户服务质量，也同样令企业受益。

（三）集成性

电子商务是新兴事物，其中用到了大量新技术，但新技术的出现未必导致老技术的死亡。互联网的真实商业价值在于协调新老技术，使用户能更加行之有效地利用自己已有的资源和技术，更加有效地完成他们的任务。

电子商务的集成性，还在于事务处理的整体性和统一性，它能规范事务处理的工作流程，将人工操作和电子信息处理集成为一个不可分割的整体。这样不仅能提高人力和物力的利用率，也提高了系统运行的严密性。

（四）可扩展性

要使电子商务正常运作，必须确保其可扩展性。互联网上有数以百万计的用户，传输过程中时不时地会出现高峰状况。倘若一家企业原来设计每天可受理 40 万人次访问，而实际访问量却达到 80 万人次，就必须尽快配有一台扩展服务器，否则客户访问速度将急剧下降，甚至还会拒绝数千次可能带来丰厚利润的客户的来访。

对于电子商务来说，可扩展的系统才是稳定的系统。如果在出现高峰状况时能及时扩展，就可使得系统阻塞的可能性大为下降。电子商务中，甚至耗时仅 2 分钟的服务器重新启动也可能导致大量客户流失，因而可扩展性极其重要。

（五）安全性

对于客户而言，无论网上的物品如何具有吸引力，如果他们对交易安全性缺乏把握，他们根本就不敢在网上进行买卖，企业和企业间的交易更是注重操作安全。随着技术的发展，作为电子商务的核心技术，电子商务的安全性也会相应得以增强。

（六）协调性

商务活动是一个协调过程，它是雇员和客户、生产方、供货方以及商务伙伴间的协调。利用互联网将供货方连接到客户订单，并通过一个供货渠道加以处理，这样公司就节省了时间，消除了纸张文件带来的麻烦并提高了效率。

电子商务是迅捷简便的、具有友好界面的用户信息反馈工具。决策者们能够通过它获得高价值的商业情报、辨别隐藏的商业关系和把握未来的趋势，从而做出更有创造性、更具战略性的决策。

三、电子商务的本质

电子商务的本质是商务而不是电子（技术），商务是核心，电子（技术）是工具。电子商务本质上是创造性地运用电子化技术建立新的商业关系。

商务是电子商务的本质和终极，企业管理者的着眼点是商务，不是电子（技术）。先进的技术在开展电子商务中非常重要，但是，更重要的是对技术的应用。企业电子商务是依靠电子商务流程的传递作用，将 IT 技术、组织资源（内、外部资源）、商务活动整合起来创造价值。

随着电子商务的蓬勃发展，越来越多的传统商务都在逐步转向电子商务，电子商务也完全改变了当今的商务方式。电子商务与传统商务的差异如表 1-1 所示。

表 1-1　传统商务与电子商务的差异

项目	传统商务	电子商务
信息提供	根据销售商的不同而不同	透明、准确
流通渠道	企业—中间商—消费者	企业—消费者
交易对象	部分地区	全球
交易时间	营业时间内	24 小时全天候
销售方法	企业推动式	消费者拉动式
顾客便利性	受时间、地点的限制，便利性弱	不受任何限制，自由性、便利性强
客户管理	需要很长时间掌握顾客需求，不便客户管理	能够迅速掌握顾客需求，便于客户管理
销售场地	需要销售空间，设立门店	虚拟空间

（一）电子商务与传统商务的本质区别

（1）电子商务与传统商务的运作过程不同。在传统商务的交易过程中，实务操作由交易前的准备、贸易磋商、合同的签订与执行、支付与清算等环节组成。其中交易前的准备就是交易双方都了解有关产品或服务的供需信息后，就开始进入具体的交易协商过程。交易协商实际上是交易双方进行口头协商或书面单据的传递过程。书面单据包括询价单、商贸合同、发货单、运输单、发票、验收单等。然后进入合同的签订与执行过程，在传统商务活动中，交易协商过程经常是通过口头协商来完成的，在协商后，交易双方必须要以书面形式签订具有法律效力的商贸合同，来确定磋商的结果和监督执行，并在产生纠纷时，双方可以根据合同提请相应机构进行仲裁。最后是支付过程，传统商务活动的支付一般有支票和现金两种方式，支票方式多用于企业的交易过程。

电子商务的运作过程虽然也有交易前的准备、贸易的磋商、合同的签订与执行以及资金的支付等环节，但是交易中具体使用的运作方法是完全不同的。在电子商务的模式中，交易前的准备、交易的供需信息一般都是通过网络来获取的，双方的信息沟通具有快速和高效率的特点。交易的协商：电子商务中双方的协商过程是将书面单据变成电子单据并在网络上传递。合同的签订与执行：电子商务环境下的网络协议和电子商务应用系统的功能保证了交易双方所有交易协商文件的正确性和可靠性，并且在第三方授权的情况下具有法律效力，可以作为在执行过程中产生纠纷的仲裁依据。资金的支付：电子商务中交易的资金支付一般采取网上支付的方式。

（2）传统商务中制造商是商务活动的中心，而在电子商务环境下销售商是商务的主体。在传统商务中制造商负责组织市场调研、新产品的开发和研制，最后也是由制造商负责组织产品的销售。几乎一切活动都离不开制造商，但是在电子商务环境下则是由销售商负责销售环节，包括产品网站建立与管理、网页内容设计与更新、网上销售的所有业务及售后服务的设计、组织与管理等，制造商不再起主导作用。

（3）电子商务和传统商务的商品流转机制不同。传统商务下的商品流转是一种"间接"的流转机制。制造企业所生产出来的商品大部分都经过了一系列的中间商，才能到达最终用户手中。这种流转机制无形中给商品流通增加了许多无谓环节，也增加了相应的流通、运输、贮存费用，加上各个中间商都要获取自己的利润，这样就造成了商品的出厂价与零售价有很大的价差。一些制造企业就采取了直销方法（把商品直接送到商场上柜销售）。这种流转方式使商品的价格下降，深受消费者的欢迎。但是，这种方式并不能给生产企业带来更大的利润，因为直销方式要求制造厂商有许多销售人员频繁奔波于各个市场之间。

电子商务的出现使得每一种商品都能够建立最直接的流转渠道，制造厂商可把商品直接送达用户，还能从用户处得到最有价值的需求信息，实现无阻碍的信息交流。

（4）电子商务和传统商务所涉及的地域范围和商品范围不同。传统商务所涉及的地域范围和商品范围是有限的，而随着互联网的推广与普及，特别是各类专业网站的出现，电子商务所涉及的地理范围和时间则是无限的，是超越时空的。

综上所述，电子商务与传统商务虽然有很多不同的地方，但有些本质是不变的，而且无论电子商务发展得多快、多好，也不能完全取代传统商务的地位，传统商务所带来的体验感和真实感是电子商务所欠缺的。当然，电子商务的便利性也是传统商务无法比拟的。

（二）电子商务较传统商务的优势

1. 交易虚拟化

以互联网为纽带进行的贸易，贸易双方从贸易磋商、签订合同到支付，无须当面进行，均通过网络完成，整个交易完全虚拟化。对卖方来说，可以到网络管理机构申请域名，制作自己的主页，组织产品信息上网。而虚拟现实、网上聊天等新技术的发展使买方能够根据自己的需求选择广告，并将信息反馈给卖方。通过信息的推拉互动，签订电子合同，完成交易并进行电子支付，整个交易都在网络这个虚拟的环境中进行。

2. 交易成本低

电子商务使得买卖双方的交易成本大大降低，具体表现在以下几方面。

（1）交易双方距离越远，网络上进行信息传递的成本相对于信件、电话、传真而言就越低。此外，缩短时间及减少重复的数据录入也降低了信息成本。

（2）买卖双方通过网络进行商务活动，无须中间商参与，减少了交易的有关环节。

（3）卖方可通过互联网进行产品介绍、宣传，节约了在传统方式下做广告、发印刷产品等产生的费用。

（4）电子商务实行"无纸贸易"，可减少90％的文件处理费用。

（5）互联网使买卖双方即时沟通供需信息，使无库存生产和无库存销售成为可能，从而降低库存成本。

（6）企业利用内联网（Intranet）可采用办公自动化系统（office automation，OA），提高了内部信息传递的效率，节省时间，并降低了管理成本。

（7）传统的贸易平台是地面店铺，新的电子商务贸易平台则是办公室。

3. 交易效率高

由于互联网将贸易中的商业报文标准化，使商业报文能在世界各地瞬间完成传递与计算机自动处理，原料采购，产品生产、需求与销售，银行汇兑，保险，货物托运及申报等过程无须人员干预，而在最短的时间内完成。传统贸易方式中，用信件、电话和传真传递信息，必须有人的参与，且每个环节都要花不少时间，有时由于人员合作和工作时间的问题，会延误传输时间，失去最佳商机。电子商务克服了传统贸易方式费用高、易出错、处理速度慢等缺点，极大地缩短了交易时间，使整个交易非常快捷与方便。

4. 交易透明化

买卖双方交易的洽谈、签约以及货款的支付、交货通知等整个交易过程都在网络上进行。通畅、快捷的信息传输可以保证各种信息之间互相核对，防止伪造信息的流通。例如，在典型的许可证 EDI 系统中，由于加强了发证单位和验证单位的通信、核对，假的许可证就很容易被发现。海关 EDI 系统也帮助杜绝边境的假出口、兜圈子、骗退税等行径。

（三）电子商务较传统商务的弊端

1. 安全问题

安全性是影响电子商务发展的关键问题，如何保护用户的合法信息（账户、密码等）

不受侵犯，如何解决好电子支付系统的安全问题等。可以采取的方法是吸收传统商务的安全防范措施，并根据电子商务的特点，开发轻便高效的安全协议，如面向应用层的加密（如电子签名）和简化的 IPsec 协议等。

2. 电子商务对买卖双方利益及隐私权保护的问题

电子商务经营者不得以虚构交易、编造用户评价等方式进行虚假或者引人误解的商业宣传，欺骗、误导消费者。电子商务对消费者的隐私权保护也提出了新的考验。Internet 网技术使得对个人信息的收集、储存、处理有着前所未有的重视和保护，在线消费者的信息随时都有被收集和扩散的危险，个人资料很容易被窃取。

（四）传统企业如何电子商务化

传统企业要走电子商务的道路，必须根据自己的实际情况，做好完整的计划，做好充分的准备。走电子商务之路，传统企业可以循序渐进地发展，也可以跨越式发展，但是要从自身能力出发，不能贸然前进，也不能墨守成规，害怕改变。

第四节　实现电子商务的主要环节

一、实现电子商务的主要环节

（一）信息共享与交易磋商

1. 在互联网上进行广告宣传

图 1-12 所示为京东 618 活动时的网上广告。

图 1-12　京东 618 活动

与传统的广告方式相比，进行网上广告宣传有以下优势。

（1）网络广告是多维广告。

（2）网络广告拥有最有活力的消费群体。

（3）网络广告制作成本低、速度快、更改灵活。

（4）网络广告具有交互性和纵深性。

（5）网络广告能进行完善的统计。

（6）网络广告的投放更具有针对性。

（7）网络广告具有最广阔的传播范围。

（8）网络广告缩短了媒体投放的进程。

（9）网络广告具有可重复性和可检索性。

2. 利用互联网发布产品信息

一个网络化的社会非常有利于产品信息的发布。网络为我们开创了新型的交流方式，而这种新型的交流方式已经成为企业介绍产品信息的有效途径和主要渠道。利用互联网发布产品信息，有利于企业更好地迎合消费者的心态，适应市场需求，赢得更多用户和更大市场份额。

3. 获取客户数据和交易磋商

（1）利用网络服务器进行客户信息搜集。互联网上的万维网为企业提供了与客户进行通信联络的有效手段。企业可以通过设立一个网络站点，为访问者提供产品信息。当访问者查找产品目录时，企业可以向他们提供产品信息，也可以咨询一些需求信息，同时还能向访问者提供一个能发表评论的页面，从中获取市场信息。

（2）电子商务下的交易磋商。交易磋商可概括为四个环节：询盘、发盘、还盘和接受，其中发盘和接受是必不可少的两个基本环节。

4. 借助互联网中间商为客户在庞杂的信息中指点迷津

在网络里，客户可以找到各种各样的商品及其供应商，通过网上交易，客户可以很容易地得到其所需的商品及服务。同时，商品供应商也可以将自己的商品信息发布到网站上，以便客户查询，从而扩大商品销售渠道。

（二）网上订购

电子商务活动摒弃了传统的商务活动中买卖双方坐在谈判桌旁签署合同的形式，取而代之的是用户通过电子订购方式订购公司的产品和服务。如图 1-13 所示，用户可以在网上订购上海世博会博物馆门票。

（三）网上支付

支付网关位于互联网和传统的银行专网之间，其主要作用是安全连接互联网和专网，将不安全的交易信息传给安全的银行专网，起到隔离和保护银行专网的作用。图 1-14 为网上交易支付的流程图。

图 1-13　网上票务订购

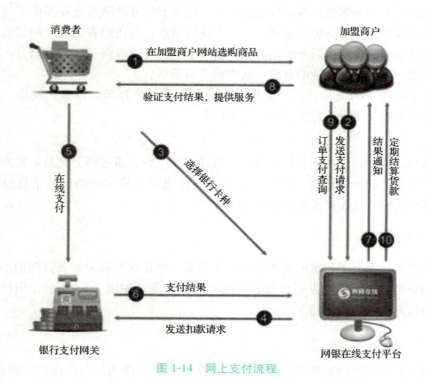

图 1-14　网上支付流程

支付网关的主要功能如下。

1. 交易功能

完成持卡人网上支付的正常流程：①消费/购物；②交易信息的交换。

2. 交易异常处理

如果持卡人的账户余额变动之后，持卡人并未得到期望的交易结果，这笔交易将被全部或部分地冲正。

3. 提供仲裁信息

当交易双方因某种原因发生争执时，支付网关可以提供准确的信息查询，以便正确处理纠纷。

4. 提供多种报表

如银行转账信息表、商家销售信息表、客户个人账号资金信息表等。

5. 提供查询处理功能

支付网关对每一笔交易都进行了详细的记录，客户和商家都可以在这里查询自己的全部交易信息。

6. 计费功能

进行网上交易时，双方应向网络运营商支付一定的费用。记录每一笔交易情况的交易网关将成为计算费用的便利工具。

（四）执行交易

这一阶段从买卖双方办完与交易有关的各种手续之后开始。商家准备货物，然后将买方的商品交付运输公司包装、发货、起运。当客户收到所购的商品时，整个交易过程就完成了。

（五）服务与支持

销售仅仅是关系的开始，商家还要为客户提供售后服务与技术支持。例如：电子邮件、网络访问、800 客服电话。

（六）电子商务的实现要点

（1）展示有特色的购物界面：生动有趣。

（2）保证交易安全：完成保密性、完整性认证，防止拒付。

（3）考虑系统的兼容性：充分利用和改造公司已有系统。

（4）提供高性能服务器：商业平台具有高可靠性和高可扩展性。

（5）充分进行数据挖掘：收集客户浏览信息及购买决策信息，有助于发现数据中隐含的模式。

第二章

商务网页设计与制作

第一节　网页设计

一、网页布局设计

（一）学习目标

通过学习，了解网页布局的主要类型，了解网页布局技术，掌握使用表格设计网页布局的方法。

（二）工作程序及内容

使用 Dreamweaver 表格工具设计变化型网页布局（如图 2-1 所示）。

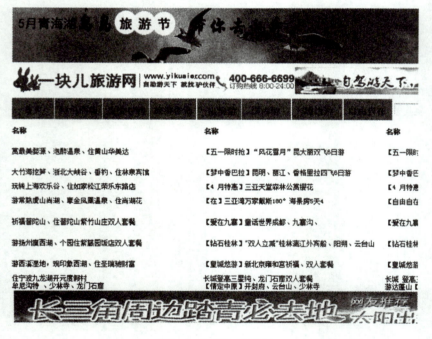

图 2-1　网页布局样例

步骤一　启动 Dreamweaver。选择【文件】→【新建】，弹出【新建文档】对话框，在【常规】选项卡下【类别】列表中选择【基本页】，在【基本页】列表中选择【HT-ML】，单击【创建】，打开网页编辑窗口。

步骤二　在页面左上角单击鼠标左键放置插入点，选择【插入】→【表格】，弹出【插入表格】对话框。设置表格属性：在【行数】文本框中，输入 3；在【列数】文本框中，输入 1；在【表格宽度】文本框中，输入 700；在【表格宽度】弹出式菜单中，选择

【像素】；在【边框粗细】文本框中，输入 0；在【单元格边距】文本框中，输入 0；在【单元格间距】文本框中，输入 0（如图 2-2 所示）。单击【确定】，即在网页中插入了一个 3 行 1 列的表格，该表格的宽度为 700 像素，边框、单元格边距和单元格间距均为 0（如图 2-3 所示）。

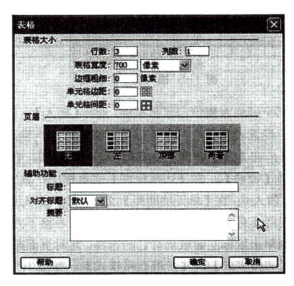

图 2-2 【表格】对话框

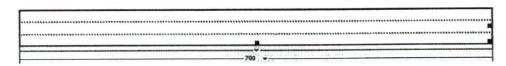

图 2-3 插入表格

说明：网页中插入表格后，当选定表格或表格中有插入点时，Dreamweaver 会显示表格宽度和表格选择器中每个表格列的列宽，宽度旁边是表格标题菜单与列标题菜单的箭头（如图 2-4 所示）。使用菜单可以快速访问一些与表格相关的常用命令。通过选择【查看】→【可视化助理】→【表格宽度】可启用或禁用宽度和菜单的显示。

图 2-4 表格宽度显示

步骤三 在表格右侧单击鼠标左键，选择【插入】→【表格】，弹出【插入表格】对话框，设置表格属性：在【行数】文本框中，输入 1；在【列数】文本框中，输入 3；在【表格宽度】文本框中，输入 700；在【表格宽度】弹出式菜单中，选择【像素】；在【边框粗细】文本框中，输入 0；在【单元格边距】文本框中，输入 0；在【单元格间距】文本框中，输入 0。单击【确定】，第二个表格（该表格具有 1 行 3 列）即出现在第一个表格下方（如图 2-5 所示）。

图 2-5　插入第二个表格

步骤四　在第二个表格右侧单击鼠标左键，选择【插入】→【表格】，弹出【插入表格】对话框。设置表格属性：在【行数】文本框中，输入 1；在【列数】文本框中，输入 1；在【表格宽度】文本框中，输入 700；在【表格宽度】弹出式菜单中，选择【像素】；在【边框粗细】文本框中，输入 0；在【单元格边距】文本框中，输入 0；在【单元格间距】文本框中，输入 0。单击【确定】，第三个表格（该表格具有 1 行 1 列）即出现在第二个表格下方，如图 2-6 所示。在第三个表格右侧单击鼠标左键取消对它的选择，此时页面布局如图 2-7 所示。选择【查看】→【表格模式】→【扩展表格模式】（如图 2-8 所示）。

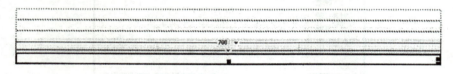

图 2-6　插入第三个表格

图 2-7　页面布局

图 2-8　扩展表格模式

说明：如果出现【开始使用扩展表格模式】对话框，请单击【确定】。扩展表格模式是用于临时添加表格的单元格边距和间距，并增加表格边框以简化编辑的一种功能，易于精确地放置插入点，而不会意外选择错误的表格或其他表格内容。在【扩展表格模式】下完成对表格属性的设置后，应返回到【标准】模式。

步骤五　在第一个表格的第一行内单击鼠标左键，选择【窗口】→【属性】，在属性检查器的【单元格高度】文本框中输入 90，按【Enter】键确认，如图 2-9 所示。在第一个表格的第二行内单击鼠标左键，选择【窗口】→【属性】，在属性检查器的【单元格高度】文本框中输入 166，按【Enter】键确认。在第一个表格的第三行内单击鼠标左键，选择【窗口】→【属性】，在属性检查器的【单元格高度】文本框中输入 24，按【Enter】键确认，此时网页布局如图 2-10 所示。

图 2-9　属性检查器

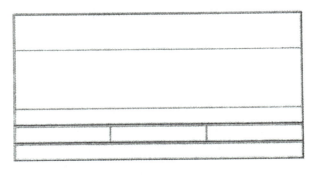

图 2-10　网页布局

说明：如果未出现【单元格高度】文本框，可单击【属性】检查器右下角的展开箭头。

步骤六　在第二个表格的第一列内单击鼠标左键，选择【窗口】→【属性】，在属性检查器的【单元格宽度】文本框中输入 40，按【Enter】键确认。用相同方法将第二列宽度设置为 140，第三列宽度设置为 230（如图 2-11 所示）。

步骤七　在第三个表格内单击鼠标左键，选择【窗口】→【属性】，在属性检查器的【单元格高度】文本框中输入 24，按【Enter】键确认。网页布局完成后可以在单元格中插入网页元素，例如文字、图像或者多媒体元素。

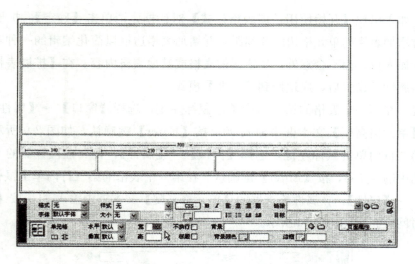

图 2-11　单元格宽度设置

说明：此单元格高度值如不设置，单元格高度将取决于添加在单元格里的内容。

（三）网页布局的相关知识

网页布局是进行网页设计的首要工作，选择适宜的网页类型才能够充分发挥商业网页的价值。

1. 网页布局类型

网页布局大致可分为"国"字型、拐角型、标题正文型、左右框架型、上下框架型、综合框架型、封面型、Flash 型、变化型。

（1）"国"字型。"国"字型也可以称为"同"字型，是一些大型网站所喜欢的布局类型。最上面是网站的标题以及横幅广告条，接下来是网站的主要内容，左右分列一些小条形内容，中间是主要部分，与左右一起罗列到底，最下面是网站的一些基本信息，包括联系方式、版权声明等。这种布局是在网上见得最多的一种，通常用于首页设计。其主要优点是页面容纳内容多、信息量大。

（2）拐角型。拐角型即上面是标题及广告横幅，左侧是窄列链接，右侧是很宽的正文，其他一些网站的辅助信息放在最下面。这种页面也是网上常见的一种形式，一般用于栏目中的内容页面，既方便导航，也有充分的版面展示文章内容。

（3）标题正文型。标题正文型即最上面是标题或广告等类似的内容，下面是正文。通常文章页面或注册页面就是这种类型。标题正文型网页简洁明快，没有其他干扰信息，显得较为正规。

（4）左右框架型。左右框架型是一种左右分为两页的框架结构，一般左面是导航链接，有时左面的最上面会有一个小的标题或标志；右面是正文。大部分大型论坛都是这种类型，有些企业网站也喜欢采用。这种类型的优点是结构非常清晰，左边只需一个页面即可完成导航工作，风格易于更改，减少了更新的工作量。

（5）上下框架型。上下框架型与左右框架型类似，区别仅在于框架分为上下两页。这种框架结构的网页较少，有些聊天室网页还在采用这种布局，下半页用于放置控制信息。

（6）综合框架型。综合框架型是左右框架与上下框架两种布局的结合，是相对复杂的一种框架结构。较为常见的布局类似于拐角型。此种布局的优点是内容丰富、信息量大、表现形式多样化，有时纯粹是为了制作一些特殊页面效果才采用了这种结构。

（7）封面型。封面型大部分采用一些精美的平面设计，并结合一些小的动画，放上几个简单的链接或者仅是一个进入的链接，有的甚至直接把首页的图片作为链接而没有任何提示。这种布局大部分出现在企业网站和个人主页，体现的是一种设计水平和企业形象，如果处理得好，会给人带来赏心悦目的感觉。

（8）Flash 型。Flash 型与封面型布局类似，这种布局采用了目前非常流行的 Flash 动画。与封面型不同的是，Flash 有着强大的功能，页面所表达的信息更丰富、更有动感，其视觉效果及听觉效果若处理得当，会给客户带来耳目一新的感觉。通常，这种布局经过一定的变换，可以引出 HTML（hypertert mark language，超文本标记语言）页面来显示详细内容。

（9）变化型。变化型即以上几种布局的结合与变化，布局采用综合型框架，再结合 Flash 动画，使页面形式更加多样，视觉冲击力更强。

网页布局类型的选择，需要从页面结构、内容和表现形式等来综合考虑，也需要制作者具有较高的设计水平。

2. 网页布局一般原则

（1）平衡性。一个好的网页布局应该给人一种安静、平稳的感觉，它不仅表现在文字、图像等要素的空间占用上分布均匀，而且还有色彩的平衡，要给人一种协调的感觉。

（2）对称性。对称是一种美，生活中有许多事物都是对称的，但过度对称会给人一种呆板、死气沉沉的感觉，因此要适当地打破对称，制造一点变化。

（3）对比性。让不同的形态、色彩等元素相互对比来形成鲜明的视觉效果，例如黑白对比、圆形与方形对比等，往往能够创造出富有变化的效果。

（4）疏密度。网页要做到疏密有度，整个网页不要全部采用一种样式，要适当进行留白，运用空格，改变行间距、字间距等制造一些变化的效果。

（5）比例。比例适当，在布局当中非常重要，虽然不一定都要做到黄金分割，但比例一定要协调。

3. 网页布局基本要素

（1）页面尺寸。由于页面尺寸和显示器大小及分辨率有关系，网页的局限性就在于设计者无法突破显示器的范围，而且因为浏览器也占去了不少空间，留给设计者的页面范围变得越来越小。分辨率在 640×480 像素的情况下，页面的显示尺寸为 620×311 像素；分辨率在 800×600 像素的情况下，页面的显示尺寸为 780×428 像素；分辨率在 1 024×768 像素的情况下，页面的显示尺寸为 1 007×600 像素。从以上数据可以看出，分辨率越高，页面尺寸越大。

（2）整体造型。整体造型指页面的整体形象，这种形象应该是一个整体，图形与文本的结合应该层叠有序。显示器和浏览器都是矩形，但对于页面的造型，可以充分运用自然界中的其他形状，如矩形、圆形、三角形、菱形等以及它们的组合。不同的形状所代表的意义是不同的：矩形代表正式、规则，大部分互联网信息服务（ICP）和政府网页都是以矩形为整体造型；圆形代表柔和、团结、温暖、安全等，许多时尚站点喜欢以圆形为页面整体造型；三角形代表力量、权威、牢固、侵略等，许多大型商业站点常以三角形为页面整体造型；菱形代表平衡、协调、公平，一些交友网站常运用菱形作为页面整体造型。虽然不同形状代表不同意义，但目前的网页制作多数是结合多个图形加以设计，其中某种图形的构图比例相较其他图形会多一些。

（3）页头。页头又称为页眉，其作用是定义页面的主题，站点的名字都显示在页头中。页头是整个页面设计的关键，常放置站点名称图片、公司标志以及旗帜广告等。

（4）页脚。页脚和页头相呼应。页头是放置站点主题的地方，而页脚则是放置制作者或者公司信息的地方。

（5）第一屏。第一屏指打开一个网页时不拖动滚动条时能够看到的部分，一般都是放置网页中最主要的内容。一般来讲，在分辨率 800×600 像素的屏幕显示模式下，IE 安装后默认状态（工具栏地址栏等没有改变）下，IE 窗口内能看到的部分为 780×428 像素。

（6）导航栏位置。导航栏是网页元素非常重要的部分，可以帮助浏览者到达不同的页面，所以导航栏一定要清晰、醒目。一般来说，导航栏应在第一屏显示出来，有时第一屏可能小于 428 像素，此时，横向放置的导航栏优于纵向的导航栏，原因很简单：如果第一屏很短，横向导航栏能全部看到，而纵向导航栏的不确定性要大得多。

4. 应用层布局技术

"层"在 Dreamweaver 中指的是带有定位 CSS（cascadingstyle sheets，层叠样式表）样式的 DIV（DIVison，层叠样式表单元的位置和层次）。"层"的特点是使用方便，使用"层"布局页面的时候，需要使用参照对象。根据参照对象描绘"层"，也需要精确掌握"层"的大小。

（1）DIV＋CSS 网页布局的优势。

①使页面载入得更快。由于将大部分页面代码写在了 CSS 中，使得页面体积容量变得更小。相对于表格嵌套的方式，DIV＋CSS 将页面划分成更多的独立区域，在打开页面时，逐层加载，而不像表格嵌套那样，将整个页面圈在一个大表格里，使加载速度变得很慢。

②降低流量费用。页面体积变小，浏览速度变快，降低了某些控制主机流量的网站费用。

③修改设计时更有效率。由于使用了 DIV＋CSS 制作方法，在修改页面时更加省时。根据区域内容标记，到 CSS 里找到相应的 ID，修改页面更加方便，也不会破坏页面其他部分的布局样式。

④保持视觉的一致性。表格嵌套的制作方法会使得页面与页面，或者区域与区域之间的显示效果有偏差。而使用 DIV＋CSS 的制作方法，将所有页面或所有区域统一用 CSS 文件控制，就避免了不同区域或不同页面体现出的效果偏差。

⑤对浏览者和浏览器更具亲和力。由于 CSS 富含丰富的样式，使页面更加具有灵活性，它可以根据不同的浏览器而达到显示效果的统一和不变形。

（2）DIV＋CSS 网页布局的缺点。

①DIV＋CSS 网页布局虽然不是高不可及，但是要比表格定位复杂得多，即使是网站

设计高手也很容易出现问题，更不用说初学者了。

②CSS 网站制作的设计元素通常放在一个外部文件或几个文件中，有的文件可能比较庞大，有的文件甚至相当复杂，如果 CSS 文件调用出现异常，整个网站就将变得惨不忍睹。

③虽然 DIV＋CSS 解决了大部分浏览器兼容问题，但是也会在部分浏览器中使用时出现异常，比如火狐浏览器，在 IE 中显示正常的页面，到了火狐浏览器中可能会面目全非。当然这是浏览器的兼容性问题，但是从目前来看，DIV＋CSS 还没有做到对所有的浏览器的兼容。

5. 应用表格布局网页技术

表格布局是应用最广泛的网页布局工具，表格布局的优势在于它能对不同对象加以处理，又不用担心不同对象之间的影响。表格在定位图片和文本上比 CSS 更加方便。表格布局唯一的缺点是，表格使用过多时，页面下载速度会受到影响。使用表格设计网页布局时，注意在【扩展表格】模式下完成对表格属性的设置后，应返回到【标准】模式。

6. 应用框架布局网页技术

框架网页的兼容性较差，但从布局上考虑，框架结构是一种比较好的布局方法。如同表格布局一样，框架布局可以把不同对象放置到不同页面加以处理，框架可以取消边框，不影响整体美观。

二、网页图形、图像设计

（一）学习目标

通过学习，了解网页图形、图像在网页设计中的应用，了解网页图形、图像设计原则，掌握网页图形、图像设计方法。

（二）工作程序和内容

以网站标志（logo）为例，介绍网页图形、图像设计步骤。

步骤一　"领跑者 IT 培训中心"网页标志的设计本着"领跑"的含义，采用图形与文字相结合的方式，使用猎豹的造型，牵动前进的旗帜，旗帜的造型通过字母"L"即"领"字的第一个字母来设计，展示领跑者的形象，色彩采用蓝灰色和白色相结合的方式，体现科技色彩（如图 2-12 所示）。

图 2-12　网站标志创意

步骤二　打开 Photoshop，选择菜单"文件/新建"命令，设置文件大小为 1 004×600（宽度×高度），分辨率 72 像素/英寸，色彩模式为 RGB，背景内容为白色，文件名称为领跑者首页（如图 2-13 所示）。

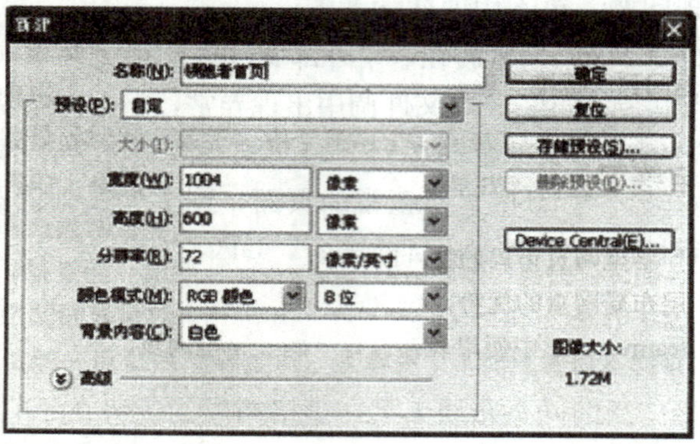

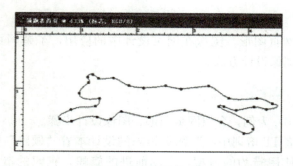

图 2-13　首页设置

注意：由于网页是需要用浏览器打开显示的，需要考虑浏览器的菜单、工具栏、滚动条等窗口元素所占据的空间，因此当显示器的分辨率为 800×600 像素时，网页显示标准尺寸是 780×428 像素；当显示器的分辨率为 1 024×768 像素时，网页显示尺寸为 1 007×600 像素，网页的左右、上下边距为 0。

步骤三　选择放大镜工具，将界面放大到 400% 左右，并拖曳滚动条，将当前工作窗口显示在左上角的位置。使用工具箱中的钢笔工具，设置钢笔的属性为路径模式，按图 2-14 所示节点连续单击鼠标，用钢笔工具勾勒出猎豹的基本形状，并使用转换点工具调节路径曲线，可结合直接选择工具调节节点的位置。

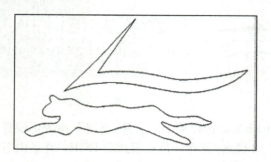

图 2-14　勾勒猎豹

步骤四　同"步骤三"。使用钢笔工具绘制猎豹头上的"L"，使用路径选择工具，调整两条路径的位置（如图 2-15 所示）。

图 2-15　勾勒"L"

步骤五 单击【图层】面板右下角的【创建新图层】按钮，创建新图层，改名为"猎豹"。使用路径选择工具单击【猎豹路径】，单击鼠标右键建立选区（如图 2-16 所示）。

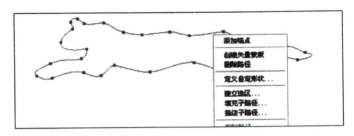

图 2-16 建立选区

步骤六 单击【猎豹层】，使其为当前层，单击工具栏底部【前景色】图标，设置前景色为白色，按【Alt＋Del】键，为猎豹图形填充白色，设置图层背景色为蓝色（如图 2-17 所示）。

图 2-17 "猎豹"填色

步骤七 单击图层面板下面的【图层样式】按钮，选择【描边】选项，设置描边为蓝灰（R：30，G：109，B：166），大小为 2 像素（如图 2-18 所示）。

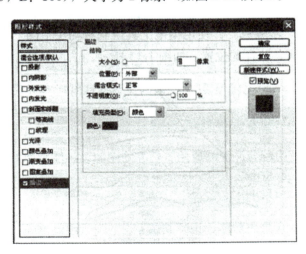

图 2-18 描边设置

步骤八 同样新建"L"图层，用同样的方法建立选区上色为蓝灰色，描边颜色为白色，大小为 2 像素（如图 2-19 所示）。

图 2-19 "L"填色描边

步骤九 使用文本工具，输入网站名称"领跑者 IT 培训中心"，设置颜色为蓝灰色，图层样式为"描边"白色，大小为 2 像素。选择"领跑者"三个字，单击鼠标右键，选择汉仪中圆简，字体为中圆，大小为 28 点，如图 2-20 所示。选择"领"字，设置颜色为橙色。选择文字"IT 培训中心"，设置字体为黑体，大小为 24 点。在"领跑者"后面添加空格，适当改变空格字符的文字大小，使领跑者与 IT 培训中心之间适当拉开距离。

图 2-20 网站名称设置

步骤十 使用文本工具，设计网站的网址 www.lingpaozhe.com，字体选择为 Bell Gothic Std，进行上色与描边，选中所有文字，单击右键选择仿斜体，单击文字工具属性面板上显示字符面板的按钮，显示字符控制面板，调节字符面板的"AV"选项数值，适当拉开文字距离（如图 2-21 所示）。

图 2-21 网站 logo 图像

（三）网站图形、图像设计相关知识

图形、图像在网页中有着广泛的应用，精准的图像设计能够更好地配合文字，丰富网页内容。

1. 图形、图像在网页中的应用

（1）标志。标志具有象征功能、识别功能，是网站形象、特征、信誉和文化的浓缩，图形的标志能够避免文字标志的单调感，图形标志是一种简洁但不简单的图形符号，具有以小见大、以少胜多的特点。

（2）背景插图。背景插图可以把浏览器变成一个真实的环境，以图形为背景衬托主题，增加层次感，与网页主题图像形成对比或共鸣，从而突出主题形象，彰显网页风格。

（3）网页主图。网页主图是指网页中表达主题、突出主题的较大幅面的图形、图像。主图能够形成整个页面的视觉中心，具有直观性强的特点，不需要像文字那样去逐字逐句地阅读，可以不受文化水平的限制，并能在瞬间给人以深刻印象。

（4）超级链接。将超级链接设计成图形，能够让网页链接变得样式丰富，使网页更为美观，利用标志性符号，可减弱语言的障碍。图形按钮具有直观、形象的特点，可以为单调的文字信息增添活力，更加明确地表现所要进行的操作。

2. 图形、图像的创意设计原则

（1）精练简洁。图片的数量过多，所占空间过大，会影响网页的下载速度。因此网页中放置图片一定要做到少而精，如果图片内容与网页主题不相符，会干扰浏览者的注意力。

（2）颜色协调。颜色协调指图像、文字及整个页面的主色调协调一致。众多图像的色彩应融于主色调这个整体中去，使整个网页的色调趋向统一，不给人杂乱堆砌之感。

（3）风格吻合。图像的风格要与网页主题保持氛围、情感上的一致。

3. 网页图形、图像的处理方法

（1）图像面积。大图像能表现细节，容易形成视觉焦点，感染力强，传达的感情较为强烈，更容易吸引浏览者的注意。小图像显得简洁精致，有点缀和呼应作用。大小图像对比强烈，给人跳跃感；大小图像对比减弱，则页面稳定、安静。图像在网页中占据的面积大小能直接显示其重要程度。网页图像设计时，应首先确定主要形象与次要形象，把重要的、能吸引注意力的图像放大，从属的图像缩小，形成主次分明的层次格局。

（2）图像的外形。方形图稳定、严肃，三角形图锐利，圆形图或曲线形图柔软、亲切，退底图、不规则或带边框图像活泼，都能产生强烈的装饰感。

（3）图像的位置。在网页中上、下、左、右及对角线的四个角都是视觉的焦点，处理好这些位置关系能表现出丰富的效果。

①支配四角和对角线。四角是指版心边界和四个点，把四角连起来的斜线即对角线，交会点为几何中心。

②支配版面的中轴四点。中轴四点经过版心的垂直和水平线的端点、中轴四点，可产生横、竖、居中的结构。

③四角和中轴四点结构。四角和中轴四点结构能使版面更加完美。

（4）图像的虚实。图像的虚实对比能够产生空间感，实的物体感觉近，虚的物体感觉远。要想让图像"虚"，一种方法是将图像模糊；另一种方法是将图像的色彩层次减少，纯度降低，尽量与背景靠近，使图像产生悠远的感觉。

（5）图像的合成。图像的合成是指将几幅图片有选择地合成为一个图像，合成后的图像传达的信息更加丰富，能够更集中地体现创意。例如可将不同人物的头像经过处理后合成为一个图像，统一色彩，统一处理手法，体现出特有的风格。

（6）图像的组合。图像的组合就是把多幅图片或图形以不同方式摆放，形成一个图像群或图像组，以此来传达更多信息。图像的重要程度可以因面积、摆放位置的不同而有所不同。图像组合的方式有块状组合和散点组合两种。

①块状组合。块状组合是将图片或图形通过水平、垂直线分割，在网页上整齐有序地排成块状，这种组合形式有强烈的整体感、严谨感，并富于理性和秩序之美。如果图像大小相等，它们之间则是平等的关系。

②散点组合。散点组合是将图片或图形按散点排列在版面各部位，能形成明快自由的感觉，组合时要注意图的大小、主次的搭配，方形图与退底图的搭配、文字与图形的组合搭配，同时还要考虑疏密、均衡、视觉方向等因素。

（四）注意事项

网页中的背景图片采用单色图，容易使图像与其他视觉元素协调统一，使整个网页浑然一体。

三、网页动画设计

（一）学习目标

通过学习，了解网页动画基本理论，了解网页动画设计原则，掌握网页动画设计方法。

（二）工作程序和内容

以 Flash 网页导航为例，介绍网页动画设计步骤。

步骤一　网页导航设计思路：将菜单和 banner 融合在一起，既能够统一风格，也便于菜单的延伸，应用图形元件、按钮元件和影片剪辑等动画制作方法。

步骤二　新建 Flash 文档，修改文档大小为 1 000×292 像素，背景颜色为灰色。选择菜单【文件/导入/导入舞台】，将素材【导航菜单 . jpg】导入场景图层 1 中，设置坐标为（0，0），保存文件【导航菜单 . fla】（如图 2-22 所示）。

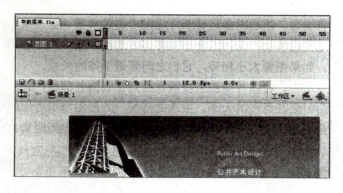

图 2-22　场景搭建

步骤三　新建图层 2，使用矩形工具新建 1 个大小为 600×50 像素、边线颜色为无色、填充颜色为灰色的矩形，设置属性坐标为（265，38.5）（如图 2-23 所示）。

图 2-23 图层 2 设置

步骤四 使用矩形工具新建"光束 1"图形元件,设置边线为无色,填充为蓝色,在选择工具框中选矩形,设置宽度 120,高度 220,坐标(0,0)(如图 2-24 所示)。采用同样方法,插入同样大小与位置的元件"光束 2"绿色、"光束 3"橙色、"光束 4"紫色、"光束 5"洋红。

图 2-24 插入图形元件

步骤五 新建"动态光束 1"影片剪辑元件,此时处于影片剪辑编辑状态,将库面板中"光束 1"拖动到第 1 帧。单击时间轴【第 10 帧】,插入关键帧。单击【第 1 帧】,选择菜单【窗口 l 变形】,将宽度设置为 1%。设置第 1 帧属性 Alpha 为 0,第 10 帧 Alpha 为 40%。单击【第 1 帧】,创建 1 至 10 帧之间的补间动画。单击【第 10 帧】,右键单击选择【动作】,输入"stop();"。

步骤六 新建"课程介绍"图形元件(如图 2-25 所示)。利用矩形工具,绘制一个 120×50 像素的无边矩形,颜色任意。在选择工具框中选矩形,选择菜单【修改/转换为元件】,将该矩形转化为图形元件,命名"矩形"。新建"图层 2",使用文本工具输入"课程介绍"文字,设置字体"黑体"、大小"15"、颜色白色。同样输入文字"01",大小为12。设置矩形的目的是形成矩形的按钮区域,因此设置矩形属性 Alpha 为 0。

图 2-25　导航文字图形元件

步骤七　选择菜单【插入/新建元件】，新建"按钮 1"元件，类型为按钮（如图 2-26 所示）。将图形元件"课程简介"拖至"弹起"关键帧，设置坐标（0，0）。新建图层 2，在"指针经过"插入关键帧，将影片剪辑元件"动态光束 1"拖至该帧，设置坐标（0，0）。用同样方法插入其他 4 个按钮。

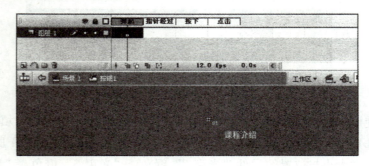

图 2-26　按钮元件

步骤八　回到场景 1，新建图层 3，将 5 个按钮元件拖到场景中，设置按钮 1"课程介绍"，按钮坐标为（265，38.5）即与图层 2 的矩形坐标相同，实现左侧对齐。将按钮 5 "课程资源"按钮的 y 坐标设置为 38.5，使用方向键微调按钮实现右对齐。接下来可以设置其他按钮的 y 坐标，这里使用一下对齐面板，先将按钮 2、按钮 3、按钮 4 位置调低一些。选择菜单【窗口/对齐】，按住【Shift】键单击选中 5 个按钮，单击对齐面板中的【上对齐】按钮，然后单击【水平居中对齐】按钮（结果如图 2-27 所示）。

图 2-27　导航界面

步骤九　单击【按钮 1】，单击鼠标右键，选择【动作】，使用【脚本助手】，从左侧选择【全局函数/影片剪辑控制/on】，选择事件为【释放】（如图 2-28 所示）。从左侧选择【浏览器/网络/get URL】，设置右侧的导航地址 URL 为目标网页，如"course. html"，可以设置打开的目标窗口，如"blank"。

电子商务师

42

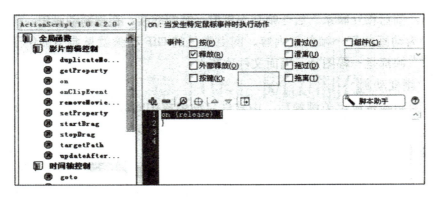

图 2-28　动作设置对话框

（三）相关知识

网页动画虽不需要在每个商务网页中出现，但往往能够起到画龙点睛的作用。

1. 网页动画的特点

（1）视觉冲击力极强。网页动画能以较小的面积吸引较多的注意力，对于要保证内容丰富而幅面有限的网页设计而言，动画形式无疑是一种极具吸引力的选择。而对于以追求点击率为宗旨的广告商来说，动画形式的广告就是上上之选了。

（2）信息量大。网页动画使信息从二维平面空间扩展到时间的三维空间，为信息的展示提供了一个延伸的舞台。通过时间的延续，网页动画能够展示更多的网页信息，比静态的图像文字更具吸引力。

（3）生动形象。网页动画能够将产品的展示以类似电影的形式展示出来，进一步发挥图形、图像的优势及突破平面静态的局限，辅以适当的音乐效果，能够大大增强表现的真实性、生动性和感染力，加强宣传效果，而且能够与网页其他元素形成动静对比，丰富设计手段和表现形式，活跃网站的气氛。

2. 网页动画的种类

（1）逐帧动画。逐帧动画是指构成动画的基本单位是帧。动画由多帧画面组成，每帧的内容不同，前后相互联系，后一帧画面是前一帧的继续。在逐帧动画中，制作人员需要为动画的每一帧创建内容。网上常见的 GIF 动画就是典型的例子，动画中每一帧都是一幅图片，因而文件比较大。

（2）渐变动画。渐变动画是设定关键帧后，由软件自动生成中间的变化过程。Flash 动画由于是矢量文件，文件小，动作衔接较好，可以实现连续变换的效果。Flash 渐变动画分为运动动画和形状动画两种。

3. 网页动画设计原则

（1）形式服务于内容。网页动画最重要的目的是信息的准确传达，形式为内容服务、形式与内容的统一是创意设计的出发点。在此前提下，寻找创意的突破口，达到既合情合理又出人意料的效果。脱离内容的表现形式将成为无本之木。内容与形式的统一包括信息载体的选择与内容的统一、色彩与内容的统一以及字体与内容的统一等。有些页面内容不适合安排较多的动画，这时设计者应避免动画过多地"抓"注意力，而忽视主题内容的情形。

（2）适量安排动画数目。视觉总是处在一个不断运动的状态中，即使视觉主体是静止不动的，视线也在按照视觉流程不断搜索。如果网页上某个区域是动画形式，动静对比容易引人注目。如果页面上还有其他的动画区域，视觉的生理本能会使视线游移于两个亮点之间，形成一条线。如果是多个动画区域，视线会游移于多点，导致每个点都未能得到足够的关注，有违制作动画的初衷。这一点在综合网站的设计规划中尤为重要。

（四）注意事项

如果在页面上必须出现不止一个动画时，也应需要有较大的区别，如采用面积大小对比，或形成出现时间差别等。

第二节　HTML 网页制作

一、建立 HTML 文档

（一）学习目标

通过学习，了解 HTML 文档结构；掌握 HTML 文件的基本编写方法。

（二）工作程序及内容

在记事本中创建 HTML 文件的基本步骤如下。

步骤一　单击【开始】按钮，选择【程序】→【附件】→【记事本】，并打开【记事本】窗口。

步骤二　在记事本中，输入 HTML 文件首标签和尾标签语句：

```
<html>
…
</html>
```

说明：首标签<html>和尾标签</html>分别位于 HTML 文档的最前面和最后面，明确地表示文档是以超文本标识语言（HTML）编写的，该标记不带有任何属性。

步骤三　在记事本中，输入 HTML 文件头部内容：

```
<html>
<head>
<title>我的花店</title>
</head>
</html>
```

说明：＜head＞…＜/head＞之间的内容是 HTML 文档的头部内容，用来规定文档的标题（出现在浏览器窗口的标题栏中）和文档的一些属性。＜title＞是成对标记，嵌套在＜head＞…＜/head＞标签中使用，＜title＞…＜/title＞之间的内容是 HTML 文件的标题。

步骤四　在记事本中，输入 HTML 文件主体内容：

＜html＞

＜body＞

欢迎您访问我的花店！

＜/body＞

＜/html＞

说明：＜body＞…＜/body＞之间的内容将显示在浏览器窗口的客户区内，是 HTML 文档的主体部分，主要属性有如下。

①bgcolor 属性：定义页面背景颜色，可以使用颜色的英文单词来表示颜色，如 bgcolor＝"red"，也可使用 16 进制的 RGB 代码来表示颜色，如 bgcolor＝"＃FF0000"，在使用 16 进制的 RGB 代码来表示颜色时，需在颜色代码前加"＃"。

②background 属性：定义页面背景图片时，background 属性值就是背景图片的路径和文件名。

如果背景图片小于网页显示窗口，那么这个背景图片会自动重复。bgcolor 和 background 这两个＜body＞的属性，在 HTML 标准（HTML 4 与 XHTML）里已不建议使用，而建议用 CSS 设置背景颜色和图片。为保证浏览器载入网页的速度，建议尽量不要使用字节过大的图片作为背景图片。

③text 属性：定义页面文字的颜色，可以使用颜色英文单词来表示颜色，如 text＝"red"，也可使用 16 进制的 RGB 代码来表示颜色，如 text＝"＃FF0000"，在使用 16 进制的 RGB 代码来表示颜色时，须在颜色代码前加"＃"。

④link 属性：定义页面默认超链接对象的颜色，可以使用颜色英文单词来表示颜色如 link＝"red"，也可使用 16 进制的 RGB 代码来表示颜色，如 link＝"＃FF0000"，在使用 16 进制的 RGB 代码来表示颜色时，须在颜色代码前加"＃"。

⑤alink 属性：定义鼠标正在单击时的超链接对象颜色，可以使用颜色英文单词来表示颜色，如 alink＝"red"，也可使用 16 进制的 RGB 代码来表示颜色，如 alink＝"＃FF0000"，在使用 16 进制的 RGB 代码来表示颜色时，须在颜色代码前加"＃"。

⑥vlink 属性：定义访问后超链接对象的颜色，可以使用颜色英文单词来表示颜色，如 vlink＝"red"，也可使用 16 进制的 RGB 代码来表示颜色，如 vlink＝"＃FF0000"，在使用 16 进制的 RGB 代码来表示颜色时，须在颜色代码前加"＃"。

⑦leftmargin 属性：定义页面的左边距。

⑧topmargin 属性：定义页面的上边距。

⑨bgproperties 属性：定义页面背景图像为固定，不随页面的滚动而滚动。

步骤五　执行【文件】→【保存】命令，将文件保存为Ⅰ－Ⅰ.htm。

说明：除了记事本之外，还可以使用写字板或其他文本编辑软件来编辑 HTML 文件。

（三）相关知识

HTML 是 Web 页面的基础。使用 HTML 描述的网页文件称为 HTML 页面或者 HTML 文件。

1. HTML 文件的概念

HTML 通过多种标准化的标记符号（tag）对网页内容进行标注，对页面超媒体内容的输出格式以及各内容部分之间逻辑上的组织关系等进行描述和指定。

2. HTML 文件的特点

HTML 文件以"html"或者"/htm"为扩展名，它是一种纯文本文件，可以使用记事本、写字板等文本编辑器来进行编辑，也可以使用 FrontPage、Dreamweaver 等网页制作工具来快速地创建 HTML 文件。

3. HTML 文件的结构

HTML 文件均以＜html＞标记符开始，以＜/html＞标记符结束。＜head＞和＜/head＞标记符之间的内容用于描述页面的头部信息，例如页面标题、关键词等信息；在＜body＞和＜/body＞标记符之间的内容即为页面的主体内容。html文件的整体结构如图 2-29 所示。

```
<html>
    <head>
        页面的头部信息
    </head>
    <body>
        页面的主体内容
    </body>
</html>
```

图 2-29　HTML 文件的整体结构

（四）注意事项

使用记事本等编辑器建立 HTML 文件时，一定要以 .htm 或 .html 为扩展名保存文件，否则在浏览器中无法正确显示预览效果。

二、运用 HTML 建立表格

（一）学习目标

通过学习，掌握 HTML 文档中表格标记符的设置。

（二）工作程序和内容

步骤一　单击【开始】按钮，选择【程序】→【附件】→【记事本】，并打开【记事本】窗口。

步骤二　在记事本中，输入下列语句，创建标题为"花节"，背景颜色为黄色的空白网页。

＜html＞

＜head＞

＜title＞花节＜/title＞

＜/head＞

```
<body bgcolor="#FFFF99">
</body>
</html>
```

步骤三 在新创建的 HTML 文件主体标签内输入表格标签语句。

```
<table width="210"border="1"align="center">
    <tr align="center">
        <td colspan="2">节日</td><td>名称</td>
    </tr>
    <tr align="center">
        <td rowspan="3">5 月</td><td>1 日</td><td>国际劳动节</td>
    </tr>
    <tr align="center">
        <td>4 日</td><td>中国青年节</td>
    </tr>
    <tr align="center">
        <td>12 日</td><td>护士节</td>
    </tr>
    <tr align="center">
        <td colspan="2">6 月 1 日</td><td>国际儿童节</td>
    </tr>
</table>
```

步骤四 保存 HTML 文件，并浏览效果（如图 2-30 所示）。

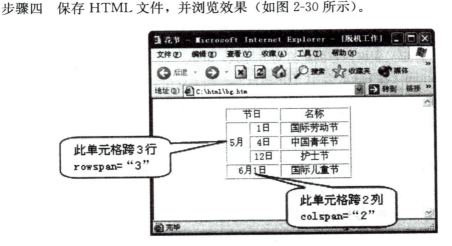

图 2-30 表格标记

说明：在<table>和</table>之间放置表格内容，<table>标记是成对标记。在表格中，行是用<tr>…</tr>标记来定义的，一行使用一个<tr>…</tr>标记，每行中的列是用<td>…</td>标记来定义的；一列使用一个<td>…</td>标记。<table>、<tr>、<td>标记符都有相应的属性，用来定义表格中内容的显示方式。

47

（三）相关知识

使用网页表格进行网页布局有利于页面的整齐美观。

1. HTML 文件中表格的作用

表格是 HTML 一项非常重要的功能，利用其多种属性能够设计出多样化的表格，使用表格可以使网页有很多意想不到的效果。

2. 表格标签及其属性

<table>、<tr>、<td>三个标记是定义表格的最重要的标记，<table>是一个容器标记，用以标记网页表格，而其他标记只能在它的范围内才适用。

1）<table>标签的常用属性

width：定义表格宽度，可以用绝对值（如 80）或相对值（如 80%）设置。

border：定义表格边框的厚度，不同浏览器有不同的内定值。

cellspacing：定义表格边线的厚度。

cellpadding. 定义文字与格线的距离。

aligrk 定义表格的水平摆放位置，取值可选 left（左对齐），right（右对齐），center（居中）。

valign：定义表格内容的垂直对齐方式，取值可选 top（靠上），middle（居中），bottom（靠下）。

background：定义表格的背景图片，不能与 bgcolor 同用。

bgcolor：定义表格的底色，不能与 background 同用。

bordercolor：定义表格的边框颜色。

bordercolorlight：定义表格边框向光部分的颜色（只适用于 IE 浏览器）。

bordercolordark：定义表格边框背光部分的颜色（只适用于 IE 浏览器）。

注意：使用 bordercolorlight 或 bordercolordark 时 bordercolor 属性将会失效（只适用于 IE 浏览器）。

cols：定义表格栏位数目，可令浏览器下载表格时先画出整个表格。

2）<tr>标签的常用属性

在<table>标签内使用<tr>标签标示和编辑表格的行，<tr>标签的常用属性包括以下几点。

align：定义该行内容的水平对齐方式，取值可选：left（左对齐），center（居中），right（右对齐）。

valign：定义该行内容的垂直对齐方式，取值可选：top（靠上），middle（居中），bottom（靠下）。

bgcolor：定义该行背景色。

bordercolor：定义该行边框颜色（只适用于 IE 浏览器）。

bordercolorlight：定义该行边框向光部分的颜色（只适用于 IE 浏览器）。

bordercolordark：定义该行边框背光部分的颜色（只适用于 IE 浏览器）。

注意：使用 bordercolorlight 或 bordercolordark 时 bordercolor 将会失效（只适用于 IE

浏览器）。

3）<td>标签的常用属性

在<tr>标签内使用<td>标签标记和编辑表格中该行的列，<td>标签的常用属性包括以下几点：

width：定义单元格宽度，可以用绝对值（如 80）或相对值（如 80%）方式设置。

height：定义单元格高度。

rowspan：定义单元格所跨行数。

colspan：定义单元格所跨列数。

align：定义单元格内容水平对齐方式，取值可选：left（左对齐），center（居中），right（右对齐）。

valign：定义单元格内容垂直对齐方式，取值可选：top（靠上），middle（居中），bottom（靠下）。

bgcolor：定义单元格背景色。

bordercolor：定义单元格边框颜色（只适用于 IE 浏览器）。

bordercolorlight：定义单元格边框向光部分的颜色（只适用于 IE 浏览器）。

bordercolordark：定义单元格边框背光部分的颜色（只适用于 IE 浏览器）。

注意：使用 bordercolorlight 或 bordercolordark 时 bordercolor 将会失效（只适用于 IE 浏览器）。

background：定义单元格背景图片，不能与 bgcolor 属性同时使用。

（四）注意事项

表格是用<tr>…</tr>行标记符来定义各行，每行中用<td>…</td>列标记符来定义各列。

三、运用 HTML 编辑网页内容

（一）学习目标

通过学习，掌握 HTML 文档中网页内容修饰标记符的设置。

（二）工作程序和内容

设置 HTML 内容修饰标记，常用的 html 内容修饰标记及其示例如下所述。

1. <hi>标题标记

示例 1：标题标记设置。在记事本中输入以下 HTML 语句，保存后浏览效果，（如图 2-31 所示）。

```
<html>
<head>
<title>我的花店</title>
</head>
<body>
```

<h1>欢迎您访问我的花店！</hl>
<h2>欢迎您访问我的花店！</h2>
<h3>欢迎您访问我的花店！</h3>
<h4>欢迎您访问我的花店！</h4>
<h5>欢迎您访问我的花店！</h5>
<h6>欢迎您访问我的花店！</h6>
</body>
</html>

图 2-31 标题标记浏览效果

说明：<hi>标记符用于定义段落标题的大小级数。最大的标题级数是<h1>，最小的标题级数是<h6>。使用<hi>标记符的 align 属性可控制文字的对齐方式，属性值可以是 left（左对齐），center（居中），right（右对齐）。

2. <P>段落标记符

示例 2：段落标记符设置。输入 HTML 语句如下，保存后浏览效果（如图 2-32 所示）。

<html>
<head>
<title>我的花店</title>
</head>
<body bgcolor="＃FFFF99">
<hl align="center">我的花店</hl>
<p align="center">欢迎您访问我的花店！</p>
<p align="center">花可以传情,可表达思念之情,亲情,感恩的心情,衷心的祝福！

```
</p>
    <p align="center">居室之内,放上一束瓶插花,可增添幽雅、清静、舒适之感。</p>
    <p align="center">祝愿进入我的花店的朋友天天有好心情!</p>
    <p align="center">版权归"我的花店"所有</p>
</body>
</html>
```

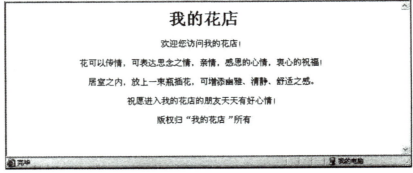

图 2-32　段落标记

说明：<P>标记符用于划分段落，控制文本的位置。<P>是成对标记符，用于定义内容从新的一行开始，并与上段之间有一个空行，其 align 属性定义新开始的一行内容在页面中的对齐位置，属性值可以是 left（左对齐）、center（居中对齐）或者 right（右对齐）。

3.
换行标记

示例 3：换行标记设置。将示例 3 中相应段落中的段落标记<p>替换为换行标记
，HTML 语句如下，保存后浏览效果，（如图 2-33 所示）。注意段落标记<p>和换行标记
预览效果的不同。

```
<html>
<head>
<title>我的花店</title>
</head>
<body bgcolor="#FFFF99">
<h1 align="center">我的花店</h1>
<hr align="center" width="100%"  size="4"color="#3333FF">
<p>欢迎您访问我的花店!</p>
花可以传情,可表达思念之情,亲情,感恩的心情,衷心的祝福!<br>
居室之内,放上一束瓶插花,可增添幽雅、清静、舒适之感。<br>
祝愿进入我的花店的朋友天天有好心情!<br>
<hr align="center" width="100%"  size="4" color="#3333FF">
<p align="center">版权归"我的花店"所有</p>
```

```
</body>
</html>
```

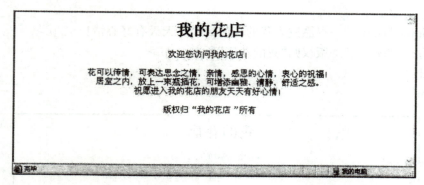

图 2-33　换行标记

说明：＜br＞标记符用于定义文本从新的一行显示，它不产生一个空行，但连续多个＜br＞标记符可以产生多个空行的效果。＜br＞标记符是非成对标记符。注意与段落标记符＜p＞的区别。

4. 列表标记

示例 4：项目列表标记设置。输入 HTML 语句如下，保存后浏览效果，（如图 2-34 所示）。

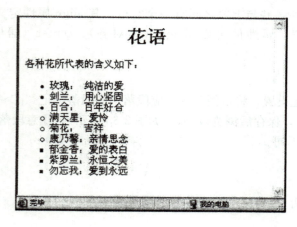

图 2-34　链授标记

```
<html>
<head>
<title>花语</title>
</head>
<body bgcolor="#FFFF99">
<h1 align="center"><font face="宋体">花语</font></h1>
<p>各种花所代表的含义如下：</p>
<ul>
```

```
<li>玫瑰：  纯洁的爱</li>
<li>剑兰：  用心坚固</li>
<li>百合：  百年好合</li>
<li type="circle">满天星:爱怜</li>
<li type="circle">菊花：  吉祥</li>
<li type="circle">康乃馨:亲情思念</li>
<li type="square">郁金香:爱的表白</li>
<li type="square">紫罗兰:永恒之美</li>
<li type="square">勿忘我:爱到永远</li>
</ul>
</body>
</html>
```

说明：列表标记包括项目列表标记<ul>、编号列表标记<ol>。<ul>和<ol>标记都是成对标记。在<ul>标记之间还可以使用<li>标记来设定项目内容，其type属性可以显示不同形状的项目符号，取值有：

不加type属性：项目符号显示为●（默认值）。

type="circle":项目符号显示为O。

type="square":项目符号显示为■。

5. <a>链接标记

示例5:链接标记设置。输入HTML语句如下。

```
<html>
<head>
</head>
<body bgcolor="#FFFF99">
<p><a href="1-7. htm">花语</a></p>
<p><a href="bg. htm"target="right">花节</a></p>
<p><a href="http://www. sina. com. cn">友情链接</a></p>
<p><a href="mailto:gltxiaohong@buu. com. cn">与我联系</a></p>
</body>
</html>
```

说明：HTML是通过<a>标记符来实现超链接的，它是成对标记符。其主要属性有：

href——链接文件的地址；target——链接目标的位置。

①指向电子邮件的链接

<a href="mailto:gltxiaohong@buu. com. cn">与我联系</a>

②指向站点内文件的链接

<a href="bg. htm">花节</a>

③指向其他网站文件的链接

<a href="http://www. sina. corn. cn">友情链接</a>

6. ＜font＞字体标记

例6：字体标记设置。设置示例3中相应段落的字体。HTML语句如下，保存后浏览效果，（如图2-35所示）。

＜html＞

＜head＞

＜title＞我的花店＜/title＞

＜/head＞

＜body bgcolor="FFFF99"＞

＜h1 align="center"＞＜b＞＜font color="＃FF0000" face="隶书"size="＋5"＞我的花店＜/font＞＜/b＞＜/h1＞

＜p align="center"＞欢迎您访问我的花店！＜/p＞

＜p align="center"＞花可以传情,可表达思念之情,亲情,感恩的心情,衷心的祝福！＜/p＞

＜p align="center"＞居室之内,放上一束瓶插花,可增添幽雅、清静、舒适之感。＜/p＞

＜p align="center"＞祝愿进入我的花店的朋友天天有好心情！＜/p＞

＜p align="center"＞＜i＞＜font color="＃660000"＞版权归"我的花店"所有＜/font＞＜/i＞＜/p＞

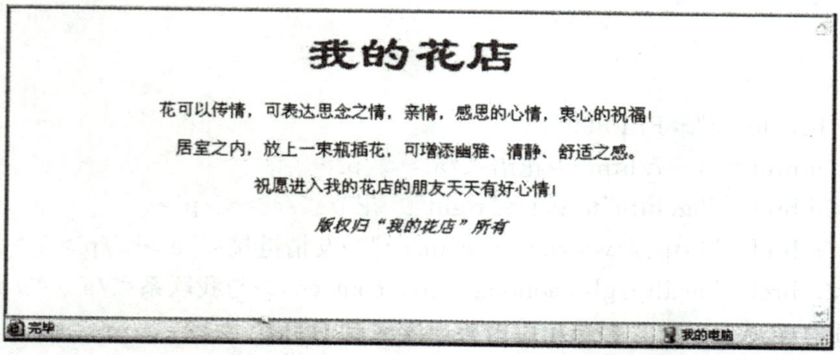

＜/body＞

＜/html＞

图 2-35　字体标记

说明：＜font＞标记用来定义文字的字体、大小和颜色，是成对标记符。主要属性有：

face属性：定义文字所使用的字体，如 thce＝"隶书"。

size属性：定义文字的大小，属性值为1～7，也可使用相对大小来设置，如，size＝"＋5"、size＝"－5"。

color属性：定义文字的颜色，可以使用颜色的英文名称来表示颜色，如，color＝"red"，也可使用16进制的RGB代码来表示颜色，如，color＝"＃FF0000"，在使用16进制的RGB代码来表示颜色时，须在颜色代码前加"＃"。

此外，字体标记符还包括＜b＞…＜/b＞粗体标记符、＜i＞…＜/i＞斜体标记符等。

（三）HTML 相关知识

HTFMlL 标记语言是 HTML 文件的基础，其具有特定的格式和特征。

1. HTML 标记的格式

HTML 文件的所有控制语句称为标记，标记在一对尖括号之间，格式如下：

＜标记＞HTML 语言元素＜/标记＞

（1）标记符分为成对标记符和非成对标记符，＜title＞、＜p＞、＜font＞等属于成对标记符，＜br＞、＜hr＞等属于非成对标记符。标记符忽略大小写。HTML 源文件为文本文件，多个标记符可写成一行，甚至整个文件可写成一行；一个标记符的内容可以写成多行。

（2）可使用标记符的属性来进一步限定标记符，一个标记可以有多个属性项，各属性项的次序不限定，各属性项间用空格进行分隔。

（3）HTML 中使用的注释语句为＜! ——…——＞，注释内容可插入到文本中任何位置，注释内容将不显示。

2. HTML 的作用

（1）利用标题、文本、表格、列表和图像发布在线信息。
（2）应用超链接获取世界各地的在线信息。
（3）应用表单与远程服务通信，实现信息查询及各种商贸活动。
（4）把样式、视频、音频和应用程序嵌入 HTML 文档。

3. 绝对地址和相对地址

文件的引用既可以使用绝对地址，也可以使用相对地址。

（1）绝对地址：是直接写出所链接的文件位于哪个服务器中的网站内，主要用来链接其他网站的网页，例如：

＜a href＝"http://www.sina.com.cn"＞友情链接＜/a＞

（2）相对地址：是用所链接的文件相对于目前网页所在的位置来表示，主要用来链接当前网站的其他网页，例如：

＜a href＝"bg.htm"＞花节＜/a＞

（四）注意事项

项目列表标记＜ul＞用于编辑无序列表，编号列表标记＜ol＞用于编辑有序列表。

四、运用 HTML 编辑网页表单

（一）学习目标

通过学习，掌握 HTML 文档中网页表单编辑标记符的设置。

（二）工作程序和内容

步骤一　单击【开始】按钮，选择【程序】→【附件】→【记事本】，并打开【记事

55

本】窗口。

步骤二　在记事本中，输入下列语句，创建标题为"表单"，背景颜色为黄色的空白网页。

```
<html>
<head>
<title>表单</title>
</head>
<body bgcolor="＃FFFF99">
</body>
</html>
```

步骤三　在新创建的 HTML 文件主体标签内输入表单标签语句。

```
<form>
Name：<input type="text"name="Name"value=""/>
Email：<input type="text"name="Email"value=""/>
<input type="submit"value="submit"/>
</form>
```

步骤四　保存 HTML 文件，并浏览效果（如图 2-36 所示）。

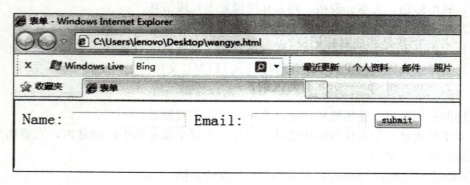

图 2-36　在浏览器中浏览网页表单

（三）相关知识

HTML 表单是 HTML 的一个重要部分，主要用于采集和提交客户输入的信息。表单网页是一个网站和访问者开展互动的窗口，表单本身并不能处理数据，还需要编写脚本程序处理输入表单中的数据。

1. HTML 表单的作用

表单是网页上用于输入信息的区域，例如向文本框中输入文字或数字，在方框中打钩，使用单选按钮选中一个选项，或从一个列表中选择一个选项等。按下提交按钮后，表单中输入的信息就被提交到网站。

2. HTML 表单标签

（1）<form>标签

<form>标签是创建一个表单所需的基本标签，每一个表单都必须以<form>标签起

始，并以</form>标签结束。

<form>标签的 method 属性定义了数据如何发送给处理该数据的脚本。两种最常见的提交方式是"GET"和"POST"。"GET"提交方式将数据发送到网页的 URL 地址中，"POST"提交方式则是通过处理表单的脚本。

<form>标签的 action 属性定义了处理表单数据的脚本文件。许多虚拟主机提供商都提供了发送邮件脚本，或其他可定制的表单脚本。也可以使用自行编写的用于处理表单数据的服务器端脚本，使用这类脚本可以发出包含表单信息的电子邮件，或将表单信息输入数据库备用。

（2）<input>标签

<input>标签定义了输入信息的区域，每个 input 标签都有一个 type 属性，用于定义输入的信息类型，属性值可选：text（文本框），button（按钮），checkbox（复选框），file（文件），hidden（隐藏字段），image（图像），password（密码框），radio（单选按钮），reset（重置按钮），submit（提交按钮）。

每个<input>标签还必须有一个 value 属性。value 属性值可以为空，即 value=""，则脚本处理表单框里输入的任何数据。复选框、单选按钮可以设置希望的默认值，如 value="yes"，代表"是"。对于提交按钮或隐藏字段类型，其值等于最终的输入，如提交按钮设为 value="submit"，重置按钮设为 value="reset"，隐藏的重定向字段设为 value="http://www.opera.com"。

<input>标签的 name 属性，定义提交表单时数据字段的名称。表单被提交时，绝大多数脚本都使用 name 属性将表单数据放入数据库，或放入可供人阅读的电子邮件。

（四）注意事项

除非有特别的理由需要使用"GET"提交方式，最好不使用这种方式发送安全信息。因为通过 URL 地址传输信息，任何人都可以看到信息，"POST"提交方式更为安全，也是更好的表单提交方式。

第三节　动态网页制作

一、创建数据库

（一）学习目标

通过学习，了解数据库、关系型数据库的概念及特点，了解数据库管理系统的概念及功能，掌握数据库管理软件 Access 的基本操作，掌握数据库和数据表的创建和使用方法。

（二）工作程序及内容

1. 数据库的创建

在数据库管理软件 Access 中创建数据库的步骤如下：

步骤一　在网站站点根目录下建立专门的数据库存放目录，如 d：\ newgn \ database 文件夹。

步骤二　单击【开始】按钮，选择【程序】→【Microsoft Access DBMS】，打开 【Access】窗口。

步骤三　执行【文件】→【新建】命令，在弹出的对话框中选择存放路径并命名（如 图 2-37 所示）。

步骤四　保存所建立的 Access 数据库文件。

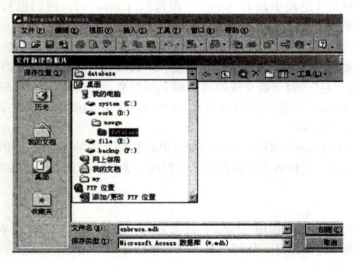

图 2-37　数据库文件夹

2. 数据表的创建

数据库最基本的元素是数据表，数据表是存储数据的地方，在 Access 数据库中创建数据表的步骤如下。

步骤一　在新建的数据库中使用设计器创建表，在弹出的"表1"中设计相关字段，设置各字段的"数据类型"，如，字段名称 id，数据类型为自动编号，并设定为主键（如图 2-38 所示）。

步骤二　设计完"表1"后，直接关闭该窗口，在弹出的对话框中单击【是】，保存"表1"命名为 user（如图 2-39 所示）。

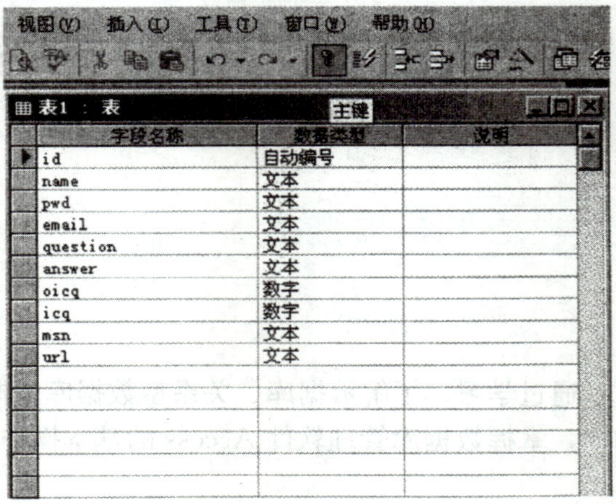

图 2-38　数据表设计

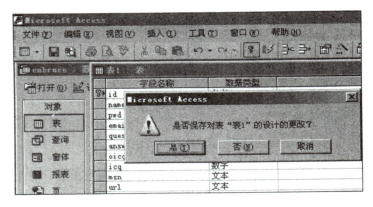

图 2-39　数据表保存

说明：设置字段名称 id 相关是必须的，否则在保存之后还会出现如图 2-40 所示对话框，其效果还是设置类型自动编号的关键字段。

图 2-40　主键设置

步骤三　数据表 user 建立完毕（如图 2-41 所示）。

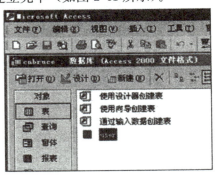

图 2-41　数据表完成

步骤四　双击数据库表 user，在弹出的 user 表中输入相关内容（如图 2-42 所示）。

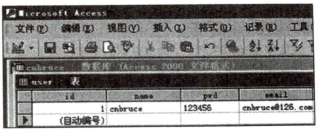

图 2-42　数据录入

步骤五　关闭并保存数据库表。

（三）数据库相关知识

特别是 20 世纪 90 年代以后，数据管理不仅仅是存储和管理数据，还转变成客户所需要的各种数据管理的方式。

1. 数据库的概念及特点

数据库是依照某种数据模型组织起来并存放在存储器中的数据集合，通常分为层次型数据库、网络型数据库和关系型数据库三种，目前应用的主要是关系型数据库。关系型数据库把复杂的数据结构归结为简单的二元关系，对数据的操作几乎全部建立在一个或多个二维表格（即数据表）上，通过关系表格的分类、合并、连接或选取等运算来实现数据的管理。这种数据集合具有如下特点。

（1）实现数据共享。数据共享指所有客户可同时存取数据库中的数据，也可以用各种方式通过接口使用数据库，并提供数据共享。

（2）减少数据的冗余度。同文件系统相比，数据库实现了数据共享，避免了用户各自建立应用文件，减少了大量重复数据，减少了数据冗余，维护了数据的一致性。

（3）数据的独立性。数据的独立性指数据库中数据库的逻辑结构和应用程序相互独立，且数据物理结构的变化不影响数据的逻辑结构。

（4）数据实现集中控制。文件管理方式中，数据处于一种分散的状态，不同的用户或同一用户处理不同业务时形成的文件之间毫无关系。利用数据库可对数据进行集中控制和管理，并通过数据模型表示各种数据的组织以及数据间的联系。

（5）数据一致性和可维护性。数据一致性和可维护性是为了确保数据的安全性和可靠性，主要包括以下几点。

①安全性控制，以防止数据丢失、错误更新和越权使用；②完整性控制，保证数据的正确性、有效性和相容性；③并发控制，使在同一时间周期内，允许对数据实现多路存取，又能防止用户之间的不正常交互作用；④故障的发现和恢复，由数据库管理系统提供一套方法，可及时发现故障和修复故障，从而防止数据被破坏。

2. 数据库管理系统

数据库为了保证存储在其中的数据的安全和一致，必须有一组软件来完成相应的管理任务，这组软件就是数据库管理系统（Database Management System，DBMS），DBMS随数据库系统的不同而不同。关系型数据库的管理软件即被称为关系型数据库管理系统（Relation Database Management System，RDBMS）。Access 是 Microsoft 公司的一个小型关系型数据库管理系统，适合小型 Web 网站后台数据库的搭建和数据处理。

一般来说，数据库管理系统应该具有以下三项功能。

（1）数据定义功能：DBMS 能向用户提供数据定义语言（data definition language，DDL）用于描述数据库的结构。

（2）数据操作功能：对数据进行检索和查询，是数据库的主要应用。为此，DBMS 向用户提供数据操作语言（data manipulation language，DML）支持用户对数据库中的数据进行查询、更新（包括增加、删除、修改）等操作。

（3）控制和管理功能：除 DDL 和 DML 两类语句外，DBMS 还具有必要的控制和管理功能，其中包括在多用户使用时对数据进行并发控制。对用户权限实施监督的安全性检查，数据的备份、恢复和转储功能，对数据库运行情况的监控和报告等。

通常数据库系统的规模越大，这类功能也越强，所以大型机 DBMS 的管理功能一般比 PC 机 DBMS 更强。

（四）注意事项

Access 适合小型 Web 网站后台数据库的搭建和数据处理，大型数据库则应该选择 Microsoft 公司 SQL Server 或者 Oracle 公司的 Oracle 等大型数据库管理软件。

二、连接数据库

（一）学习目标

通过学习，了解动态网站的工作原理，了解动态网站的运行环境，掌握利用 Dreamweaver 工具进行动态网站服务器配置的方法，掌握利用 Dreamweaver 工具实现网页与数据库连接的方法。

（二）工作程序和内容

1. 动态网站服务器配置

以 ASP 动态网站运行环境为例，利用 Dreamweaver 工具配置动态网站服务器的步骤如下。

步骤一　在 D 盘下建立一文件夹 newgn 作为动态网站站点，并且在其中建立子文件夹（如图 2-43 所示）。

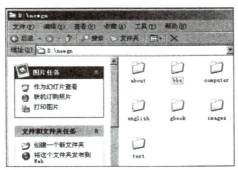

图 2-43　动态网站站点文件夹

步骤二　回到 newgn 根目录，右键选择【共享和安全】，建立虚拟目录，如图 2-44 所示。出现属性对话框后，选择【Web 共享】标签，点选【共享文件夹】，出现【编辑别名】对话框，选择默认设置，单击【确定】（如图 2-45 所示）。

说明：设置 Web 共享就是设置 IIS（internet information senices 互联网信息服务）的虚拟目录。

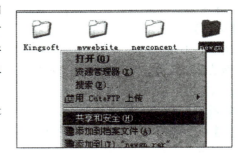

图 2-44　虚拟目录

图 2-45　编辑共享别名

步骤三　打开 Interllet 信息服务 IIS 管理器（如图 2-46 所示），选择【Internet 信息服务】
→【本地计算机】→【默认网站】，IIS 虚拟目录中已经有了创建的站点文件夹 newgn。

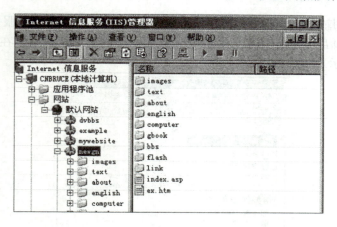

图 2-46　IIS 管理器

步骤四　单击【开始】按钮，选择【程序】→【Dreamweaver】，打开【Dreamweaver】窗口，选择【编辑站点】（如图 2-47 所示）。在弹出的属性框中选择【高级】标签，在【分类】选项卡中选择【本地信息】，在右窗口中输入站点名称，【本地根文件夹】设置为步骤一中建立的站点文件夹 d：\ newgn \ ，如图 2-48 所示。在【分类】选项卡中选择【远程信息】，【访问】选择设置为"本地/网络"，【远端文件夹】仍设置为步骤一中建立的站点文件夹 d：\ newgn \（如图 2-49 所示）。在【分类】选项卡中选择【测试服务器】，【服务器模型】设置为"ASP Javascript"，【访问】设置为"本地/网络"，【测试服务器文件夹】设置为步骤一中建立的站点文件夹 d：\ newgn \ ，【URL 前缀】设置为"http：//localaost/newgn/"，即添加步骤三中设置的 IIS 虚拟目录（如图 2-50 所示）。

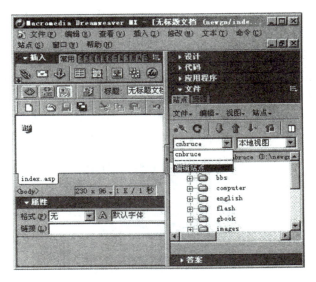

图 2-47　编辑站点

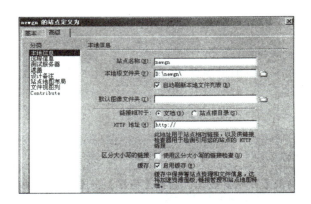

图 2-48　站点本地信息设置

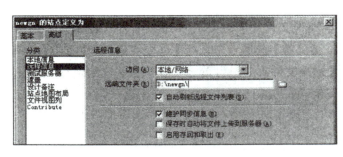

图 2-49　站点远程信息设置

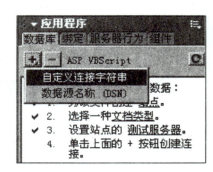

图 2-50　添加 IIS 虚拟目录

说明：Dreamweaver 中站点属性已将站点文件夹 d:\newgn\内所有内容映射过来，最好直接在 Dreamweavel 中对网站文件、文件夹进行操作，不要在 d:\newgn\中操作。

2. 连接数据库

利用 Dreamweaver 工具设置网络数据库连接（动态网站数据源）的步骤如下。

步骤一　单击【开始】按钮，选择【程序】→【Dreamweaver】，打开【Dreamweaver】窗口，在站点 newgn 中新建一个 ASP 页面 index. asp。在【应用程序】面板中选择【数据库】标签，单击【＋】号，选择【自定义连接字符串】（如图 2-51 所示）。

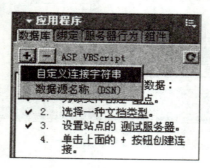

图 2-51　连接数据库

步骤二　弹出【自定义连接字符串】对话框后，输入"连接名称"及"连接字符串"。【连接名称】为 conn；【Dreamweaver 应连接】选择"使用此计算机上的驱动程序"，【连接字符串】应用绝对路径：Driver＝{Microsoft Access Drver（＊.mdb)}；DBQ＝d:\newgn\dataloase\cnbruce. mdb（如图 2-52 所示）。

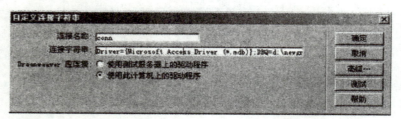

图 2-52　自定义连接字符串

步骤三　单击【测试】，成功连接数据库（如图 2-53 所示）。

图 2-53　成功创建连接脚本

说明：成功连接数据库后，Dreamweaver 中将自动生成一个连接文件，位置在自动生成的 Connections 文件夹中，名称为步骤二中输入的连接名称 conn。（如图 2-54 所示）此时

Dreamweaver 数据库标签内出现 cnbruce. mdb 数据库文件（第一单元创建）的各个字段。

（三）动态网站相关知识

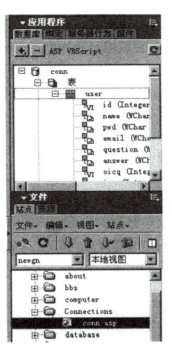

图 2-54　数据库显示

动态网站并不是指具有动画功能的网站，而是指网站内容可根据不同情况动态变更的网站。一般情况下动态网站通过数据库进行架构。动态网站除了要设计网页外，还要通过数据库和程序来使网站具有更多功能。动态网站服务器空间配置比静态网站要求高，费用也相应更高，但动态网站利于网页内容的更新，适合企业建站。

1. 动态网站工作原理

当网站服务器接到对标准网页请求时，动态网站会直接将网页传送到提出请求的浏览器，不做进一步的修改。但网站服务器接到对动态网站的请求时，反应则不相同，它会将网页传送到负责完成网页扩展功能的特殊软件，这个特殊软件称为应用程序服务器。在动态网站中，网页设计人员可以指示应用程序服务器从数据库捕获数据，并将其插入网页的 HTML 中。从数据库捕获数据的行为称为数据的查询。查询由搜索条件组成，这些条件用 SQL（structured query language，结构化的查询语言）语言来表达。动态网站工作原理如图 2-55 所示。网站应用程序几乎可以支持任何数据库，只要有适当的数据库驱动程序即可。

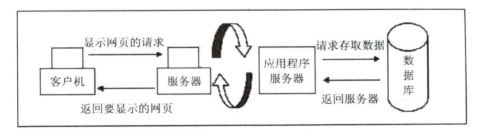

图 2-55　动态网站工作原理

静态网站由一组相关的 HTML 网页和文件所组成，并存放在执行网站服务器功能的计算机上。网站服务器是提供网页的软件，对网页浏览器发出的请求做出响应。用户在网页单击超级链接，或是在浏览器中选择书签或在浏览器的地址栏中输入 URL（uniform resource locator，统一资源定位符）并按回车时，便会产生网页的请求。网站服务器接到客户请求时，会读取内容，经过处理后，以网页的形式将它传送到请求的浏览器上。静态网页的最终内容由网页设计人员决定，不会在网页显示时更改。

2. 动态网站运行环境

没有网站的服务器环境，就无法发挥动态网站的功能。本节选择 ASP（active server pages，服务器端脚本环境）作为运行网站程序的互动环境，原因如下：

（1）一般 Windows 2000 以上的操作系统，都可以使用内置的网站服务器来运行程序。

（2）目前 ASP 技术最为成熟，可以获得丰富的技术信息。

（3）ASP 技术和 Dreamweaver 可以很紧密地结合在一起。

ASP 程序必须在支持 ASP 的网站服务器上运行，不能直接选择网页文件来浏览。所以运行 ASP 程序之前，必须拥有一个服务器空间，在个人计算机上架设一个 ASP 程序运行的虚拟服务器，让 Dreamweaver 有一个可以测试的互动环境。

3. IIS

IIS 是 Windows 操作系统自带的组件，若操作系统中还未安装 IIS 服务器，可打开【控制面板】，然后单击启动【添加/删除组件】，在【Windows 组件向导】对话框中选择"添加/删除 Windows 组件"，再选择【应用程序服务器】（如图 2-56 所示）。然后单击【下一步】，在【应用程序服务器】选中【Internet 信息服务（IIS）】，如图 2-57 所示，单击【确定】完成对 IIS 的安装。

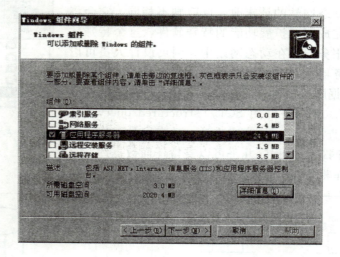

图 2-56　Windows 组件向导对话框

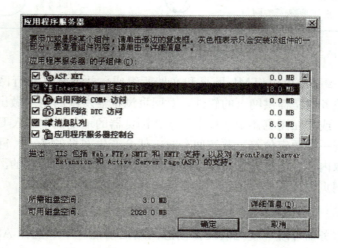

图 2-57　应用程序服务器对话框

单击【Windows 开始菜单】→【所有程序】→【管理工具】→【Internet 信息服务】管理器，即可启动"Internet 信息服务"管理工具（如图 2-58 所示）。

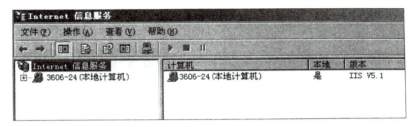

图 2-58　Internet 信息服务对话框

4. ASP 访问数据库方法

ASP 通过 ADO（Active x data objects）层或 ODBC（open database connectivity，开放式数据库连接）接口来访问数据库。ODBC 是连接数据库的通用驱动程序，Microsoft 正逐步用 OLE DB 代替 ODBC。ADO 是在 Microsoft 的新数据库应用开发接口 OLE DB 技术上实现的。

（四）注意事项

ASP 程序必须在支持 ASP 的网站服务器上运行，不能直接选择网页文件来浏览。

三、制作动态网页

（一）学习目标

通过学习，了解动态网页的含义及特点，了解主要的动态网页技术及其特点，掌握在 Dreamweaver 中创建动态网页访问数据库并进行数据操作的方法。

（二）工作程序和内容

示例 1：在 Dreamweaver 中制作 ASP 网页，实现用户注册功能。

步骤一　单击【开始】按钮，选择【程序】→【Dreamweaver】，打开【Dreamweaver】窗口，在第二单元创建的站点 newgn 中新建一个 ASP 页面 regist. asp 作为注册页面，第二单元创建的数据库连接文件 conn 对全站点有效，在 regist. asp【应用程序】面板中选择【数据库】标签，显示数据库连接文件 conn 已经存在（如图 2-59 所示）。

步骤二　切换到【绑定】标签，添加【记录集（查询）】，记录集名称设置为 Recordsetl，连接下拉列表中选

图 2-59　注册页面应用程序面板

择第二单元创建的数据库连接文件 conn（如图 2-60 所示）。记录集确认绑定后，数据库中全部字段显示在记录集中（如图 2-61 所示）。

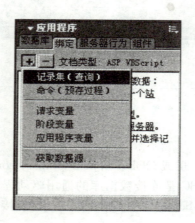

图 2-60　添加记录集

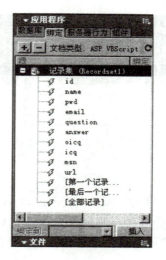

图 2-61　记录集字段显示

步骤三　在 regist. asp 页面制作一个表单页 forml，内容及表单名与第一单元创建的数据表中字段对应（如图 2-62 所示）。在代码标签处选择"form"表单标记（如图 2-63 所示）。

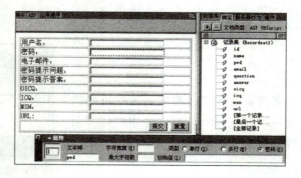

图 2-62　页面注册表单

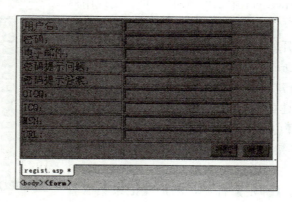

图 2-63　选中表单标记

步骤四　切换到【服务器行为】标签，标签内显示步骤二中绑定的记录集，单击按钮【＋】，选择【插入记录】（如图2-64所示）。弹出【插入记录】对话框，【连接】设置为第二单元创建的数据库连接文件conn；【插入到表格】设置为第一单元创建的数据表user；【插入后，转到】设置为注册成功后跳转到的页面registok.html；【获取值自】设置为步骤三创建的网页表单foml；【表单元素】中显示的"name插入到列中name"，说明表单中natne输入框中的内容插入到数据库表name字段中（如图2-65所示）。

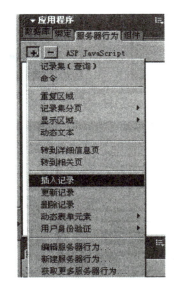

图 2-64　插入记录

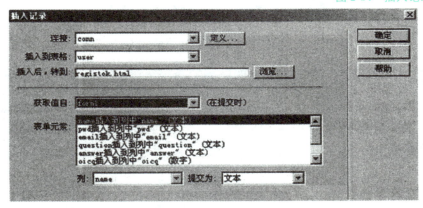

图 2-65　插入记录对话框

说明：须在站点中建立静态网页registok.html，网页内容为注册成功（如图2-66所示）。

图 2-66　registoK.html

步骤五　由于注册系统不允许重名，在编辑【服务器行为】标签中继续单击按钮【＋】，在【用户身份验证】中选择【检查新用户名】（如图2-67所示）。弹出【检查新用户名】对话框，用户名字段选择"name"字段，表示不得重名注册，【如果已存在，则转到】设置为

registbad. html，表示重名跳转到出错提示页面 registbad. html（如图 2-68 所示）。

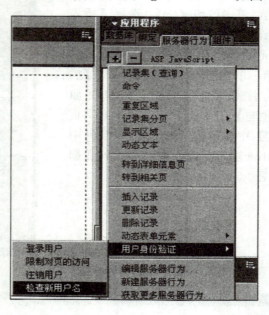

图 2-67 用户身份验证

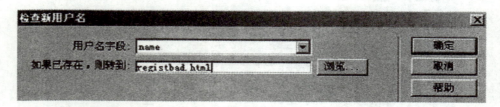

图 2-68 检查新用户名

说明：用户名字段也可以选择 email 字段，表明一个 email 地址只能注册一次。在站点中建立静态网页 registbad. html，网页显示内容为注册名重复，注册失败（如图 2-69 所示）。

图 2-69 registbad. html

步骤六 选中表单 foml 中【提交】按钮，在【应用程序】面板【服务器行为】标签中选择【检查新用户名】（如图 2-70 所示）。弹出【检查新用户名】对话框，设置表单填写要求，如表单必填项设置、数字项设置 email 地址填写要求。单击【确定】完成注册网页，测试该网页（如图 2-71 所示）。

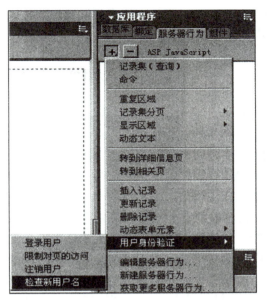

图 2-70　行为标签

图 2-71　注册网页

（三）相关知识

动态网页与网页上的各种动画、滚动字幕等视觉上的动态效果没有直接关系，动态网页可以是纯文字内容的，也可以是包含各种动画。无论网页是否具有动态效果，采用动态网站技术生成的网页都称为动态网页。

1. 动态网页的概念

动态网页是指应用程序在接收浏览器的请求而更改网页内容的网页，而不是在网页上加入 Java、JavasCript 等脚本来实现的动态效果，虽然这些动画实现了网页的动态，但其本质还是静态的，因为它没有随着浏览器的请求而跟着变化。动态网页是与静态网页相对应的，一般以 ASP、JSP（Java server pages，Java 服务器页面）、PHP（hypertext preprocessor，超文本预处理器）、per、cgi 等形式为后缀。从网站浏览者的角度来看，无论是动态网页还是静态网页，都可以展示基本的文字和图片信息，但从网站开发、管理、维护的角度来看，两者就有很大的差别。

2. 动态网页的特征

动态网页技术有自身的特征，简单来说有以下几点：动态网页是以数据库技术为基础，因此能够大大降低网站维护的工作量；采用动态网页技术的网站可以实现更多的功能，如用户注册、用户登录、在线调查、用户管理、订单管理等多种功能的集成，实现与Web 服务器进行数据交互；动态网页实际上并不是独立存在于服务器上的网页文件，只有当用户发出请求时，服务器才返回一个完整的网页；可以实现与 HTML 以外的文件进行交互；可缩短查询时间，提高浏览效率。

3. 动态网页的技术

（1）动态网页技术。

早期的动态网页主要采用 CGI（common gateway interface，公共网关接口）技术，可以使用 VB、Delphi 或 c＋＋等程序编写 CGI 程序。但是由于 CGI 技术编程困难、效率低下、修改复杂等缺陷已经逐渐被新技术所取代。这些新技术主要指 ASP、PHP 等技术在动态网页开发中的应用。新技术都是一个进程处理多个请求的系统，无论多少人在线，都只有一个进程，执行效率相比于 CGI 要高很多。

（2）CGI。CGI 是实现在服务器端执行程序的一种方法，运行程序输出的是 HTML 页面，然后 Web 服务器再把这个静态页面返回给浏览器作为请求的响应。最流行的 CGI 语言是 Perl 和 shell 脚本，但是也可以使用 C、C＋＋以及 Java 等语言进行编写。CGI 可以访问存储在数据库中的数据或者其他系统中的文件，实现动态生成 Web 页面的效果。

许多著名网站，如新浪、雅虎、网易的搜索引擎都采用了 CGI 技术。CGI 有较强的进程隔离功能，每个 CGI 程序运行于自己的进程空间，独立于 Web 服务器。由于对 CGI 的每一个请求都要产生一个独立的进程，因此执行效率受到较大影响，占用计算机资源也较多。为了提高性能，CGI 的编程技术也不断发展，产生了很多新的技术，如 Fast CGI 技术。

（3）ASP。ASP 是微软公司开发的一种类似 HTML、scrip（动态程序设计语言）与 CGI 的结合体。它没有提供专有的编程语言，允许用户使用许多已有的脚本语言编写 ASP 程序，如 VBScript、JavaScipt 等。这些脚本语言无须编译或链接即可执行。ASP 在 Web 服务器端运行，它的源程序代码不会传到用户的浏览器中，传送到客户端浏览器的内容是经过解释得出的常规 HTML 代码，用户端只要使用常规可执行 HTML 代码的浏览器，即可浏览。因此比一般的脚本语言安全一点。

ASP 运行环境通常使用微软的 Windows 操作系统平台和 IIS 应用程序来构建。如，Windows 2000＋IIS＋ASP＋Microsoft SQL Servet 是一个很好的选择。因为它们都是微软公司的产品，从兼容性上考虑是最佳的，但 ASP 网站的建设成本是比较贵的。

ASP 技术的特点有以下几点。

①使用 VB Script、Java script 等简单易懂的脚本语言，结合 HTML 代码即可快速地完成网站的应用程序。

②无须 compile 编译，容易编写，可在服务器直接执行。

③使用普通的文本编辑器，如 Windows 的记事本，即可进行编辑设计。

④与浏览器无关，用户端只要使用可执行 HTML 代码的浏览器，即可浏览 ASP 所设计的网页内容。ASP 所使用的脚本语言均在 Web 服务器端执行，用户端的浏览器不需要执行这些脚本语言。

⑤ASP 能与任何 Active X Scripting 语言相容，除了可使用 VB script 或 Java script 语言来设计外，还可以通过 plug－in 的方式，使用由第三方所提供的脚本语言，譬如 Rexx、Perl、Tcl 等。脚本引擎是处理脚本程序的 COM（Component Object Model）控件。

⑥可使用服务器端的脚本来产生客户端程序。

⑦ASP 还可以通过 Active X 服务器组件来扩充功能，可以使用 VB、Java、C＋＋、COBOL 语言来实现。通过调用对象方法和属性，能实现强大的交互功能。

（4）PHP。PHP 是一种跨平台的服务器端嵌入式脚本语言。该脚本语言借鉴了 C、Java、Perl 等语言的语法，PHP 使用很少的语言即可编写出动态 Web 站点。PHP 支持目前绝大多数的数据库，同时可以编写成许多数据库的连接函数，还可以自己编写外围的函数来间接存取数据库。除了 Windows，PHP 还可以在 Unix、Linux 的 Web 服务器上运行，支持 IIS、Apache 等通用 Web 服务器，当用户更换平台时不需要变换 PHP 代码。

（5）JSP。JSP 是由 SUN Micro system 公司于 1999 年 6 月推出的新技术，是基于 Java Servelet 的整个 Java 体系的 Web 开发技术。同时 JSP 可以在 Servelet 和 Java Bean 的支持下，完成功能强大的站点程序。JSP 的工作方式是请求/应答模式，客户端发出 HTTP 请求，JSP 程序收到请求后进行处理，并返回处理的结果。JSP 程序要运行于特定的 Web 服务器中，例如 Tomcat、Web Logic Sever。每次访问 JSP 时，服务器会把 JSP 程序编译为一个 Java 类程序。

JSP 的特点有以下几点。

①将内容的生成和显示进行分离使用 JSP 技术，Web 页面开发人员可以使用 HTML 或者 XML 标识来设计和格式化最终页面。使用 JSP 标识或者小脚本来生成页面上的动态内容。生成内容的逻辑被封装在 JSP 标识和 Java Bean 组件中，并且捆绑在小脚本中，所有的脚本在服务器端运行。如果核心逻辑被封装在 JSP 标识和 Java Bean 中，那么其他人，如 Web 管理人员和页面设计者，能够编辑和使用 JSP 页面，而不影响内容的生成。在服务器端，JSP 引擎解释 JSP 标识和小脚本，生成所请求的内容（例如，通过访问 Java Bean 组件，使用 JDBCTM 技术访问数据库或者包含文件），并且将结果以 HTML 或者 XML（Extensible Markup Language，可扩展标记语言）页面的形式发送回浏览器。这既有助于保护代码，又可保证任何基于 HTML 的 Web 浏览器的完全可用性。

②强调可重用的组件。绝大多数 JSP 页面依赖于可重用的、跨平台的组件（Java Bean 或者 Enterprise Java Bean 组件）来执行应用程序所要求的更为复杂的处理。开发人员能够共享和交换执行普通操作的组件，或者使得这些组件为更多的使用者或者客户团体所使用。基于组件的方法加速了总体开发过程，并且使得各种组织在现有的技能和优化结果的开发努力中得到平衡。

③采用标识简化页面开发。Web 页面开发人员不会都是熟悉脚本语言的编程人员。JSP 技术封装了许多功能，这些功能是在易用的、与 JSP 相关的 XML 标识中进行动态内容生成所需要的。标准的 JSP 标识能够访问和实例化 JavaBeans 组件，设置或者检索组件属性、下载 Applet，以及执行用其他方法更难于编码和耗时的功能。通过开发定制化标识库，JSP 技术是可以扩展的。今后，第三方开发人员和其他人员可以为常用功能创建自己的标识库。这使得 Web 页面开发人员能够使用熟悉的工具和如同标识一样的执行特定功能的构件来工作。JSP 技术很容易整合到多种应用体系结构中，以利用现存的工具和技巧，并且扩展到能够支持企业级的分布式应用。作为采用 Java 技术家族的一部分，以及 Java 2（企业版体系结构）的一个组成部分，JSP 技术能够支持高度复杂的基于 Web 的应用。

（四）注意事项

利用 Dreamweaver 网站编辑和开发工具制作 ASP 网页，无须手工书写代码，非常适合初学者建设自己的动态网站。

第三章

网店维护与商品发布

第一节　网店内容维护

一、网店介绍

网店给顾客的最初印象除了网店模板的风格、网店销售的产品及图片外，还有就是网店介绍。网店介绍的内容要包括店名、创业故事、经营理念、业务范围、管理团队、服务特色等。

网店介绍的文字要精辟、简洁、自然、流畅、有亲和力，能突出店铺或品牌的形象。网店介绍的文字属于正式的说明，最好不要掺杂网络流行的语言或符号。在介绍文字中巧妙地插入与产品相关的关键字，会有利于网站被检索到。如需在网店介绍中加入图片，应选择真实可信的图片，有利于赢得顾客的信任。

二、店铺公告

店铺公告通常放在店铺最醒目的位置，是顾客来店铺时首先会关注的内容之一。为了能让店铺公告给顾客留下深刻印象，店主们往往精心设计和制作店铺公告。

在制作店铺公告时应避免把它与店铺广告相混淆，文字要简明扼要。可以在公告文字上加链接，把链接指向相关内容的详细页面。

店铺公告中发布的内容有以下几个方面。

（1）促销活动。包括购物优惠、店铺开张纪念日优惠、店铺会员优惠等活动开展的通知。

（2）企业或店铺的新闻。包括企业的发展、分店开张或经营结构调整、店铺信用升级、新品研发和新品上市的新闻等。

（3）问候语。包括新年等传统节日问候等增加人性和情感色彩的话题。

三、商品信息

商品信息由商品名称、商品价格、商品的特性、商品的文化内涵、商品搭配提示、商品的使用、保养与售后等内容组成。商品特性涉及商品的材质、大小、性能等内容，是顾客最关注的商品信息之一，需要特别重视。

四、促销信息

网店的促销信息是网店内容中维护最频繁的部分，包括文字和图片。网络促销手段五花八门，主要包括节日促销、会员折扣、特价处理、优惠套餐、团购、包快递费等。

五、服务保障

服务保障包括质量承诺、售后维修、退换货政策、会员优惠等信息。商家对顾客给予商品和服务保障的承诺，会给顾客很大的安全感，促使顾客来购买或尝试。明晰的会员优惠政策能够增加店铺对顾客的吸引力，有助于提高客单价，培养顾客对店铺的忠诚度。

（一）网店维护

下面以 shopEx 开放平台的 ECstore 产品为例介绍网店的维护。

打开 ECstore 网站页面，看到的即为模板的前台表现形式。网页设计师做好页面文件，经过联动处理便成为模板，它可以改变前台所有的内容布局、颜色、风格等。

ECstore 企业版拥有大量的前台模板，每一种模板对于前台展现都是很大的改变，用户可以通过在线安装或者本地上传，将模板安装至系统进行使用。企业用户也可以根据自身的需求进行定制开发，打造仅属于自己的前台页面。

步骤 1 模板安装

在 Ecstore 系统中，通过两种方式安装模板，即在线安装和本地上传安装。

（1）在线安装。

①进入模板管理界面。模板安装的第一种方式为在线安装。依次点击【站点】→【模板管理】→【模板列表】，可以看到当前使用的模板与已经上传的模板（如图 3-1 所示）。

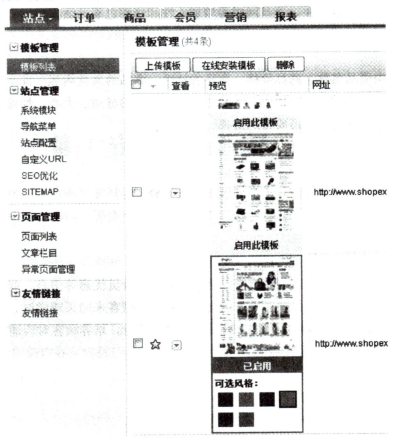

图 3-1　模板管理界面

②挑选模板。依次点击【站点】→【模板列表】→【在线安装模板】，系统会跳转到模板堂，用户可以根据自己的喜好选择模板（如图3-2所示）。

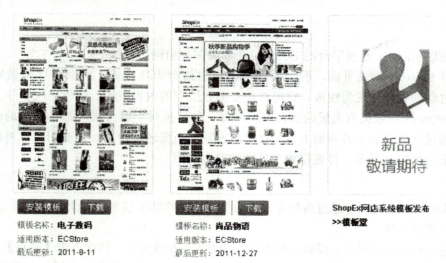

图3-2 模板选择界面

选择后点击【安装模板】即可在线安装，图3-3为模拟安装界面。

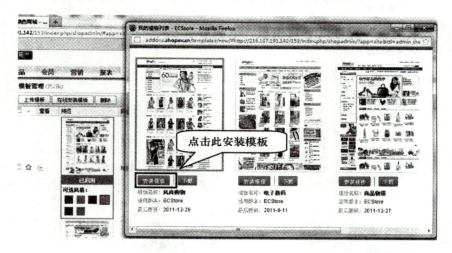

图3-3 模拟安装界面

备注：模板堂是基于上海商派网络科技有限公司（shopEx®）不同网店管理系统开发的。它是一个设计外包，是自由职业者设计模板的集散地。同时，模板堂有很多模板，可以免费下载使用，也有收费的模板（如图3-4所示）。

（2）本地安装。

①进入上传模板界面。模板安装的第二种方式为本地上传安装。进入【站点】→【模板列表】，点击【上传模板】，进入上传模板界面（如图3-5所示）。

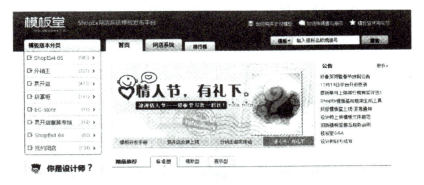

图 3-4　模板堂界面

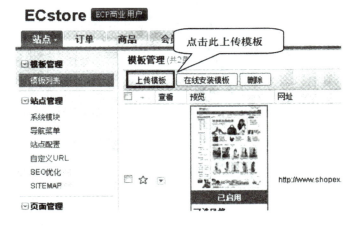

图 3-5　上传模板界面

点击【安装模板】后可以下载模板，下载后会在本地生成新的模板文件，格式为".tgz"。
②上传模板。然后在模板管理界面点击上传新模板，其提示窗口（如图 3-6 所示）。

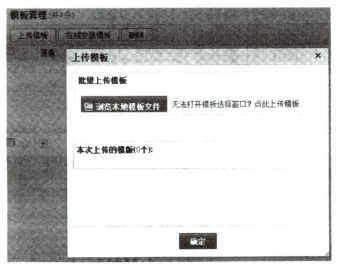

图 3-6　上传模板提示窗口

浏览模板文件，模板文件格式为".tgz"（如图 3-7 所示）。

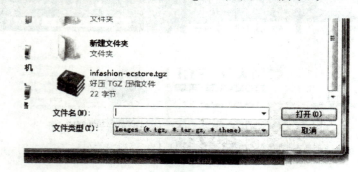

图 3-7　在上传模板中选择模板文件

模板上传成功后会，出现在模板列表中（如图 3-8 所示）。

图 3-8　模板上传成功

步骤 2　模板的启用

下载并安装好模板后，需要启用模板才可以应用到商城中（如图 3-9 所示）。

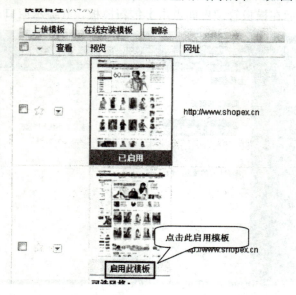

图 3-9　模板启用

注意：启用新模板后，原启用模板自动停用。如果要删除某一个模板，点击【删除】按钮，即可删除此模板，模板删除后不可恢复，需要重新下载或者安装（如图3-10所示）。

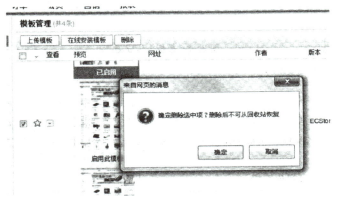

图3-10 删除模板

步骤3 模板可视化编辑

模板页面由多个拼块组成，将其称为版块。设计师在完成一个模板后，通常其中已经包括了商店日常能用到的基本功能。上传模板后，直接启用即可，不需要再做特别的修改。模板的每一个页面都是由若干个版块组成的（如图3-11所示）。

图3-11 模板可视化编辑

其中的每个区域就是一个版块，任何一个版块均可以编辑、删除、移动。把鼠标放在版块的深蓝色边缘，按住左键，拖动鼠标，就可以移动这个版块（如图3-12所示）。

图3-12 版块界面移动

一个页面是由多个版块组成的，每个版块内置了常用的功能，这些版块可以在页面中随意移动，从而组成不同的页面，即人们所说的可视化编辑。

（1）版块移动。点击【可视化编辑】，进入模板编辑窗口（如图3-13所示）。

图3-13　模板编辑窗口

如果有合适的地方，版块周围也同样会有橙色区域线，此时，松开鼠标，就完成了版块的移动（如图3-14所示）。

按住鼠标左键，拖住需要移动的版块，向上移动，版块将要停留的位置会呈现橘黄色（如图3-15所示）。

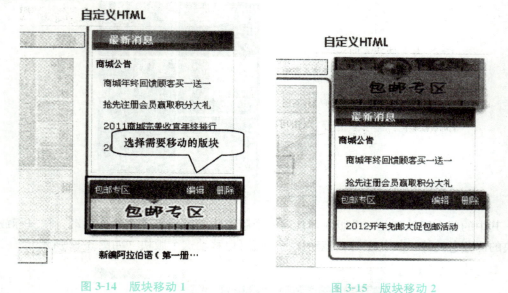

图3-14　版块移动1　　　　　　　　　　图3-15　版块移动2

当需要移动的版块移动到特定区域时，放开鼠标（如图3-16所示）。

移动完成（如图3-17所示）。

图 3-16　版块移动 3

图 3-17　版块移动 4

（2）添加版块。

①选择页面版块。模板中按前台表现形式对版块进行了分类，分别是广告相关、商品相关、系统相关、辅助工具、导航相关、订单相关、自定义版块。每一分类包括了多种表现形式不同的具体版块，图 3-18 为增加页面版块界面。

图 3-18　增加页面版块界面

选取好需要添加的版块，点击在特定区域中添加（如图 3-19 所示）。

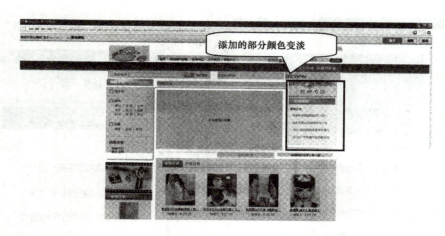

图 3-19　选择要添加的版块

②版块设置。添加好版块时，根据需求设置相应的数据，如图 3-20 所示。

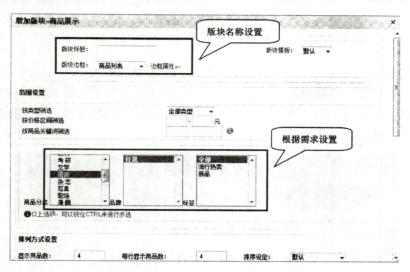

图 3-20　版块设置

③保存版块。添加好版块后，点击【保存】按钮即可保存添加的版块。当然也可以对新添加版块的效果进行预览，点击【浏览】按钮，即可浏览效果，若不保存可直接点击【退出】按钮（如图 3-21 所示）。

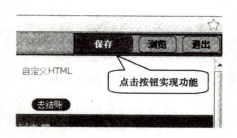

图 3-21　保存版块

（二）站点管理

步骤 1 系统模块操作

在网店系统中，功能是用模块的方式来实现的，这些模块可以随时开启与关闭。对二次开发人员来说，也可以对模块进行相应的修改或调整。系统模块就是其中之一。系统模块设置操作步骤如下。

（1）进入模块界面。依次点击【站点】→【站点管理】→【系统模块】（如图 3-22 所示）。

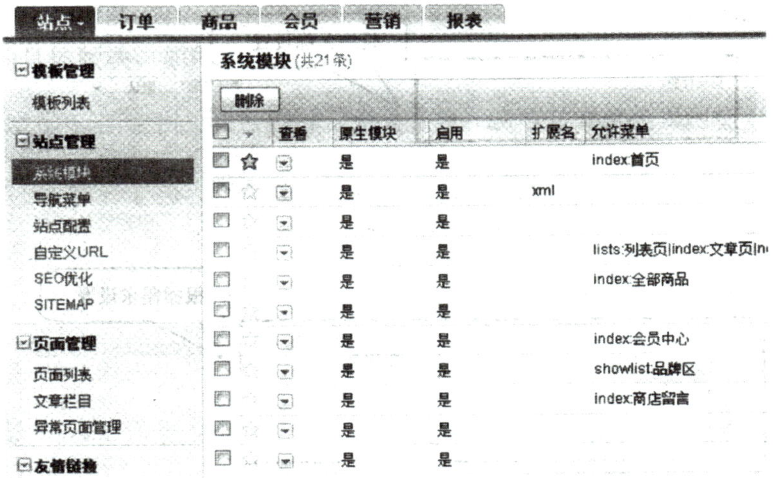

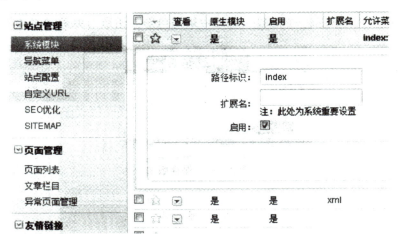

图 3-22　进入系统模块界面

此界面中显示的是系统安装时内置的一些基本的模块，依次说明这些模块存在的位置、名称及生效范围。这些基本模块默认全部开启。点击左边小三角，可以查看此模块的一些描述信息（如图 3-23 所示）。

图 3-23　模块描述信息界面

（2）关闭模块的前台表现。如果关闭某个模块，则在前台的调用位置即显示错误。例如，关闭会员中心模块（如图 3-24 所示）。

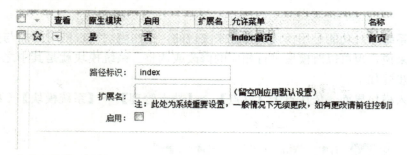

图 3-24　关闭模块

此时在前台注册或会员登录，跳转到会员中心时则会提示错误，如图 3-25 所示。

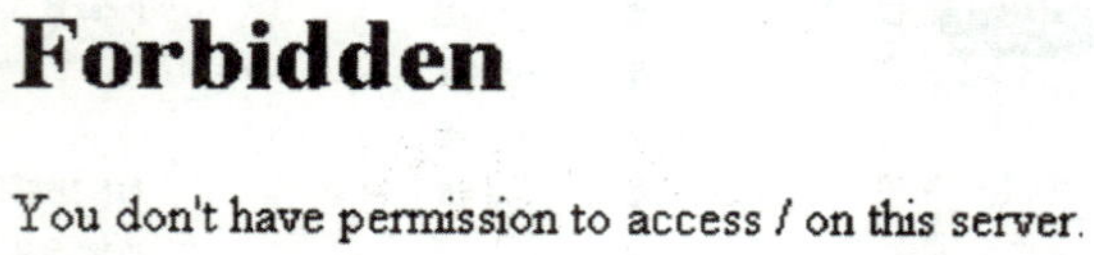

Forbidden

You don't have permission to access / on this server.

图 3-25　错误提示

步骤 2　导航菜单设置

（1）进入导航菜单界面。打开一个 ECstore 网站，顶部菜单即导航栏目（如图 3-26所示）。

图 3-26　顶部菜单（导航）

进系统依次点击【站点】→【站点管理】→【导航菜单】（如图 3-27 所示）。内容为当前的导航菜单内容。可编辑、可查看、可调整顺序、可隐藏。其中的排序并不是在后台的顺序，而是在前台的显示顺序，小的显示在前。

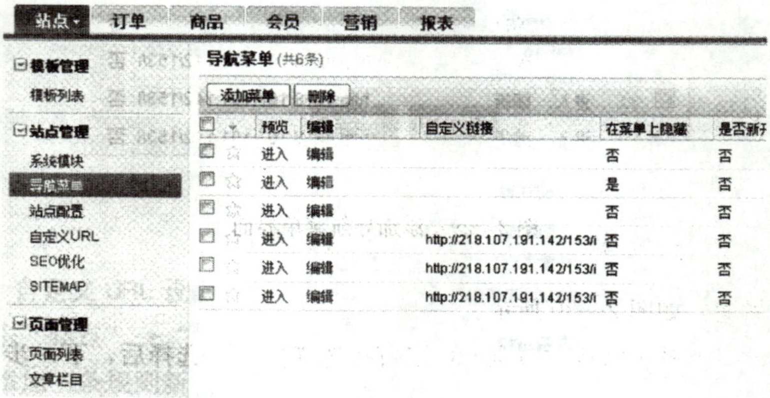

（2）编辑导航菜单。

图 3-27　进入导航菜单界面

点击界面中的【编辑】，即可弹出编辑界面（如图 3-28 所示）。调整后，保存即可。

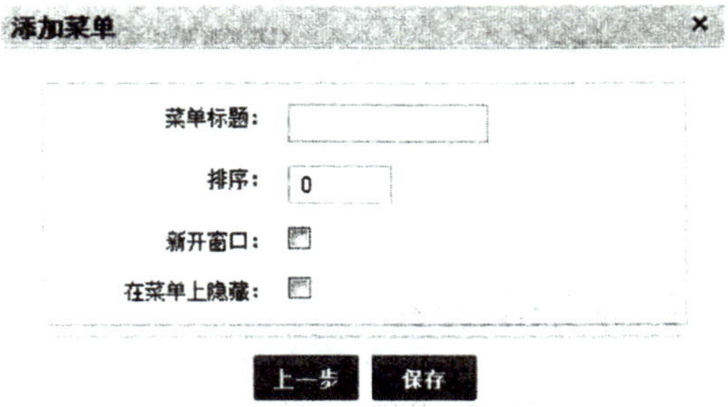

图 3-28　编辑导航菜单界面

（3）添加导航菜单。点击界面中【添加菜单】（如图 3-29 所示）。弹出添加界面（如图 3-30 所示）。其中系统界面即系统默认的节点，可以直接选择操作，选择后，下一步会跳转到编辑界面（如图 3-31 所示）。自定义链接则是其他内容，例如，论坛的链接（如图 3-32 所示）。保存后即可。

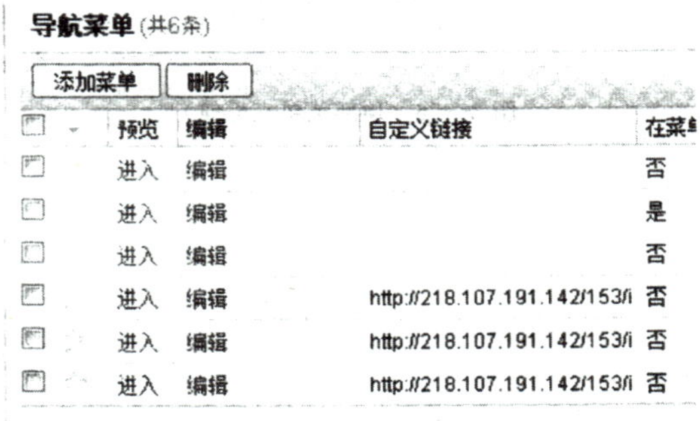

图 3-29　添加导航菜单界面

图 3-30　添加导航菜单界面

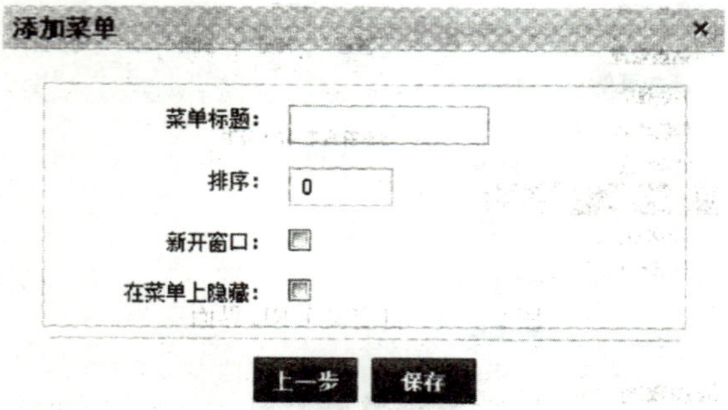

图 3-31 保存添加菜单

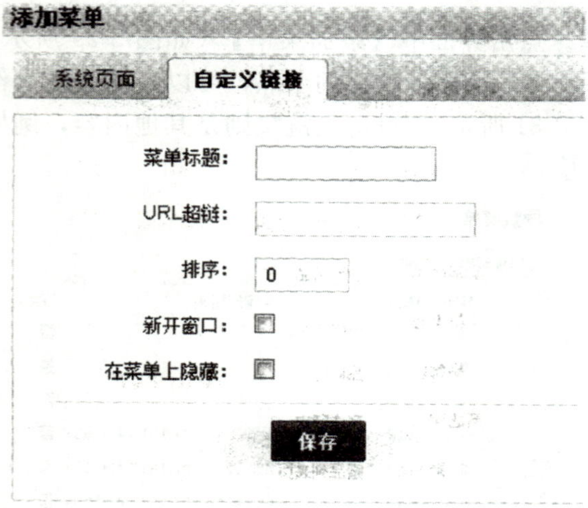

图 3-32 菜单自定义链接

步骤 3 自定义 URL 设置

依次点击【站点】→【站点管理】→【自定义 URL】（如图 3-33 所示）。

例如，添加一条规则新链接：可以修改为任意内容，包括汉字、各种符号等，只要你能想到，就可以使用。启用后保存（如图 3-34 所示）。

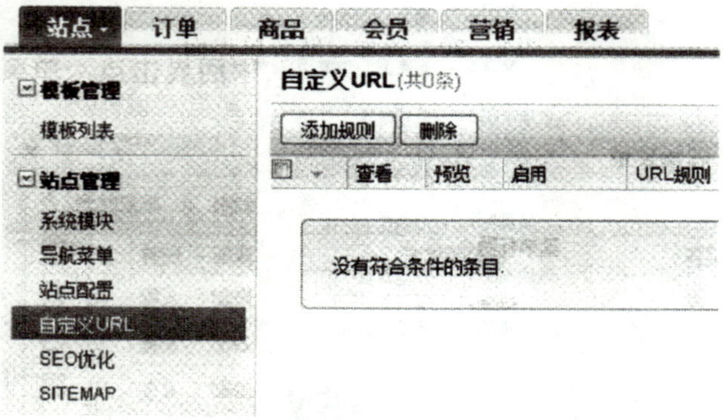

图 3-33 自定义 URL 界面

图 3-34　添加规则新链接

（三）页面管理

页面管理包括三方面的操作。

（1）页面列表设置。页面列表中的内容为商店中所有的文章及单独页，在这里可以编辑原来的文章与页面，也可以添加新的文章与页面。

（2）文章栏目设置。文章栏目主要是描述整个商店总的文章架构及单独页的所属分类，良好的文章架构会给用户非常好的阅读享受。

（3）异常页面管理。异常页面管理一般是指在某些特殊情况下出现的提示信息，让用户知道当前状况，并提供接下来可以进行的其他操作。

步骤1　列表功能操作

进入系统后台，依次点击【站点】→【页面管理】→【页面列表】（如图 3-35 所示）。常用的功能是添加、编辑与预览。

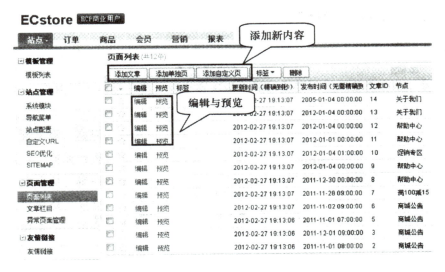

图 3-35　页面列表

步骤2　添加文章

点击【添加文章】（如图 3-36 所示）。

进入文章添加界面（如图 3-37 所示）。在添加文章前需要先准备好文章的内容，并设置好文章所属的栏目界面。

设置好以后，编辑以及预览活动如图 3-38 所示。

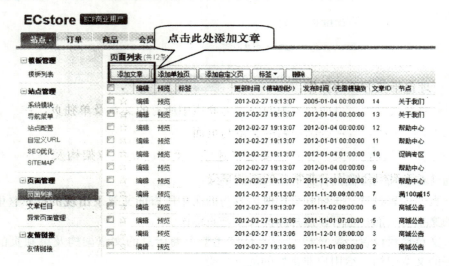

图 3-36　添加文章

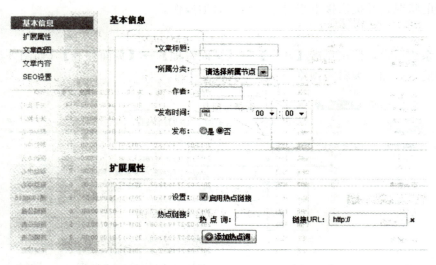

图 3-37　设置文章所属的栏目界面

图 3-38　编辑及预览活动

步骤3 文章栏目设置

（1）添加节点。添加相应的节点名称以及访问路径以便于找到相关路径。进入后台，依次点击【站点】→【页面管理】→【文章栏目】（如图3-39所示）。

图3-39 添加节点

这里的节点相当于商品分类，可以有多级分类。文章相当于单个商品，可以编辑与添加。

①查看文章。在后台查看此节点下所有文章。

②浏览。在前台查看此节点下的所有文章。

③展开节点。将所有节点及节点下的子节点全部展开，此页面默认是展开状态。

④收起节点。只显示顶级节点。

⑤编辑排序。可在列表状态下编辑所有节点的显示顺序及节点展开下的编辑排序。

（2）编辑节点。点击某个要编辑的节点，出现编辑页面，如图3-40所示。

图3-40 编辑节点

步骤 4　异常页面管理设置

点击【站点】→【页面管理】→【异常页面管理】，提示系统出错修改页面（如图 3-41 所示）。

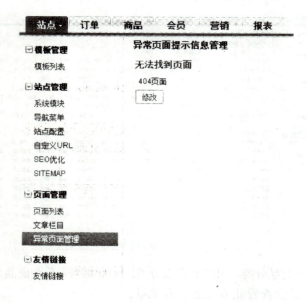

图 3-41　异常页面管理设置

修改其中的提示信息（如图 3-42 所示）。

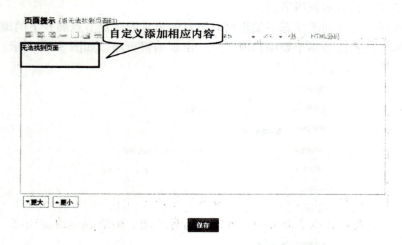

图 3-42　异常页面管理操作提示 1

无法找到页面时的提示信息（如图 3-43 所示）。

图 3-43　异常页面管理操作提示 2

第二节　电子商务安全技术

一、电子商务安全

1. 电子商务安全的概念

电子商务的安全性要求主要包括以下 5 个方面。

（1）信息的保密性。信息的保密性是指商业信息在传输过程中或存储中不被他人窃取。电子商务作为一种贸易手段，其信息直接代表着个人、企业或国家的商业机密。传统的纸面交易是通过邮寄封装的信件或通过可靠的通信渠道发送商业报文来保守机密的。电子商务是在一个完全开放的网络环境中开展的，攻击者可能采取各种手段破坏信息的保密性。例如，通过安装接收装置或在数据包通过的网关和路由器上截获数据等方式获取传输的机密信息，或通过对信息流向、通信频度和长度等参数的分析，获得其中有用的信息，包括消费者的银行账号、密码以及企业的商业机密等，这些都将直接损害企业或消费者的合法利益。显然，商业机密的维护是电子商务全面推广应用的重要基础。电子商务中信息的保密，一般是通过加密技术对传输的信息进行加密处理来实现。

（2）信息的完整性。信息的完整性是指保证商业信息在传输和存储中的一致性。在电子商务中，交易各方信息的完整性将影响交易各方的交易行为和经营策略。保持交易各方信息的完整性是电子商务应用的基础。在交易过程中，数据输入时的意外差错或欺诈行为，或者数据传输过程中信息的丢失、信息的重复或信息传送的次序差异，都有可能导致交易各方信息的差异。为此，在电子商务中，要预防信息的随意生成、修改和删除，同时，防止数据传送过程中信息的丢失和重复，并保证信息传送次序的统一。信息的完整性，一般可通过提取信息数据摘要的方式来获得。

（3）信息的有效性。在电子商务中，各种贸易信息是以电子形式进行存储和传输的，保证这些信息的有效性，直接关系到个人、企业或国家的经济利益，是开展电子商务的前提。交易一旦签订就应该受到保护，防止被篡改或伪造。因此，要对硬件故障、网络故障、操作错误、应用程序错误、系统软件错误及计算机病毒所产生的潜在威胁加以控制和预防，以保证贸易数据在确定的时刻、确定的地点是有效的。

（4）信息的不可抵赖性。信息的不可抵赖性是指商业信息的发送方和接收方均不得否认已发送或已收到的信息。交易抵赖包括多个方面，例如，发送者事后否认曾经发送过某条信息或内容，接收者事后否认曾经收到过某条消息或内容，购买者下了订货单却不承认，商家卖出的商品因质量或价格原因而不承认原有的交易等。在传统的纸面交易中，交易双方通过在交易合同、契约或贸易单据等书面文件上手写签名或加盖印章，来确定合同、契约、单据的可靠性，并预防抵赖行为的发生，即人们常说的"白纸黑字"。一旦交易开展后便不可撤销，交易中的任何一方都不能否认其在该交易中的作用。然而，在无纸化的电子商务方式下，无法通过手写签名和加盖印章来确认已经发送或接收过的信息。这时，可以采取交易双方对发送的信息进行数字签名的方式来对交易活动进行确认，一经确认，就不得否认自己的交易行为，以此来保证信息的不可抵赖性。

（5）交易者身份的真实性。交易者身份的真实性是指交易双方确实是存在的，不是假冒的。由于网上交易中，各参与主体无法面对面地完成商业活动，因此，交易者身份的真实性是保证电子商务顺利进行的关键。CA 认证和数字证书是保证交易者身份真实性的主要手段，即通过 CA 认证机构颁发的数字证书，对交易主双方的身份进行鉴别，为交易双方身份的真实性提供保证，使交易双方能够在相互不见面的情况下确认对方的身份。

2. 电子商务安全管理

电子商务发展到目前，随着相关技术和设施的逐步成熟，越来越突出的问题不再局限于技术领域，而扩展到了企业管理、经济体制、政府参与、公众意识更新等更加广泛复杂的层面。因此，实现电子商务的关键因素不只是技术，还包括电子商务制度建设、人员管理、诚信体系建设、法律法规保证等诸多社会因素。逐步建立起协调发展的电子商务社会环境已经成为电子商务健康发展所面临的严峻挑战。建立健全电子商务安全管理制度和法律法规，对促进电子商务的发展具有重要的现实意义。

（1）电子商务安全管理制度。电子商务系统是面向社会的服务系统，参与电子商务的自然人或法人都有责任和义务保持系统的正常运行，不得随意破坏。对于从事网上交易的企业来说，保证电子商务活动的安全特别重要。电子商务安全管理约束机制的建立，一方面，需要用具体的文字对各项安全管理办法做出各项明确的规定；另一方面，要将责任落实到个人，实行岗位职责的有效管理与全程监督，这是保证电子商务活动取得成功的环境基础。安全管理规章制度包括从业人员管理制度，信息保密制度，审计、稽核制度、系统日常维护制度，数据备份制度，病毒防护制度和信息签发制度等。安全管理制度能否实施到位，既是管理水平的具体体现，也是关系到电子商务系统安全顺利运作的重要保证。

（2）电子商务安全的法律保障。电子商务的发展需要建设和完善相关的法律体系。虽然从技术角度而言有各种保证电子商务交易的安全措施，但是人们对在网上交易是否安全仍然心存疑虑，法律问题只有通过法律法规才能加以解决。如合同执行、赔偿、个人隐私、资金安全、知识产权保护、税收等问题，这些问题都是人们最为担心的，处理不当将会严重影响电子商务的应用与普及。因此，研究、制定与电子商务相关的法律法规，采取相应的法律保障措施势在必行。电子商务的核心问题是"数据信息"，知识产权法律制度作为保护以信息为内容的知识产权的法律手段，应当成为电子商务法律问题研究中的重要课题。

二、电子商务安全技术

1. 电子签名

2004 年 8 月 28 日，第十届全国人民代表大会常务委员会第十一次会议通过《中华人民共和国电子签名法》，规定于 2005 年 4 月 1 日起施行。《中华人民共和国电子签名法》第二条对电子签名作了定义："本法所称电子签名，是指数据电文中以电子形式所含、所附用于识别签名人身份并表明签名人认可其中内容的数据。本法所称数据电文，是指以电子、光学、磁或者类似手段生成、发送、接收或者储存的信息。"该法第三条对电子签名的法律效力作了规定："民事活动中的合同或者其他文件、单证等文书，当事人可以约定使用或者不使用电子签名、数据电文。当事人约定使用电子签名、数据电文的文书，不得仅因为其采用电子签名、数据电文的形式而否定其法律效力。"

2. 数字证书

数字证书是网络通信中标识参与各方身份信息的一种电子文件，它把公钥值和某一用户或实体的身份信息进行绑定，并由一个可信的中间机构 CA 进行签名，其作用类似于现实生活中的身份证。它由一个权威机构发行，用来识别交易各方的身份。数字证书可以证明用户或实体身份的合法性和对密钥的拥有权。它需要由社会公认的可信证书机构 CA 负责分发并签名，CA 在发放证书前负责审核用户或实体的身份及对密钥的合法拥有权。

数字证书将持证人公开密钥与其身份信息进行绑定，能够让交易各方对持证人的合法身份进行验证。证书除了用来向其他用户或实体证实自己的身份外，由于每个数字证书上都带有持证人的公钥，因而它还具有密钥分发的作用。网络用户或实体的数字证书可看作是其身份证或护照的电子等价物，它包含一些可以验证拥有者身份的安全信息，其中最重要的信息是用户的公钥，它或者用于给证书拥有者加密信息，或者被其他用户用来验证证书拥有者的数字签名。CA 在发放证书时利用其签名私钥对证书信息进行签名，这样就在证书的用户公钥和用户信息之间建立一个可信机制。用户采用用户名密码和 CA 证书密码验证身份的方式时，能享受信息服务和使用交易服务中的洽谈等交易功能。CA 自身的数字证书为其产生的证书提供了三个方面的安全与信任保障。

（1）证书上 CA 的有效数字签名可以保证证书的完整性。

（2）CA 是唯一可使用其签名私钥的实体，因而，可以确信只有 CA 才能产生证书的合法签名。

（3）CA 的签名私钥具有唯一性和机密性，因而，它不能否认对数字证书的签名。

3. 主要的加密技术

加密技术是指采用数学方法对原始信息（通常称为"明文"）进行再组织，使得加密后在网络上公开传输的内容对于非法接收者来说成为无意义的文字（加密后的信息通常称为"密文"）。加密技术是保证网络安全最基本的措施。从不同的角度根据不同的标准，可以把密码体制分成若干类。

（1）按应用技术或历史发展阶段划分。加密技术的历史悠久，它经历了一个比较漫长的发展阶段，根据加密工具和实现方法来界定，加密技术可以分为手工密码体制、机械密码体制和计算机密码体制三种。加密技术是保证电子商务安全的重要手段，许多密码算法现已成为网络安全和商务信息安全的基础。

①手工密码体制。以手工或者以简单器具辅助完成数据加密/解密工作的密码体制，称为手工密码体制。第一次世界大战前主要采用这种密码体制。

②机械密码体制。以机械密码机或电动密码机来完成加密/解密工作的密码体制，称为机械密码体制。这种密码体制出现在第一次世界大战后，并在第二次世界大战中得到普遍应用。

③计算机密码体制。以计算机软件编程进行数据的加密/解密，适用于计算机数据保护和网络通信等。

（2）按加密密钥和解密密钥是否相同划分。目前，获得广泛应用的两种加密技术是对称密钥加密体制和非对称密钥加密体制。它们的主要区别在于所使用的加密和解密的密码是否相同。

①对称密钥加密体制，又称单钥或私钥加密体制。这种体制的加密密钥和解密密钥相同或者本质上相同（即从其中一个可以很容易地推出另一个）。典型代表如美国的数据加密标准（data encryption standard，DES）和国际数据加密算法（intemational data encryption algorithim，IDEA）等。它们具有很高的保密强度，其密钥必须通过安全途径传递，所以密钥管理成为影响系统安全的关键性因素，但该体制难以满足开放式网络的安全性需求。

②非对称密钥加密体制，又称双钥或公钥加密体制。在这种体制中，收发双方使用不同的密钥，加密密钥可以公开，解密密钥由用户自己保存，具有密钥分配简单、保存量少的特点，可以完成数字签名和数字鉴别，能满足素不相识的通信双方进行通信时的保密性需求。

③混合密码体制，即数字信封技术。在这种体制中，发送方随机生成对称密钥，用对称密钥加密要发送的信息，并用接收方的公钥加密对称密钥，将二者一起发送给接收方。接收方用其私钥进行解密得到对称密钥，并用对称密钥来解密密文。

（3）按明文形态划分。明文可以有多种表现形式，既可以是模拟信息，也可以是数字信息，对应于不同形式的明文信息，其加密技术也不尽相同。

①模拟密码体制。用于对模拟信息进行加密和解密，如对动态范围之内连续变化的语音信号进行加密等。

②数字密码体制。用于对数字消息进行加密和解密，如对两个离散电平构成 0、1 二进制关系的电报信息加密等。

（4）按保密程度划分。不同强度的加密技术，其抗破译的能力是不相同的。它与加密采用的算法和破译者所掌握的数据计算和处理能力有关。

①理论上保密的密码体制。无论攻击者获取多少密文和拥有多强的计算能力，有密文始终不能得到明文或密钥的密码体制，称为理论上保密的密码体制（或理论上不可破的密码体制）。如一次一密的加密体制就属于这种。

②实际上保密的密码体制。理论上可破，但在现有客观条件和计算能力下，无法通过计算来破译密码的密码体制，称为实际上保密的密码体制。

③不保密的密码估制。在获取一定数量的密文后可以达到破译目的的密码体制，叫作不保密密码体制。如早期的单表代替密码、后来的多表代替密码以及明文加少量密钥等密码，现在成了不保密的密码体制。

（5）按编制原理划分。按编制原理可分为移位、代替和置换三种体制以及它们的组合形式。任何一种密码，不论其形态多么复杂，变化多么巧妙，都是按照这三种基本原理编制出来的。

4. 专用密钥

专用密钥算法又称对称密钥加密或私钥加密，即信息的发送方和接收方用一个密钥去加密和解密数据。它最大的优势是加/解密速度快，适合对大数据量进行加密，但密钥管理困难。

使用对称加密技术将简化加密的处理，每个参与方都不必彼此研究和交换专用设备的加密算法，而是采用相同的加密算法并只交换共享的专用密钥。如果进行通信的双方能够确保专用密钥在密钥交换阶段未曾泄露，那么报文的机密性和完整性就可以通过使用对称密钥算法对机密信息进行加密以及通过随报文一起发送报文摘要或报文散列值来实现。

5. 公共密钥

（1）基本思路。1976 年，Diffie 和 Hellman 研究出一种新的算法，即使用一个加密算法 E 和一个解密算法 D，它们彼此完全不同。根据已选定的 E 和 D，即使已知 E 的完整描述，也不可能推导出 D，即加密算法就算完全公开，也不至于危及解密密钥的安全性。这给密码技术带来了新的变革。

这种新算法需有以下三个条件。第一个条件：D〔E（P）〕＝P；第二个条件：由 E 来推断 D 极其困难；第三个条件：用已选定的明文进行分析，不能破译 E。第一个条件说明，采用解密算法 D 用于密码报文 E（P）上，可以得到原来的明文 P。第二个条件是显而易见的。第三个条件也是必须的。在满足这三个条件的情况下，加密算法 E 可以公开。

Difile 和 Helimam 提出的公共密钥的思想，实际是要求每个用户都有两把密钥：加密密钥和解密密钥。公开的是加密密钥，而解密密钥由用户自己秘密保存，加密密钥是作为公钥文件发给各个用户的。公共密钥算法的提出在密码学发展史上是一件大事。2 年后的 1978 年，几乎在同一时间提出了"RSA 公钥"和"背包公钥"两个密码系统。

RSA 是由 3 位发明者 Rivest、Shamir、Adleman 姓名的第一个字母联合构成的，RSA 公钥密码的依据是著名的欧拉定理。背包公钥是 Merkle 和 Hellman 基于著名的背包问题提出的。现在许多网络，例如，Apple Talk 的 AFP, X. 400 MHS, NetWare4 公共管理程序等，都采用了公共密钥的加密技术。

（2）公共密钥算法的优势。与传统的加密方法相比，公钥方法有许多优越性。传统的专用密钥算法其通信密钥与通信双方私下约定的加、解密的密钥一样，属于对称密钥。在网络通信的环境下便暴露出它固有的缺点。对称密钥算法常用的是 DES 算法，它只具有一个密钥，即加密和解密时用的是同一个密钥。而公钥算法利用的是非对称的密钥，即利用两个足够大的质数与被加密原文相乘产生的积来加密和解密。这两个质数无论是用哪一个与被加密的原文相乘（模乘），即对原文件加密，均可由另一个质数再相乘来进行解密。但是，若想用这个乘积来求出另一个质数，就要对大数分解质因子，分解一个大数的质因子是十分困难的，若选用的质数足够大，这种求解几乎是不可能的。

（3）私钥和公钥。采用私密的安全介质保密存储起来，不对任何外人泄露，这个密钥称为"私钥"；另一个密钥可以公开发表，用数字证书的方式发布在称之为"网上黄页"的目录服务器上，用 LDAP 协议进行查询，也可在网上请对方发送信息时主动将该公钥证书传送给对方，这个密钥称为"公钥"。

（4）公/私密钥对的用法。公/私密钥对的用法是，当发送方向接收方通信时，发送方用接收方的公钥对原文进行加密，接收方收到发送方的密文后，用自己的私钥进行解密，其中他人是无法解密的，因为他人不拥有自己的私钥，这就是用公钥加密，私钥解密一般用于通信；而用私钥加密文件公钥解密则一般用于签名，即发送方向接收方签发文件时，发方用自己的私钥加密文件传送给接收方，接收方用发送方的公钥进行解密。

在实际应用操作中发出的文件签名并非是对原文本身进行加密，而是要对原文进行所谓的哈希（Hash）运算，即对原文做数字摘要。因此，该密码算法又称单向散列运算，其运算结果称为哈希值或数字摘要，也有人将其称为"数字指纹"。哈希值有固定的长度，运算是不可逆的，不同的明文其哈希值是不同的，而同样的明文其哈希值相同并且是唯一的，原文一旦发生任何改动，其哈希值就要发生变化。数字签名是用私钥对数字摘要进行加密，用公钥进行解密和验证。

（5）公共密钥算法的劣势。公共密钥最大的优点是大大地简化了密钥的分配与管理。但也存在不少问题，由于不知道加密者的身份，故需对信息实施诸如签名之类的确认机制（称为数字签名技术），运算速度低。专用密钥算法的优点是执行速度快，对于同量的信息加密而言，DES 算法比 RSA 算法快 1 000 倍。

6. 数字时间戳

（1）数字时间戳的基本概念。在各种政务和商务文件中，时间是十分重要的信息。在书面合同中，文件签署的日期和签名一样均是十分重要的防止文件被伪造和篡改的关键性内容。

在电子文件中，同样需对文件的日期和时间信息采取安全措施，而数字时间戳服务（digital time－stamp service，DTS）就能提供电子文件发表时间的安全保护。

数字时间戳服务是网上安全服务项目，由专门的机构提供。时间戳是一个经加密后形成的凭证文档，它包括以下三个部分。

①需加时间戳的文件的摘要。

②DTS 收到文件的日期和时间。

③DTS 的数字签名。

（2）数字时间戳工作过程。数字时间戳产生的过程：用户首先将需要加时间戳的文件用 Hash 编码加密形成摘要，然后将该摘要发送到 DTS，DTS 在收到文件摘要的日期和时间信息后再对该文件加密（数字签名），然后送回用户。由 Bellcore 创造的 DTS 采用如下的过程：加密时先将摘要信息归并到二叉树的数据结构。再将二叉树的根值发表在报纸上，这样能更有效地为文件发表时间提供佐证。注意：书面签署文件的时间是由签署人自己写上的，而数字时间戳则不然，它是由认证单位 DTS 来加的，以 DTS 收到文件的时间为依据。因此，时间戳也可作为科学家的科学发明的文献时间认证。

在电子交易中，无论是数字时间戳服务（DTS）还是数字证书的发放，都不是靠交易的双方自己能完成的，而是需要有一个具有权威性和公正性的第三方来完成。认证中心就是承担网上安全电子交易认证服务，能签发数字证书，并能确认用户身份的服务机构。认证中心通常是企业性的服务机构，扮演着一个买卖双方签约、履约的监督管理的角色，买卖双方有义务接受认证中心的监督管理。认证中心的主要任务是受理数字证书的申请、签发及对数字证书的管理。认证中心依据认证操作规定，来实施服务操作。

第三节 商品管理与发布

与传统零售业不同，网络零售的商品是以网页的形式来展示的。顾客是通过搜索商品名称、比较商品价格、比较商品描述及商品图片、比较店铺信誉和特色服务等因素来寻找和购买商品的。因此，商品发布是网店日常运营的主要工作内容之一，也是最重要的工作步骤。

商品发布的操作很简单。难度在于发布的内容。如何撰写商品的描述、如何配商品图片、如何定价、如何促销……每个步骤都需要大量的产品知识、销售知识和心理学知识作为基础。

了解顾客的心理，就知道怎么样写商品描述能够打动顾客，店铺用什么样的色彩能吸引顾客逗留，如何促销能推动顾客购买的决心。简单地说，商品发布就是把顾客想知道的内容以清晰的图文方式展示在顾客面前，利用销售的技巧和网络技术，把顾客吸引到店中，并把店铺的浏览量转为成交量。

一、商品信息管理要素

1. 商品名称

要在互联网上寻找相关的信息，使用关键字搜索是最快也最省力的方式，在交易平台上海量的商品里面，顾客要想尽快找到自己需要的商品信息，也会使用到各种关键字。因此，网店中商品名称的命名和设置非常重要。在设置商品名称时，一定要注意尽量把可能被顾客用于检索的关键词都包括进去。

（1）关键字的类型。

1）属性关键字。属性关键字是指商品的名称或俗称，商品的类别、规格、功用等介绍商品基本情况的字或者词。由于消费者的语言表达和搜索习惯不同，可能会使用不同的属性关键字搜索，因此，在商品有多种习惯称呼的情况下，为符合更多人的搜索需求，可选择商品最常用的1～2个习惯称呼来作为商品的属性关键字。如"直供五常稻花香大米"可改成"直供五常稻花香大米/香米"，"十字绣靠垫"可改为"十字绣靠垫/抱枕/枕头"等。

2）促销关键字。促销关键字是指关于清仓、折扣、甩卖、赠礼等信息的字或者词，这类词往往是最容易吸引和打动消费者的信息，因此，经常推出各种促销活动，并将"特价""清仓""×折""大降价"等关键字体现在商品名称中，可以有效地吸引更多人的关注，提高商品和店铺的浏览量。

3）品牌关键字。品牌关键字包括商品品牌和店铺品牌两种，例如，玉兰油、GNC、骆驼等是商品的品牌关键字。质数堂、爱上花园、菩提工坊等就属于店铺的品牌关键字。增加商品品牌关键字可以给消费者提供更精确的搜索信息；增加店铺品牌关键字可以在相近搜索结果中强化店铺的品牌，有利于提高店铺的知名度。

4）评价关键字。评价关键字的主要作用是对浏览者产生一种心理暗示，一般都是正面的、褒义的形容词，如×钻信用、皇冠信誉、百分百好评、市场热销等，这类关键字其实也是一种口碑关键字，增加这类关键字不仅能够满足消费者寻找可靠的产品质量、可信的商家的需求，同时，还更容易获得消费者的好感和认同，打消消费者的顾虑，让消费者在不知不觉中做出成交的决定。

（2）关键字的组合。将前面四种关键字进行修改和重组，这件商品的名称被搜索到的概率就会大很多。

选择哪些关键字来组合效果最好，要靠分析市场、分析商品、分析目标消费群体的搜索习惯来最终确定，找到最适合的一种组合方式。

促销关键字＋属性关键字

品牌关键字＋属性关键字

评价关键字＋属性关键字

从上面这三种组合方式我们又可以得到更多种组合方式，例如：

促销关键字＋品牌关键字＋属性关键字

品牌关键字＋评价关键字＋属性关键字

评价关键字＋促销关键字＋属性关键字

……

尝试的组合可以多种多样，但是，不管这些组合怎样变化，永远不变的是任何时候都不能丢了属性关键字，否则就会本末倒置，效果适得其反。

（3）关键字的位置。网店的关键字主要应出现在四处：商品名称、商品描述、店铺名称和店铺描述。

（4）热门关键字。第三方电子商务平台会定期筛选出一些近期受消费者关注较多，或准备用于大型促销活动的关键字来作为热门关键字推荐，或者在商品属性类目里用醒目的颜色标识出来，以吸引消费者的关注。

热门关键字不仅为消费者提供搜索的捷径，也为商家提供带动店铺浏览量的机会。店内商品名称如能及时更新，加入热门关键字，就会得到更多关注和商机。热门关键字是店铺推广的最佳免费工具。有些投机店铺乱用关键字，在商品名称、店铺描述等位置加入与经营范围、产品无关的，但与热门店铺名相关的关键字。这种做法只会给顾客不诚信的印象，甚至得不偿失。

2. 商品分类

商品分类，是指为了一定目的，选择适当的分类标志，将商品集合总体科学地、系统地逐级划分为门类、大类、中类、小类、品类，以及品种、花色、规格的过程。

3. 商品描述

图片与文字在展示商品时各有所长，应互为补充。要在商品描述里补充名称及图片没能完整表达出来的内容，让消费者在购买之前对商品有更全面和客观的了解。完整的商品描述应从以下几方面入手。

（1）从多个角度考虑。既要考虑到商家的立场，也需要充分考虑到顾客的需要。

（2）商品描述要有专业性，要有自信。专业又自信、产品出色的企业是值得顾客信赖的。

（3）尽可能多地涉及其他产品。给顾客充分的选择余地，也寻找更多的商机。

（4）要在重要位置说明店铺内的促销活动。激发顾客的购买欲，更多购买还能享受更多优惠和折扣。

（5）已购买顾客的好评。在口碑传播的今天，已购买顾客的好评是很有说服力的。不妨把好评截图附在商品描述的最后。

商品描述中有 8 项内容是必不可少的（见表 3-1）。

表 3-1　商品描述中的 8 项必不可少的内容

项目	说明
商品详情	商品相关信息里面的内容应非常丰富，一切有利于销售的、有利于体现商家专业性的内容都可以放在商品描述的这部分内容里。将商品的细节展示得更加详细，提供自助购物指导、常见问答、保养知识、使用方法、联系方式等更为专业和周到的服务，展示以往顾客的评价，打消消费者的担心和疑虑等都是很好的促销手段
商品的型号规格	商品的品牌、型号、材质、规格、功能、功效、包装、价格等商品基本信息以及生产加工工艺、产品优势等有利于销售的商品信息
功能配置	产品的功能介绍、技术和设计优势等，用图文结合的方式展现，不仅清爽醒目，容易加深顾客的印象，而且页面也更加美观和专业
交易说明	交易说明可以用"买家必读""购物须知"等方式来体现，相当于交易双方的君子协议，今后在交易过程中一旦出现某种状况，双方都有一个可以参考的依据，这也是独立于平台规则以外的一种双边协议。顾客一旦拍下，即代表对该条款的认可，同时，把合作条件放进交易说明里也是一种有效的纠纷规避方式
服务保障	服务保障包括质量承诺、售后维修、会员优惠等信息，这些信息既是给顾客安全感，也是用返利的方式来增加店铺的黏性
购物保障	购物保障是商家对商品和服务的承诺，不管是商品质量还是物流配送过程或者是售后维修，只要顾客购买他们的商品出现了上述的问题，基本上都能够得以解决，这就给予顾客很大的安全感，促使他们下决心来购买和尝试
配送说明	关于邮寄的费用和物流配送周期的说明，因为顾客毕竟不是专业的卖家，可能对发往各地的运费标准和到货周期不是很清楚，所以，做到预先告知，既是商家的职责，也是优质服务的一种体现。 平邮的到货周期一般较长，客服善意地提醒着急收货的顾客，最好不要选择这种邮寄方式，也可以避免将来因物流问题出现争议和纠纷
相关信息	相关信息里面的内容可以非常丰富，一切有利于销售的、有利于体现商家专业性的内容都可以放在商品描述的这部分内容里

总之，将商品的细节展示得更加详细，提供自助购物指导、常见问答、保养知识、使

用方法、联系方式等更为专业和周到的服务，展示以往顾客的评价，打消消费者的担心和疑虑等都是很好的促销手段。

4. 图片处理（动画与视频）

网络零售的商品陈列是以网页的形式展现的，无法亲眼看到实物是它的一个条件限制，顾客对商品的第一印象就来自于商家上传的照片。因此，商品图片对于商家来说至关重要，如何使商品呈现出其商业价值，也是衡量商家经营能力和敬业态度的标准之一。

店铺里所有照片处理方式和风格保持一致，看起来会更美观整齐、更专业。商品图片和产品图片不同，产品图片通常只要求如实拍出产品的原貌，色彩还原准确、清晰、构图合理。商品图片因为需要刺激消费者的购买欲望，达到销售的目的，因此，在此基础上还要求画面美观，有视觉冲击力，能提升商品的价值和品位，提高商品的性价比，挖掘出顾客潜在的消费需求。

商品图片主要以展示商品特性为主，过于花哨的背景或装饰反而会削弱商品原本想传达的信息，所以，商品图片要由简洁的背景和清晰的主体构成。一张合格的商品图片需要在画面、用光和构图上有美感，通过抓住商品的形、色、质，如实反映商品的本质特征。照片应避免过度美化和夸张，否则顾客会因商品图片与产品不符而要求退货，甚至进行投诉。

拍摄商品图片时，商品细节图片、真人试用效果图、商品带包装的图片都是必不可少的。商品细节图片能够满足顾客了解商品细节的需求。真人试用效果图能立体展示产品，丰富顾客的想象。如果再配上搭配效果图，不仅有利于商品的推广，还能拉动相关搭配服饰等商品的销售。但商品图片不宜过大，数量不宜过多，否则会影响网页打开的速度，影响顾客体验感。现在还可以在商品详情中展示视频，这对具有较多功能操作的小家电等商品的销售很有帮助。

5. 价格与优惠

网上商品的价格一般都要比传统方式销售时低，加上购物、支付和物流的便捷，使电子商务的竞争日趋激烈。残酷的价格竞争促使店铺使用各种促销手段把顾客引入店中。

（1）打折促销。打折促销是网上最常用的促销手段。打折促销的常用方式分为直接打折、折扣券、会员折扣及限期折扣（节假日或店铺纪念日）等。打折促销有时使用变相折扣促销的方式。所谓变相折扣促销，是指在不提高或稍微增加价格的前提下，提高产品或服务的品质，较大幅度地增加产品或服务的附加值，让消费者感到物有所值。由于网上直接价格折扣容易造成消费者对商品品质的怀疑，因此，利用增加商品附加值的促销方法会更容易获得消费者的信任。例如，包运费和商品绑定。

（2）网上赠品促销。赠品促销目前在网上的应用不算太多，一般情况下，在新产品推出试用、产品更新、对抗竞争品牌、开辟新市场时利用赠品促销可以达到比较好的促销效果。赠品促销的优点：可以提升品牌和网站的知名度；鼓励人们经常访问网站以获得更多的优惠信息；能根据消费者索取赠品的热情程度总结分析营销效果和产品本身的反应情况等。

6. 捆绑销售

将几种商品组合在一起设置成价格优惠的套餐销售。通过促销套餐可以让买家一次性购买更多的商品，提升店铺销售业绩，提高店铺购买转化率、店铺曝光率。

淘宝的付费增值服务"搭配套餐"和"满就送"都是针对商品销售的促销工具。设置销售"搭配套餐"可以使一件商品搭配不超过四件的其他商品来进行捆绑销售。"满就送"分为满就减现金、满就送礼品、满就送积分、满就免邮费等几种促销让利方式。这些增值工具不仅使店铺的促销活动更加的专业，而且还能够提升客单价，促使顾客一次性购买更多的商品，提高购买转化率，让更多的顾客来消费。

7. 客户反馈

已购买顾客的好评，在口碑传播的今天，是很有说服力的。不妨把好评截图附在商品描述的最后。

二、商品的分类、编码及目录

商品大类是指具有若干共同性质和特征的商品总称，它们各自包括若干商品，如针棉织品、五金电料、塑料制品、橡胶制品等。商品品种是按商品的性能、成分等方面特征来划分，是指具体商品的名称。在商品分类工作中，常是先选定一个主要标志，将商品分成大类，然后再根据不同情况，选择适宜的标志将商品依次划分为中类、小类以至细目等，这样形成的互相联系、互相制约的整体，就是商品分类体系。

1. 商品分类的原则

（1）目的性原则。必须明确要分类的商品所包括的范围，商品分类要从有利于商品生产、销售、经营习惯的角度出发，最大限度地方便消费者的需要，并保持商品在分类上的科学性。

（2）包容性原则。能划分规定范围内的所有商品，并留有补充新商品的余地。

（3）唯一性原则。分类后的每一种品种，只能出现在一个类别里，或每个下级单位只能出现在一个上级单位里。

（4）区别性原则。以商品的基本特征为基础，选择适当的分类依据，从本质上显示出各类商品之间的明显区别，保证分类清楚。在某一商品类别中，不能同时采用两种或多种分类标准进行分类。

（5）合理性原则。商品分类要以系统工程的原理为根据，体现出目的性、层次性，使分类结构合理。

2. 商品分类的意义

商品分类可使研究对象把每个商品的个性特征归结为商品类的特征，商品分类有利于了解商品特性。商品分类是进行商品统计工作和编制商品目录的基础，有利于实现商品现代化管理；有助于商业经营管理，便于安排商品生产和消费者选购；有利于商品标准化的实施和商品质量标准的制定，有助于部门对商品进行管理；有利于商品学的教学工作和开展商品研究工作。

3. 商品分类的方法有两种

（1）线分类法。线分类法也称层级分类法，它是将初始的分类对象按所选定的若干个属性或特征逐次分成相应的若干个层级的类目，并排成一个有层次的逐渐展开的分类体系，各层选用的标准可以不同，但各层之间从纵向看，呈线性隶属关系。例如，橡胶制品按用途分为日用橡胶制品、劳动保护橡胶制品等。在日用橡胶制品中按用途又可分为胶鞋、容器等，所划分的各层之间形成有机的联系。在线分类法中，由某一上位类类目划分出的下位类类目的总范围应与上位类类目范围相同，当一个上位类类目划分成若干个下位类类目时，应选择一个划分标准，分类要依次进行，不应有空层或加层。线分类法是商品分类中常采用的方法。最常用于线分类体系的编码方法是层次编码法。

（2）面分类法。面分类法也称平行分类法，它是将拟分类的商品集合总体，根据其本身的属性或特征，分成相互之间没有隶属关系的面，每个面都包含一组类目。每个面又可分成许多彼此独立的若干个类目，使用时可根据需要将这些面中的类目组合在一起形成一个复合类目。例如，把服装用的面料、款式、穿着用途分为三个互相之间没有隶属关系的面，每个面又分成若干个类目。使用时，将有关类目组配起来，如纯毛男式西装、纯棉女士连衣裙等。面分类法应遵循的基本原则是根据需要，选择分类对象的本质属性作为类对象的标准，每个面有严格的固定位置，面的选择以及位置的确定应根据实际需要而定。

商品分类时必须明确拟分类的商品集合所包括的范围。

4. 商品分类的主要标志

（1）按商品用途分类。如生产资料商品、生活资料商品，工具、家纺等。

（2）按商品原料分类。如商品的原材料，丝绸、皮革、金属等。

（3）按生产方法分类。如商品的生产加工方法，编织、铸造等。

（4）按商品的化学成分分类。如商品的主要成分或特殊成分：聚乙烯、树脂等。

5. 商品编码及其意义

商品编码是指赋予某种商品（或某类商品）某种代表符号或代码的过程，或对某一类商品赋予统一的符号系列称为商品编码化或商品代码化。在商品分类编码中，普遍采用的符号是条形码。

商品编码是在商品分类的基础上，对各类、各种商品都赋予具有一定规律性的，便于人和计算机识别与处理的商品代码的过程，商品编码往往是商品目录的组成部分，商品分类与代码共同构成了商品目录的完整内容。

6. 商品编码的原则

（1）唯一性原则。唯一性是指商品项目与其标识代码一一对应，即一个商品项目只有一个代码，一个代码只标识同一商品项目。商品项目代码一旦确定，永不改变，即使该商品停止生产、停止供应了，在一段时间内（有些国家规定为 3 年）也不得将该代码分配给其他的商品项目。

（2）无含义原则。无含义代码是指代码数字本身及其位置不表示商品的任何特定信息。在 EAN 及 UPC 系统中，商品编码仅仅是一种识别商品的手段，而不是商品分类的手段。无含义原则使商品编码具有简单、灵活、可靠、充分利用代码容量、生命力强等优点，这种编码方法尤其适合于较大的商品系统。

（3）全数字型原。在 EAN 及 UPC 系统中，商品编码全部采用阿拉伯数字。

7. 商品编码的种类

商品编码按其所用的符号类型分为数字代码、字母代码、字母数字混合代码和条形码四种，在商品分类编码中，普遍采用的是数字代码和条形码。《全国主要产品分类与代码》（GB/T 7635.1－2002）和《社会商业商品分类与代码》（SB/T 10135－1992）标准都采用的是数字型编码标准。数字型商品编码的方法有四种：顺序编码法、层次编码法、平行编码法和混合编码法。

8. 商品编码的结构

（1）标准版商品条码的代码结构。对于我国商品条码的代码而言，由 690、691、692 三个前缀码构成的 EAN－13 码有如下四种结构（见表3-2）。

表 3-2　EAN－13 码的两种结构

结构种类	厂商识别代码	商品项目代码	校验码
结构一	$X_{13}\,X_{12}\,X_{11}\,X_{10}\,X_9\,X_8\,X_7$	$X_6\,X_5\,X_4\,X_3\,X_2$	X_1
结构二	$X_{13}\,X_{12}\,X_{11}\,X_{10}\,X_9\,X_8\,X_7\,X_6$	$X_5\,X_4\,X_3\,X_2$	X_1
结构三	$X_{13}\,X_{12}\,X_{11}\,X_{10}\,X_9\,X_8\,X_7\,X_6\,X_5$	$X_4\,X_3\,X_2$	X_1
结构四	$X_{13}\,X_{12}\,X_{11}\,X_{10}\,X_9\,X_8\,X_7\,X_6\,X_5\,X_4$	$X_3\,X_2$	X_1

注：X_i（$i＝1\sim13$）表不从右至左的第 i 位数字代码。

以上四种结构的代码均由三部分组成，即厂商识别代码、商品项目代码和校验码。

厂商识别代码是中国物品编码中心按照国家标准的规定，在 EAN 分配的前缀码的基础上增加 4 位或 5 位数编制的，用于对厂商的唯一标识。

商品项目代码是取得中国物品编码中心核准的商品条码系统成员资格的企业，按照国家标准的规定，在已获得的厂商识别代码的基础上，自行对本企业的商品项目进行的编码，包括 5 位或 4 位数。

校验码是根据前 12 位数按《商品条码　零售商品编码与条码表示》（GB 12904－2008）附录 B 规定的方法计算得出的。在实际工作中，校验码一般不用人工计算，由制作条码原版胶片或制作条码标签的设备自动生成。

（2）缩短版商品条码的代码结构。与上述标准版商品条码的代码相比较，缩短版商品条码的代码（EAN－8 码）只有一种结构，包含三个部分（见表3-3）。

表 3-3　缩短版商品条码的代码结构

前缀码	商品项目代码	校验码
$X_8\,X_7\,X_6$	$X_5\,X_4\,X_3\,X_2$	X_1

EAN－8 码中商品项目代码是由中国物品编码中心在前缀码的基础上编制并直接分配给厂商特定商品项目的代码；校验码的计算方法与 EAN－13 码相同。EAN－8 码的使用是有限制的：按照《商品条码管理办法》的规定，商品条码印刷面积超过商品包装表面面积或者标签可印刷面积四分之一时，系统成员才可以申请使用缩短版商品条码。

9. 商品目录及其意义

商品目录是指国家或部门根据商品分类的要求，对所经营管理的商品编制的总明细分类集，也是零售企业根据企业的销售目标，把应该经营的商品品种用一定的书面形式经过一定的程序固定下来，成为企业制订商品购销计划及组织购销活动的主要依据。商品目录是以商品分类为依据的，因此，也称商品分类目录或商品分类集。商品分类是在商品逐级分类的基础上，用表格、符号和文字全面地记录商品分类体系和编排顺序的书本式工具。商品目录包括全部商品目录和必备商品目录，必备商品目录确定以后，再根据顾客的特殊需要和临时需要加以补充与完善，便成了商店全部商品目录。

10. 商品目录的种类

商品目录由于编制目的和作用不同，种类很多。编制商品目录离不开商品分类，只有在商品科学分类的基础上编制商品目录，才能使其目录清晰，有助于管理工作的科学化。

（1）按商品目录的适用范围分类。

①国家商品目录。由国家和指定专门机构编制，是国民经济各部门进行计划、统计、财务、税收、物价等工作时必须遵循的准则。

②部门商品目录。由本行业主管部门编制，是该部门所有企业共同遵循的准则。

③企业商品目录。由本企业或本单位编制，一般在本企业、本单位使用。

④国际商品目录。由国际组织或地区性国际集团编制。

（2）按商品业务性质分类。可分为外贸商品目录、内贸商品目录、海关统计商品目录、企业经营管理商品目录。

（一）商品的批量操作

步骤1　批量上架

选择一件或多件已经下架的商品，点击【批量操作】选择【商品上架】，即可对商品进行批量上架操作（如图 3-44 所示）。

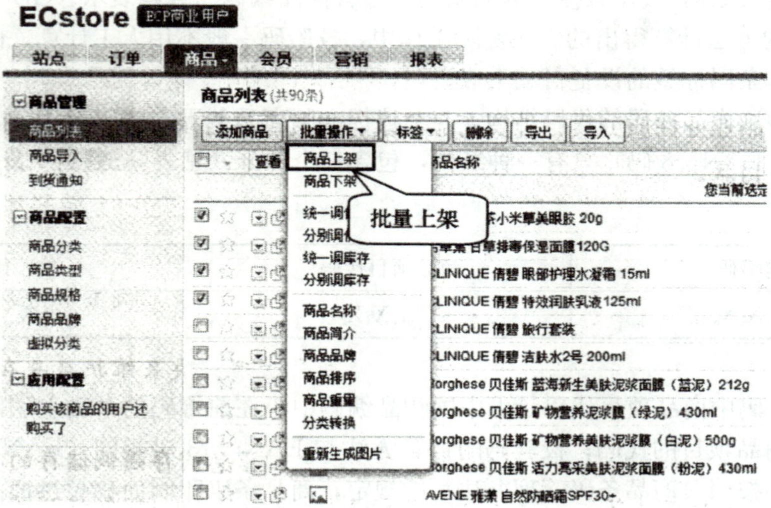

图 3-44　批量上架

步骤2　批量下架

选择一件或多件已经上架的商品，点击【批量操作】选择【商品下架】，即可进行商品批量下架操作（如图 3-45 所示）。

图 3-45　批量下架

（二）商品到货通知

步骤 1　进入商品列表界面

一般情况下，在添加商品时会设置一定量的库存，可据实际情况设置，也可设置一个 25 位的数字。点击【商品】进入商品列表界面（如图 3-46 所示）。

图 3-46　商品列表界面

步骤 2　编辑商品库存

点击商品后边的【编辑】，进入商品编辑界面，对库存进行设置，如图 3-47 所示。带有规格的商品的库存设置是分别设置的（如图 3-48 所示）。

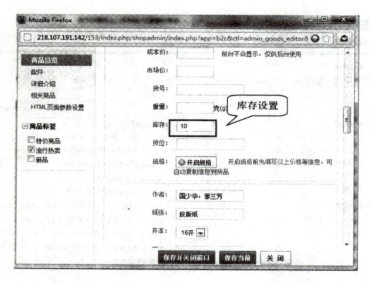

图 3-47　编辑商品库存

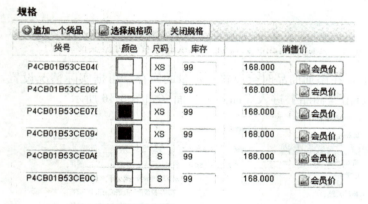

图 3-48　带有规格的商品库存设置

步骤 3　查看正常库存时购买显示

此时，在网店前台会显示正常的可售状态（如图 3-49 所示）。

图 3-49　商品可售状态

步骤 4　触发商品到货通知

到货通知触发的条件：无库存时不可销售。在添加或编辑商品时，对无库存的情况要选择不可销售，点击【商品】→【编辑】，进入商品编辑界面（如图 3-50 所示）。

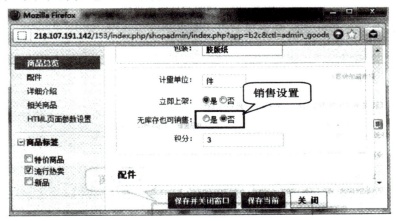

图 3-50　商品到货通知编辑

步骤 5　查看前台到货通知

这样，当实际库存成为 0 的时候，就会触发。触发时，在商品详细页，【购买】按钮就变为【到货通知我】，系统不能正常购买操作（如图 3-51 所示）。

图 3-51　商品到货通知状态

步骤 6　向管理员发送到货通知

点击【到货通知我】按钮，会提示输入邮件信息，提交后的信息就会出现在系统后台，商品一到货通知列表处（如图 3-52 所示）。

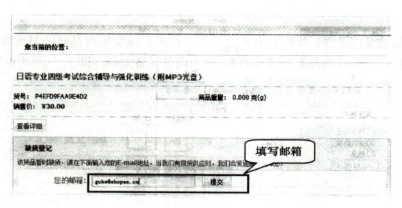

图 3-52　向管理员发送到货通知

步骤 7　查看到货通知

在后台，依次点击【商品】→【商品管理】→【到货通知我】，可以看到当前的到货通知列表（如图 3-53 所示）。

图 3-53　查看到货通知

步骤 8　发送到货通知

选中需要发送的会员，点击【发送到货通知】，系统会自动为该会员发送到货通知（如图 3-54 所示）。

图 3-54　发送到货通知

第四章

网络营销

第一节 网络市场调研

一、调研计划书撰写

（一）学习目标

通过学习，理解网络市场调研的作用和意义，明确网络市场调研步骤和流程，掌握网络调研计划书的结构和撰写方法。

（二）工作程序及内容

调研计划书的撰写可分为如下步骤（如图 4-1 所示）。

图 4-1 调研计划书的撰写步骤

下面以本单元所附的实例——《快餐业网络调研计划书》进行阐述。

步骤一 依据调研目的，确定调研对象

网络市场调研的对象，主要分为企业产品的消费者、企业竞争者和企业合作者，在进行一次具体的调研时，首先需要依据调研目的来确定调研对象。

本次快餐业网络调研的目的是通过实施调研获取资料，了解客户对目前快餐业的满意度，以及存在的问题和意见，找到改进之处，从而有利于快餐业以后的发展。根据这一目的，可以设定调研对象为快餐业的主要消费群体——青年消费者，因为青年消费者在使用网络订餐的人员中占有相对较高的比重。此外，还有快餐企业的竞争者和合作者。

步骤二 确定数据来源及收集方法

市场调研首先须确定需要收集一手资料（原始资料）还是二手资料（经过初步加工的资料），或者两者都要。在互联网上，利用搜索引擎、网上营销和网上市场调研站点可以方便地收集到各种一手和二手资料。

快餐业网络调研既需要一手资料，又需要二手资料，确定了数据来源，就要为不同的数据来源选择不同的数据收集方法：一手资料的收集通常采用网络调研问卷等调研方法，即设计一个网上调研问卷，通过电子邮件或网页发送或公布，通过回收答卷进行市场分析和预测；二手资料的收集主要采用搜索引擎等网络间接调研方法。

步骤三 确定项目进度及人员、费用计划

项目进度计划是将工作的主要阶段按照阶段里程碑进行划分，如制订调研初步计划、设计网络调研问卷、实施网络调研、数据分析与处理、撰写网络调研报告等阶段，明确每个阶段应完成的任务内容及要求、提交成果的日历时间、负责人等内容，可以采用"阶段序号＋动词＋名词＋时间＋负责人"的简明方式表达。如在此次快餐业网络调研项目的第一阶段就是提交调研工作计划——2012 年 12 月 31 日——李×铭负责。制订项目进度时要注意考虑节假日、公休日，如需加班必须考虑加班费用。建议在总时间计划内留出 5％～10％的时间余量，在出现意外状况时启用，保障项目按时完成。

人员计划主要按照工作分工，将工作落实到每一位项目组成员上，可以分组承担边界较为清晰的子项目。如制订快餐业网络调研问卷、实施网络调研、数据分析处理、撰写调研报告等子项目分别由此次快餐业网络调研核心成员承担，这样可以明确每个子项目的负责人和参与人员。而且在工作前要有明确的任务书，标明任务、时间、资金、工作质量要求等，并签字承诺完成。工作结束后要有验收报告和工作鉴定。

费用计划主要考虑资金的分配和使用，将调研工作分解，将资金分解到各项工作中并进行资金控制，避免超支。在进行经费预算时，一般需要考虑调研设计、调研实施、数据分析处理、报告撰写、发布等几方面费用。具体包括：总体方案策划费或设计费、抽样方案设计费、调研问卷设计费、测试费、调研实施费、数据统计分析费、调研报告撰写费、资料费、专家咨询费、劳务费、鉴定费、新闻发布会及发布费用等。建议在总资金内留出 5％～10％风险备用金，以备特别状况之需。

步骤四 完成计划书

分项列出此次快餐业的调研对象、调研方案设计中的各项内容，如数据来源、收集方法、项目进度计划、人员费用计划等。计划要做到尽量明确，尽量满足可完成、可跟踪、可测量、可控制等要求。

（三）相关知识

1. 网络市场调研概述

（1）网络市场调研的含义。

市场调研是指以科学的方法，系统地、有目的地收集、整理、分析和研究所有与网络市场有关的信息，特别是有关消费者的需求、购买动机和购买行为等方面的信息，从而把握市场现状和发展态势，有针对性地制定营销策略，取得良好的营销效益。

我们把基于互联网系统进行调研问题的发布、收集、整理、分析和研究的方式称为网络市场调研。网络市场调研是利用互联网发掘和了解客户需要、市场机会、竞争对手、行业潮流、分销渠道以及战略合作伙伴等方面的情况，针对特定营销环境进行调查设计、问卷设计、资料收集和分析的活动，它为企业的网络营销决策提供数据支持和分析依据。网络市场调研的流程一般如图 4-2 所示。

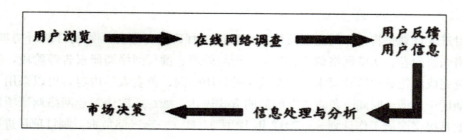

图 4-2　网络市场调研流程

（2）网络市场调研的特点。

网络市场调研可以充分利用互联网的开放性、自由性、平等性、广泛性、直接性、无时间和地域限制等特点，展开调查工作。网络市场调研具有以下几个特点。

①跨时空和及时性。网络市场调研可以 24×7 模式一年 365 天在全球范围内进行，并且调研对象可以来自世界各地，这与受区域制约和时间制约的传统调研方式有很大的不同。网络的快速传播性，一方面使得调研信息传递到用户的速度加快，另一方面用户向调研者的信息传递速度也加快了。

②开放性和共享性。网络的开放性和共享性，使得只要连接到网络上并愿意接受调研的网民都可以随时接触到不同形式的网络调查，同时任何网民都可以参加投票和查看结果，这保证了网络信息的开放性和共享性。

③便捷性和经济性。在网络上进行调研，调查者只需在网站上发布网络调查问卷供网民自愿填写，然后通过统计分析软件对被调查者反馈回来的信息进行整理和分析，直接形成数据库，可节省传统调研中所耗费的人力、物力和时间，比传统的调研速度快、成本低、效率高，方便数据挖掘。在整个调查过程中，调查者还可以对问卷进行及时修改和补充，而被调查者只需要具备电脑和上网条件就可以快速方便地反馈意见。

④交互性和充分性。网络的最大特点是交互性。在网络调查时，被调查者可以在任何时间里完成不同形式的调研，也可以及时就问卷相关的问题提出自己更多的看法和建议，可减少因问卷设计不合理而导致的调查结论偏差等问题。同时，被调查者还可以自由地在网上发表自己的看法。

⑤可靠性和客观性。一方面，企业站点的访问者一般都对企业产品有一定的兴趣；另一方面，网络调研问卷的填写是自愿的，不是传统调查中的"强迫式"，填写者一般回答问题相对认真，所以调研结果可靠性较高。同时，被调查者是在完全独立思考的环境中接受调研的，不受传统调研中人为因素的干扰，能最大限度地保证调查结果的客观性，所以这种基于现有客户和潜在客户的调研结果能在很大程度上反映消费者的消费心态和市场的发展趋向，调研的结果比较客观。

⑥可检验性和可控制性。利用互联网进行网络调研收集信息，可以有效地对采集的信息的质量实施系统的检验和控制。这是因为：第一，网络调研问卷可以附加全面规范的指标解释，有利于消除因对指标理解不清或调查员解释口径不一致而造成的调查偏差；第二，问卷的复核检验由计算机依据设定的检验条件和控制措施自动实施，可以有效地保证对调查问卷 100% 的复核检验，保证检验与控制的客观公正性；第三，通过对被调查者的

身份验证可以较为有效地防止信息采集过程中的舞弊行为。

（3）网络市场调研与传统市场调研的比较。

网络市场调研与传统市场调研的区别（如表 4-1 所示）。

表 4-1　网络市场调研与传统市场调研的比较

比较项目	网络市场调研	传统市场调研
调研费用	较低，主要是设计费和数据处理费，每份问卷所要支付的费用几乎为零	昂贵，包括问卷设计、印刷、发放、回收、聘请和培训访问员、录入调查结果、由专业公司对问卷进行统计分析等多方面的费用
调研范围	全国乃至全世界，样本数量庞大	受成本限制，调查地区和样本的数量均有限
运作速度	很快，只需搭建平台，数据库可自动生成，几天就可以得出有意义的结论	慢，至少需要 2 到 6 个月才能得出结论
调研的时效性	全天候进行	不同的被调查者对其可进行访问的时间不同
被调查者的便利性	非常便利，被调查者可自由决定时间、地点回答问卷	不太方便，一般要跨越空间障碍，到达访问地点
调研结果的可信性	相对真实可信	一般有督导对问卷进行审核，措施严格，可信性高
适用性	适合长期的大样本调查，适合要迅速得出结论的情况	适合面对面的深度访谈，食品类等需要对被调查者进行感官测试

2. 网络市场调研方法

1）网络直接调研。

网络直接调研指的是为特定目的在互联网上收集一手资料或原始信息的过程。网络直接调研的方法有四种：网络问卷法、网上观察法、网上实验法、专题讨论法，用得最多的是网络问卷法和专题讨论法。

（1）网络问卷法。网络问卷法是将问卷在网上发布，被调查对象通过互联网完成问卷调查。网络问卷调查一般有两种途径：一种是将问卷放置在 WWW 站点上，等待访问者访问时填写问卷。这种方式的好处是填写者一般是自愿的，但缺点是无法核对问卷填写者的真实情况。为达到一定问卷数量，站点还必须进行适当宣传，以吸引大量访问者，如CNNIC 在调查期间与国内一些著名的网络服务提供商、网络媒体提供商，如新浪、搜狐、网易等设置调查问卷的链接。另一种是通过 E-mail 方式将问卷发送给被调查者，被调查者完成后将结果通过 E-mail 返回。这种方式的好处是，可以有选择性地选择被调查者，缺点是容易引起被调查者的反感，有侵犯个人隐私之嫌。

（2）网上观察法。网上观察法是一种实地研究方法，不过在网络中，实地特指一些具体的网络空间。一般是指调研人员通过电子邮件向互联网上的个人主页、新闻组或邮件列表发出相关查询，进行网上观察的一种调研方法。

（3）网上实验法。网上实验法则是选择多个可比的主体组，分别赋予不同的实验方案，控制外部变量，并检查所观察到的差异是否具有统计上的显著性。这种方法与传统的市场调查所采用的原理是一致的，只是手段和内容有差别。

（4）专题讨论法。专题讨论法可通过 Usenet、BBS 或邮件列表讨论组进行，从而获得资料和信息的一种调研方法。专题讨论法遵循一定的步骤：首先确定要调查的目标市场；其次识别目标市场中要加以调查的讨论组；再次确定可以讨论或准备讨论的话题；最后登录相应的讨论组，通过过滤系统发现有用的信息，或创建新的话题，让大家讨论，从而获得有用的信息。具体地说，目标市场的确定可根据 Usenet、BBS 或邮件列表讨论组的分层话题选择，也可向讨论组的参与者查询其他相关名录。还应注意查阅讨论组上的常见问题，以便确定能否根据名录来进行市场调查。

根据网上调查采用的技术可以分为站点法、电子邮件法、随机 IP 法和视讯会议法等。

①站点法。又称主动浏览访问法。即将调查问卷放置在访问率较高的 Web 站点的页面上，由对该问题感兴趣的访问者完成并提交。站点法属于被动调查法，是网上调查的基本方法。

②电子邮件法。电子邮件法是通过给被调查者发送电子邮件的形式将调查问卷发给一些特定的网上用户，由用户填写后以电子邮件的形式再反馈给调查者的调查方法。电子邮件法属于主动调查法，与传统邮件法相似，优点是邮件传送的时效性大大地提高了。

③随机 IP 法。也称网络电话法，是以 IP 地址为抽样框，采用 IP 自动拨叫技术，邀请用户参与调查。如可将 IP 地址排序，每隔 100 个进行一次抽样，被抽中的用户会自动弹出一个小窗口，询问其是否愿意接受调查，回答"是"，则弹出调查问卷；回答"否"，则呼叫下一个 IP 地址。随机 IP 法属于主动调查法，其理论基础是随机抽样。

④视讯会议法。又称网络会议法，是基于 Web 的计算机辅助访问。通过直接在上网人士中征集与会者，并在约定时间举行网上座谈会，在主持人的引导下，对某一问题进行深入或探索性的讨论、研究的一种网上调查方法。这种调查方法属于主动调查法，其原理与传统调查法中的专家调查法相似，不同之处是参与调查的专家不必实际地聚集在一起，因此，网上视讯调查会议的组织比传统的专家调查法简单得多。视讯会议法适合于对关键问题的定性调查研究。

除此之外，网上调查还有网络寻呼机或在聊天室选择网民进行调查、采取 IPC 网络实时交谈、用 Cookice 跟踪消费者、分析网页访问统计报告等方式。

2）网络间接调研。

网络间接调研指的是网上二手资料的收集。互联网虽有着海量的二手资料，但要找到自己需要的信息，首先必须熟悉搜索引擎的使用，其次要掌握专题性网络信息资源的分布。

网络间接调研主要通过三种方法：利用搜索引擎；访问相关的网站，如各种专题性或综合性网站；利用相关的网上数据库、BBS、E-mail 等。

1）利用搜索引擎查找资料。搜索引擎是互联网上使用最普遍的网络信息检索工具，一般按分类、网站和网页来进行搜索。需要注意的是，按分类只能粗略查找；按网页虽然可以比较精确查找，但查找结果却比较多，因此搜索最多的还是按网站搜索。在按网站搜索时，它是将要搜索的关键字与网站名和网站的介绍进行比较，显示出比较相符的网站，例如要查找网络调研类的网站，可以在搜索引擎的主页搜索输入栏内输入汉字"网络调研"并确认，系统将自动找出满足要求的网站。如果找不到满足要求的网站，这时可以按照网页方式查找，系统将自动找出满足要求的网页。

搜索引擎的种类包括以下几种。

①主题分类检索：主题分类检索即通过各搜索引擎的主题分类目录查找信息。

②关键词检索：用户通过输入关键词来查找所需信息的方法，称关键词检索法。使用关键词法查找资料一般分三步。

第一步，明确检索目标，分析检索课题，确定几个能反映课题主题的核心词作为关键词，包括它的同义词、近义词、缩写或全称等。

第二步，采用一定的逻辑关系组配关键词，输入搜索引擎检索框，点击检索（或Search）按钮，即可获得想要的结果。

第三步，如果检索效果不理想，可调整检索策略，结果太多的，可进行适当的限制，结果太少的，可取消某些限制，扩大检索的范围，直到获得满意的结果。

2）访问相关的网站收集资料。如果我们知道某一专题的信息主要集中在哪些网站，可直接访问这些网站，获得所需资料。与传统媒体的经济信息相比，网上市场行情一般数据全、实时性强。

3）利用相关的网上数据库查找资料。在互联网上，除了借助搜索引擎和直接访问有关网站收集二手资料外，第三种方法就是利用相关的网上数据库（即 Web 版的数据库）。

4）利用 BBS 收集资料。它是互联网上的一种电子信息服务系统。它提供一块公共电子白板，每个用户都可以在上面书写，可发布信息、留言、发表意见或回答问题，也可以查看其他人的留言，好比在一个公共场所进行讨论一样，你可以随意参加，也可以随意离开。公告栏的用途多种多样，既可以作为留言板，也可以作为聊天、讨论的场所，还可以用于商业方面，如发布工商产品的求购信息等。

5）利用新闻组收集资料。新闻组简单地说就是一个基于网络的计算机组合，这些计算机被称为新闻服务器。不同的用户通过一些软件可连接到新闻服务器上。它是一个完全交互式的超级电子论坛，类似于一个公告板，由成千上万个致力于不同主题的新闻组组成。所有的人都可以发表自己的观点、阅读别人的意见、补充修改别人的观点，甚至组织一次讨论、主持一个论坛，实现观点、信息的交流，且这种交流不限于几个人之间，可能同时有成千上万的人在讨论一个大家所关心的问题。

由于新闻组使用方便，内容广泛，并且可以精确地对使用者进行分类（按兴趣爱好及类别），且信息量大，其中包含的各种不同类别的主题已经涵盖了人类社会所能涉及的所有内容，如科学技术、人文社会、地理历史、休闲娱乐等，使得利用新闻组收集信息越来越得到重视。需要注意的是，在利用新闻组收集资料时要遵守新闻组中的网络礼仪，必须尽可能地了解它的使用规则，避免一切可能引起别人反感的行为。

6）利用 E-mail 收集资料。E-mail 是互联网上应用最广的服务，用户可以用非常低廉的价格，以非常快速的方式，与世界上任何一个角落的网络用户联络，这些电子邮件可以是文字、图像、声音等各种方式。

目前许多 ICP 和传统媒体，都利用 E-mail 发布信息，一些传统的媒体公司和企业，为保持与用户的沟通，也定期给公司用户发送 E-mail，发布公司的最新动态和有关产品服务信息，让公众了解自己，同时他们也借助于 E-mail 收集信息。收集信息可以有两种形式，一种是收集公众给企业发送的 E-mail；另一种形式是到有关网站进行注册，订阅大量免费或收费新闻、专题邮件，以后等着接收 E-mail 就可以了。正是由于电子邮件使用简易、投递迅速、收费低廉、易于保存、全球畅通，使得借助电子邮件收集信息也被广泛地应用。

3. 网络市场调研的内容

1）市场需求研究。

研究和分析市场需求情况，主要目的在于掌握市场需求量、市场规模、市场占有率，以及如何运用有效的经营策略和手段。其具体内容包括以下几个方面。

（1）现有市场对某种产品的需求量和销售量。

（2）市场潜在需求量有多大，也就是某种产品在市场上可能达到的最大需求量有多少。

（3）不同的市场对某种产品的需求情况，以及各个市场的饱和点及潜在的能力。

（4）本企业的产品在整个市场的占有率，以及不同市场的占有率，哪些市场对企业最有利。

（5）分析研究市场的进入策略和时间策略，从中选择和掌握最有利的市场机会。

（6）分析研究国内外市场的变化动态及未来的发展趋势，便于企业制订长期规划等。

2）用户及消费者购买行为的研究。

用户及消费者购买行为研究的方向和内容主要包括以下几个方面。

（1）用户的家庭、地区、经济等基本情况，以及他们的变动情况和发展趋势。

（2）社会的政治、经济、文化教育等发展情况，对用户的需要将会产生什么影响和变化。

（3）不同地区和不同民族的用户，他们的生活习惯和生活方式有何不同，有哪些不同需要。

（4）了解消费者的购买动机，包括理智动机、感情动机和偏爱动机。特别是研究理智动机对产品设计、广告宣传及市场销售活动的影响及产生这些动机的原因。

（5）研究用户对特定的商标或特定的商店产生偏爱的原因。

（6）具体分析谁是购买商品的决定者、使用者和具体执行者，以及他们之间的相互关系。

（7）了解消费者喜欢在何时、何地购买，他们购买的习惯和方式，以及他们的反应和要求。

（8）了解用户对某种产品的使用次数，每次购买的单位数量及对该产品的态度。

（9）调查某新产品进入市场，哪些用户最先购买，其原因和反应情况。

（10）对潜在用户的调查和发现等。

3）营销因素研究。

（1）产品的研究。研究企业现有产品处在产品生命周期的哪个阶段，应采取的产品策略；研究产品的设计和包装，产品应采用的原料和制造技巧，以及产品的保养和售后服务等。

（2）价格的研究。价格对产品的销售量和企业营利的多少都有着重要的影响。价格研究的内容包括有哪些因素会影响产品价格；企业产品的价格策略是否合理；产品的价格是否为广大消费者所接受，价格弹性系数如何等。

（3）分销渠道的研究。其内容包括企业现有的销售力量是否适应需要，如何进一步培训和增强销售力量，现有的销售渠道是否合理，如何正确地选择和扩大销售渠道，减少中间环节，以利于扩大销售，提高经济效益等。

（4）广告策略的研究。其内容包括如何运用广告宣传作为推销商品的重要手段，以及正确地选择各种广告媒介；如何制订广告预算，怎样才能以较少的广告费用取得较好的广告效果；了解广告的接收率及广告推销效果以评估广告效果；确定今后的广告策略等。

（5）促销策略的研究。其内容包括如何正确地运用促销手段以达到刺激消费、创造需求、吸引用户的目的；对企业促销的目标市场进行选择研究；企业促销策略是否合理、效果如何，是否被广大用户接受等。

4）宏观环境研究。

宏观环境包括人口、经济、自然地理、科学技术、政治法律和社会文化等因素。一切营销组织都处于这些宏观环境之中，不可避免要受其影响、制约。

（1）政治法律环境是指在一定时期内，政府的经济方针、政策，有关税收、财政、外贸等方面的政策会对市场营销产生的影响，以及政府的有关法令和规章制度对企业发展的影响等。

（2）经济环境是指国民生产、国民收入、社会购买力及其投向的变化，在它的影响下，市场供应和需求总量及结构的变化趋势；在一定时期内个人收入水平、平均工资水平和物价水平的变化；消费水平和消费结构对市场产生的影响等。

（3）社会文化环境是指一定时期、一定范围内人口的数量及其文化、教育、职业、性别、年龄等结构的变化对各类消费者需求的影响；各地的风俗习惯、民族特点对消费需求产生的影响等。

（4）科学技术环境是指在一段时期内本行业的科技发展新动态；新工艺、新技术的研发状况及对本企业产生的影响等。

（5）自然地理环境是指产品（或劳务）供应区的地理位置、交通运输状况、气候条件和气象变化规律等。

5）竞争对手研究。

商品经济社会是一个竞争激烈的社会，企业要在竞争中取胜，必须知己知彼，每个企业都应充分地掌握并分析同行业竞争者的各种情况，认真地分析自己产品的优点和缺点，做到知己知彼，学会扬长避短、发挥优势的竞争诀窍。

其主要内容有：

（1）市场上的主要竞争对手及其市场占有率情况。

（2）竞争对手在经营、产品技术等方面的特点。

（3）竞争对手的产品、新产品水平及其发展情况。

（4）竞争者的分销渠道、产品价格策略、广告策略、销售推广策略等情况。

（5）竞争者的服务水平等。

4. 网络市场调研计划书结构

网络市场调研计划书主要包括如下内容。

（1）封面。封面主要包括调研项目名称、委托单位、承办单位、项目负责人、日期等。

（2）计划书摘要。计划书摘要也就是计划书的主要内容简介，300字左右。

（3）计划书主体内容。

①网络市场调研项目概述。主要说明网络市场调研项目的背景、目的、要求提交的成果、委托人、项目负责人、项目主要人员组成、质量要求等方面内容。

②网络市场调研项目计划。分项列出调研对象、调研方案设计中的各项内容，如数据来源、收集方法、抽样方法、项目进度计划、人员费用计划等。计划要明确，尽量满足可完成、可跟踪、可测量、可控制等要求。

③附件。将有关报表、参考资料、合同等与项目相关性高的资料作为附件，附在计划书的后面。

（四）注意事项

（1）从市场调研的程序上来说，网络市场调研与传统市场调研没有本质的区别。一个完整的市场调研过程都是从明确调研问题及目标开始，接着进行调研计划设计、收集市场信息资料、整理分析资料，最后是撰写市场调研报告。由于网络市场调研所采用的信息收集方式与传统市场调研有所不同，因而对市场调研设计中的部分内容，如在线问卷的设计、发放和回收等也提出了不同的要求。

（2）开展网络市场调研，一定要事先明确问题所在及调研目标，这是制订网络市场调研计划的依据。

（3）制订网络市场调研计划指标时一定要注意尽可能量化指标，便于在项目实施中衡量、追踪其完成情况，尽量避免用"较好""努力"等定性的词语作为项目目标。

（4）在制订项目进度、费用计划时要留有余量，但余量也不能太多，否则会造成资源浪费或者在实际工作中出现延误。项目经理一般应掌握5%～10%的弹性资源。

二、网络市场调研问卷设计

（一）学习目标

通过学习，了解网络市场调研问卷的结构，掌握调研问卷的设计方法，能根据调研主题设计完整有效的网络市场调研问卷，并能通过网络市场调研问卷站点发布。

（二）工作程序及内容

下面以"调查派"网站设计制作本单元中所附实例"搜索引擎使用调研问卷"，说明网络市场调研问卷的设计过程。

1. 根据调研目标设计问题

步骤一 根据调研目标，先列出需要调研的问题。此次搜索引擎调研的问题有以下几项。

（1）您通常在哪儿上网？

（2）您的上网接入方式是什么？

（3）您上网的主要目的是什么？

（4）您上网经常使用的网络功能有哪些？

（5）您在互联网上获取信息最常用的方法是什么？

（6）您认为使用搜索引擎对自己如下几方面的帮助程度有哪些？

（7）您对搜索引擎在如下几个方面的满意程度及总体满意度如何？

（8）您对使用搜索引擎最反感的方面有哪些？

（9）您在互联网上使用搜索引擎查询信息时遇到的最大问题是什么？

（10）您使用搜索引擎经常搜索哪些信息？

步骤二 确定问题类型。当设计好问题后，需要根据问题本身的属性确定哪些是多项选择题，哪些是单项选择题，哪些需要进一步扩展细化问题。如以上问题中的（1）（3）（4）（8）（9）（10）为多项选择题，（2）（5）为单项选择题，（6）（7）为分类单项选择题。

2. 创建调研问卷

步骤一 在浏览器中输入 http://www.diaochapai.com，进入免费的在线调查表设计和发布系统网站"调查派"（如图4-3所示）。

图4-3 网络调查表设计和发布界面

步骤二 点击【创建空白调查表】（如图 4-4 所示）。

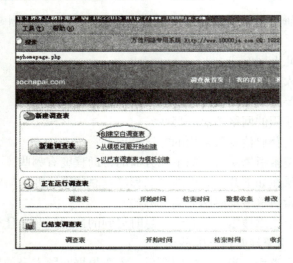

图 4-4　创建空白调查表

3. 编辑调研问卷的标题和简要说明

步骤一 在中间编辑菜单处键入调研问卷名（如图 4-5 所示）。

步骤二 在左侧编辑菜单处键入对问卷调研目的的简要说明（如图 4-5 所示），完成效果（如图 4-6 所示）。

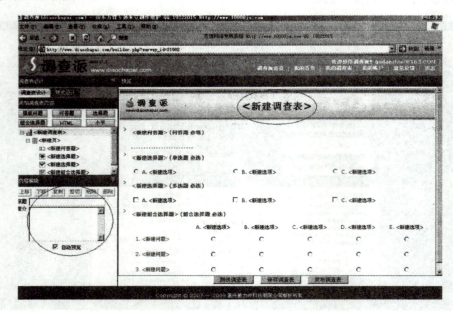

图 4-5　编辑调研问卷标题及说明

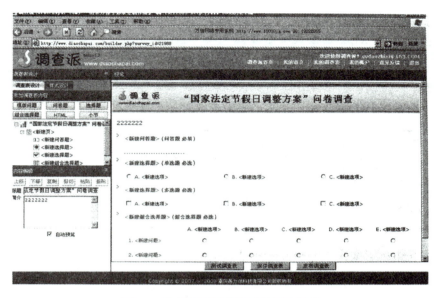

图 4-6 编辑标题及说明后的调研问卷

4. 编辑问卷题目

步骤一 新建问卷题目。在左侧编辑菜单处根据不同的需要单击【新建问答题】或【新建选择题】，然后在左下侧的空格内键入内容（如图 4-7 所示）。

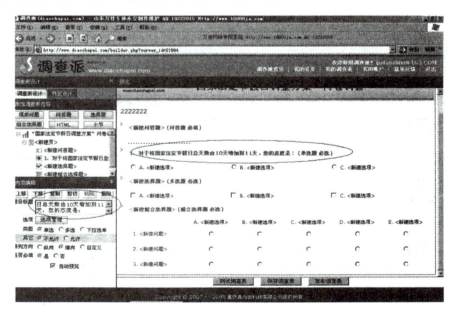

图 4-7 编辑问卷题目

步骤二 选项管理。单击【选项管理】，对问题的选项进行编辑，如图 4-8 所示，在空格内键入选项内容（如图 4-9 所示）。还可根据选项个数需要单击【新建选项】，建立新选项（如图 4-10 所示）。

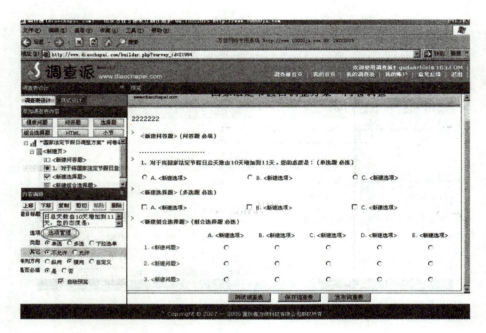

图 4-8　编辑问题选项

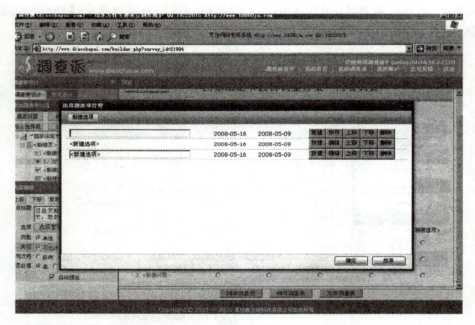

图 4-9　编辑选项内容

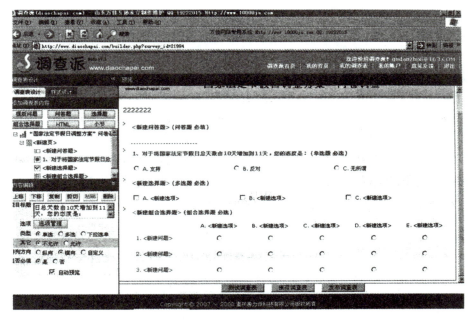

图 4-10　建立新选项

步骤三　详细编辑各类问题。可以选择问题类型（单选、多选、下拉菜单），是否允许有其他答案、排列方向、是否为必填项等。添加更多问题可根据需要选择问题类型进行添加。

5. 测试发布问卷

问卷问题设计完成后，可点击【测试调查表】进行测试（如图 4-11 所示）。

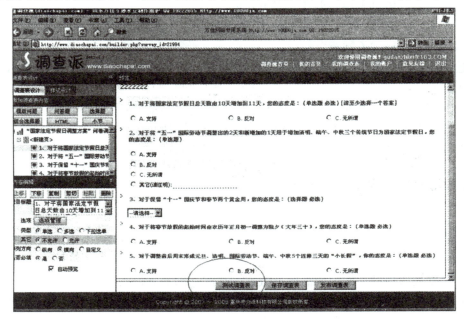

图 4-11　测试调查表

（三）相关知识

1. 网络市场调研问卷的构成

一份完整的网络市场调研问卷通常由以下几个部分构成。

1）前言

前言旨在说明调查的宗旨，在问卷的开头应附加一段说明，介绍调查研究的目的和性质，保证保护受调查对象的隐私，保证不公开调查对象的姓名和身份，不将所得资料用于研究以外的目的，请求对方配合，反映真实的思想和情况，以期获得准确的数据。如果是有奖调查，应将奖项设置情况在此说明，以激励受调查者的参与积极性。

2）说明范例部分

说明答卷要求以及举例说明如何作答。

3）问卷主体

问卷主体一般包括：调研的问题项目和关于被调查人特征的项目（如被调查者年龄、性别、职业等），用于掌握调查对象的背景，以便在数据分析时作为参照依据。调研的问题项目，一般有开放式和封闭式两种。

（1）开放式问题就是调查者不提供任何可供选择的答案，由被调查者自由答题，这类问题能自然充分地反映调查对象的观点、态度，因而所获得的材料比较丰富、生动，但统计和处理所获得的信息的难度较大。题目形式可为填空式和问答式。

（2）封闭式问题的后面同时提供调查者设计的几种不同的答案，让被调查者根据自己的实际情况在答案中选择。它是一种快速有效的调查问卷，便于统计分析，但提供选择答案本身限制了问题回答的范围和方式，这类问卷所获得的信息的价值很大限度上取决于问卷内容的科学性、全面性的程度。

封闭式问题具体可采用的形式为以下几种。

①是否式：把问题的可能性答案列出两种相矛盾的情况，请被调查者从中选择"是"或"否"，"同意"或"不同意"。

②选择式：每个问题后列出多个答案，请被调查者从答案中选择自己认为最合适的一个或几个答案。

③排列式：按照重要性或时间性等标准，对备选答案排出等级或顺序。

在网络问卷调查中，是否式、选择式最为常用，排列式较少，因为这种形式在网页设计和后台程序的设计中较难实现。一般情况下，可将其转化为选择式量表表达。

4）结束语

结束语主要是表达感谢之意。

2. 网络调研问卷设计步骤

在进行问卷设计时，首先要明确各层次的具体设计要求，以便确定问卷的结构和设计重点。

（1）根据调研目的，确定所需信息数据，在此基础上进行问题的设计与选择。

（2）确定提问顺序。一般来说，简单的、容易回答的客观题放在前面，逐步转向难度较大的。问题的排列要有关联、合乎逻辑。

（3）问卷测试与修改。在问卷正式发布以前，初选一些调研对象进行测试，根据发现的问题进行修改、补充、完善。

3. 问卷设计的原则

要设计理想的调研问卷，总的原则是立足于调查目的，使问卷易于回答。问卷的根本作用，在于帮助调查者收集有研究价值的资料。因此，设计必须围绕这一目标进行。

1）合理性

合理性指的是问卷必须与调研主题密切相关。违背了这一点，再漂亮或精美的问卷都是无益的。而所谓问卷体现调研主题，其实质是在问卷设计之初即要找出与调查主题相关的要素。

2）一般性

一般性即调研问题和答案的可能选项必须易懂，且符合常理，这是问卷设计的一个基本要求。避免在问卷中出现常识性的错误。这类常识性错误不仅不利于调查结果的整理分析，而且会使调查委托方轻视调查者的水平。

3）逻辑性

问卷的设计要有整体感，这种整体感即问题与问题之间要具有逻辑性，使问卷成为一个相对完善的小系统。

4）明确性

所谓明确性，指的是问题设置的规范性，保证问题清楚、准确，所有被调查者都容易理解。如命题是否准确，提问是否清晰明确、便于回答，被调查者是否能够对问题作出明确的回答，等等。

5）非诱导性

非诱导性指的是问题要设置在中性位置、不参与提示或主观臆断，完全将被调查者的独立性与客观性摆在问卷操作的限制条件的位置上。

6）便于整理、分析

成功的问卷设计除了考虑到紧密结合调查主题与方便信息收集外，还要考虑到调查结果是否容易得出和调查结果的说服力。这就需要考虑到问卷在调查后的整理与分析工作。

4. 网络市场调研的样本类型

网络市场调研的样本类型包括如下三类。

1）随机样本

随机样本是指按照随机原则组织抽样，任意从互联网网址中抽取样本。

2）过滤性样本

过滤性样本是指通过对期望样本特征的配额，来限制一些自我挑选的不具代表性的样本。通常是以分支或提问形式安排问卷，以确定被调查者是否适宜回答全部问题。有些网络市场调研能够根据过滤性问题立即进行市场分类，确定被调查者所属类型，然后根据被调查者的不同类型提供适当的问卷。另外一种方式是，一些调查者创建了样本收藏室，将填写过分类问卷的被调查者进行分类重置。最初问卷的信息是用来将被调查者进行归类分析，被调查者按照专门的要求进行分类，而只有那些符合统计要求的被调查者，才能填写适合该类特殊群体的问卷。

3）选择样本

选择样本用于互联网中需要对样本进行更多限制的目标群体。被调查者均通过电话、邮寄、E-mail 或个人方式进行补充完善，当认定符合标准后，才会向他们发送 E－mail 问卷或直接到与问卷连接的站点。在站点中，通常使用密码账号来确认已经被认定的样本，因为样本组是已知的，因此可以对问卷的完成情况进行监视，或督促未完成问卷者以提高回答率。另外，选择样本对于已建立抽样数据库的情形最为适用。例如，以客户数据库作为抽样框选择参与客户满意度调查的样本。

（四）注意事项

设计问卷各类题型及提问方式是一门学问，不能随意设计，否则会影响调查的效果。因此，在设计调研问卷时应避免以下几个问题。

（1）避免肯定性语句。在设计问卷时，不能事先肯定被调查者有某种商品，例如：您用的自剃须胡刀架是什么品牌？您家里的电脑是兼容机还是品牌机？您爱喝什么品牌的汽水？正确的设计方法，应该在肯定性问题之前增加"过渡行"问题，例如：您是否已买了自动剃须刀架？您的家庭是否已购买了电脑？您爱喝汽水吗？

（2）避免使用引导性语句。所谓引导性语句是所提问题中使用的词不是"中性"的，而是向被调查者提示答案的方向，或暗示出调查者自己的观点。一种形式是暗示被调查者本应参与某种行为。如今年看电影《××》的人比看其他电影的人多很多，您看过这部电影吗？为了不显示出"不同"，没有看过此电影的被调查者也有可能选择"看过"。正确的提问方式应该是您看过《××》这部电影吗？又如，当听到"这种酱油很润口吧?"的提问时，回答者往往会带着润口的先入感而去尝尝，并回答说"是"。在此场合，不如问"这种酱油是润口还是辛辣?"为好。另一种引导性问题的形式是使备选答案不均衡。如"近期我国每年在援助第三世界国家花费××万美元，您认为这项投入应该：①增加②保持不变③稍减一点④减少 25％⑤减少 50％以上。"这道题因为备选答案中有三项涉及"减少"，只有一项"增加"，会暗示引导被调查者选择"减少"相关选项。

（3）避免使用被调查者可能不明白的缩写、俗语或生僻的用语，以及容易引起人们误解或有歧义的语言。比如：你对 PPO 的意见是什么？很可能不是每个人都知道 PPO 代表优先提供者组织。

（4）避免模糊性问题。模糊的提问得到模糊的答案。例如："2013 年您的家庭收入是多少?"被调查者面对这个问题可能会有疑问：税前收入还是税后收入？又如：被调查者当看到"最近你从这家电器商店购买了什么家电产品?"的提问时，首先感到不明确的是"最近"是指什么时间段。所以，提问时应明确时间段，如"三个月之内"等。

（5）确保问题易于回答。要求过高的问题也会导致被调查者拒答或猜想。例如："请您以购买新车时考虑因素的重要性将以下 20 项排序。"这对于被调查者是一个工作量相当大的任务，因此可以让他们只挑出最重要的 5 项即可。

（6）问题应是能在记忆范围内回答的。当看到"你一年前购买的蛋黄酱（用蛋黄、橄榄油和柠檬汁等制成）是哪一家生产商的产品?"的提问时，恐怕大多数人都不会记得。所以，必须尽量避免一般被认为超出被调查者记忆范围的提问。

（7）避免一个题目包含两个及两个以上问题。如，"您家里有台式电脑和笔记本电脑吗?"此问题包含两个问题,使得只拥有台式电脑或只拥有笔记本电脑的被调查者不知如何回答。又如,"你认为这个网站是否易于浏览且有吸引力?"这样的问题将使被调查者在不完全肯定时无法选择。

(8)以过滤性的提问方法来展开问题。不要一开始就把问题做得很细,而是层层细分、展开,进行提问。比如,在有两个以上答案时,提问者总是向选择第一个答案的人一步步追问,层层细分。过滤性提问可以限定向有兴趣的人提问,同时也可以排除对此不关心的人,并可以分析各项提问之间的相关联系。

(9)问卷初步设计完成后,一定要进行真实用户测试。因为无论怎样周密的初期设计,都可能存在错误,而这种错误依靠自我纠正是很难发现的。试测提供了一种真实用户反馈,有助于设计者发现问卷中存在的问题并有足够的时间在正式测试前纠正。测试的对象与真实用户同质,才有可能提供与实际测试相似度较高的情境,具备一定的仿真性。网络市场调研涉及后台程序的运行,程序运行情况如何,必须进行测试才能确认。

三、问卷调查及结果统计分析

(一)学习目标

通过学习,掌握常用数据统计分析方法,能对回收有效问卷的数据资料进行统计分析。

(二)工作程序及内容

下面以"问卷星"网站(http://www.sojump.com)为例,学习如何发送问卷以及如何对问卷进行结果统计等。

步骤一 发送问卷。可以通过以下方式将问卷发送给目标人群填写。

(1)将问卷链接通过 QQ、E-mail 等方式直接发送给填写者,或者发布到公司的网站或内部 OA 中。

(2)导入填写者邮件地址,系统自动发送邀请邮件,可跟踪到收件人填写状态并进行催答,一般用于内部员工满意度调查或测评。

(3)将问卷嵌入到公司网站、博客、论坛等。

(4)通过问卷星样本服务从样本库中邀请符合要求的目标人群填写问卷(这种方法需要付费)。

步骤二 对答卷进行统计分析。通过问卷星的统计分析功能可以对问卷结果进行分类统计、交叉分析、自定义查询,还可以根据填写问卷所用时间、来源地区和来源渠道等筛选出符合条件的答卷集合,并且能以数据表格、饼状图、柱状图、条形图、折线图等形式来呈现,所有图表能够以 Word 或 PDF 文档格式下载到本地(如图 4-12 所示)。

步骤三 查看和下载答卷。通过问卷星的浏览答卷功能可以查看每一份答卷的详细内容以及答卷来源 IP 及地理位置、来源渠道、填写所用时间等附加信息,并可以排除掉不符合要求的无效答卷。

通过问卷星的下载答卷功能可以将原始答卷数据以 Excel 或 CSV 文档格式下载到本地,并可以导入到 SPSS 中进一步分析。专业版和企业版用户还可以下载为 SAV 文档格式，直接用 SPSS 软件打开分析。

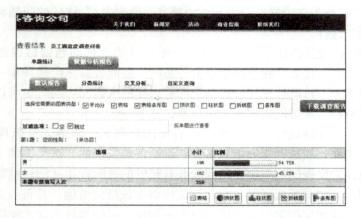

图 4-12　员工满意度调查问卷数据分析报告

图 4-13 为用问卷星下载的原始答卷（按选项文本下载），图 4-14 为下载到 Excel 的答卷。

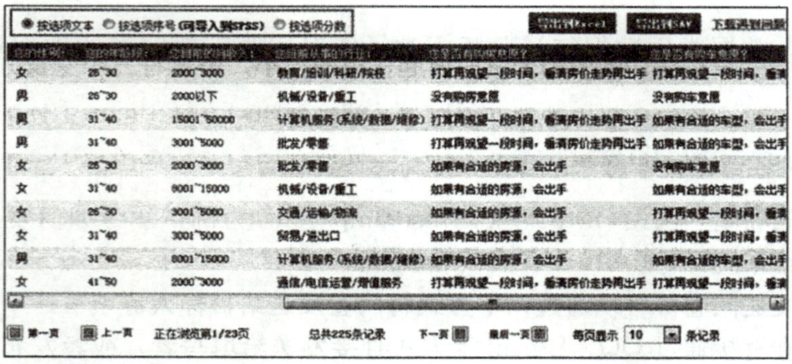

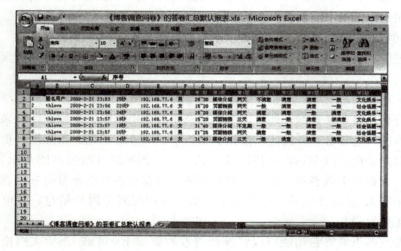

图 4-13　用问卷星下载的原始答卷（按选项文本下载）

图 4-14　用问卷星下载到 Excel 的答卷

（三）相关知识

1. 常用的统计分析方法

1）回归分析

回归线是一条最能代表散点图上分布趋势的直线。常用的拟合这条回归线的原则，是使各点与该线纵向距离的平方和为最小，确定这条线的方程称为回归方程。

一元线性回归是指只有一个自变量的线性回归。常用最小二乘方法或求截距的方法计算回归系数。

二元线性回归方程是指一个因变量对两个自变量的线性回归方程。为了比较两个自变量在估计预测因变量时所起作用的大小，需要将三个变量分别转换成标准分数，然后比较由标准分数所建立的标准回归方程中的两个标准回归系数，以此判断两个自变量作用的大小。二元线性回归方程也用最小二乘法来确定回归系数。

多元线性回归方程中的自变量多于两个。其目的是从组成回归方程的所有自变量中选择最优的自变量，或对所有可能的回归方程逐一检验、逐步回归，选择一个最显著的方程。

2）判别分析

判别分析是判别样本所属类型的一种多元统计方法，在生产、科研与日常生活中经常用到。例如，在天气预报中根据气温、气压、温度等气象因子来预报第二天的天气是晴天、阴天还是下雨。医生可以根据体温、血压以及各项检验指标来判断病人生病的程度。经济研究者则根据经济、政治、科技、军事、人口、资源等多种指标来判断国家的竞争力。在市场调查研究中，市场调研人员可以根据调查数据，判断产品是畅销、一般还是滞销。

判别分析就是在已知研究对象分为若干类型（组别）并已经取得各种类型的一批已知样品的观测数据基础上，根据某些准则，建立起尽可能把属于不同类型的数据区分开来的判别函数，然后用它们来判别未知类型的样品应该属于哪一类。根据判别的组数，判别分析可以分为两组判别分析和多组判别分析；根据判别函数的形式，判别分析可以分为线性判别和非线性判别；根据判别时处理变量的方法不同，判别分析可以分为逐步判别、序贯判别等；根据判别标准的不同，判别分析有距离判别、Fisher 判别、Bayes 判别等。

3）聚类分析

聚类分析又称群分析和类分析，它是依据某种准则对个体（样品或变量）进行分类的一种多元统计分析方法。通俗地讲，聚类分析就是多元统计分析中研究所谓"物以类聚"现象的一种方法，其职能是对一批样本或指标，按照它们在性质上的亲疏程度进行分类。比如，在一项全国范围的市场调研中，需要对我国 32 个省、市、自治区的经济发展状况进行分析。一般不是逐个省、市、自治区去分析，较好的做法是选取能反映经济发展状况的有代表性的指标，如国内生产总值、工农业总产值、第三产业比重、固定资产投资额、人均国民收入、城市和农村人均月收入及通货膨胀率等指标，根据这些指标对 32 个省、市、自治区进行分类。然后依据分类结果，对经济发展情况进行综合评价，这就易于得出科学的结论。

常用的聚类分析方法有样品聚类法、系统聚类法、模糊聚类法等。

4）相关分析

两个变量之间不精确、不稳定的变化关系称为相关关系。

用来描述两个变量相互之间变化方向及密切程度的数字特征量称为相关系数。一般用 r 表示。相关系数的值，仅仅是一个比值。它不是由相同单位度量而来（即不等距），也不是百分比。因此，不能直接做加、减、乘、除计算。

相关系数只能描述两个变量之间的变化方向及密切程度，并不能揭示二者之间的内在本质联系。

当两个变量都是正态连续变量，而且两者之间呈线性关系，表示这两个变量之间的相关称为积差相关。等级相关是指以等级次序排列或以等级次序表示的变量之间的相关。质与量的相关是指一个变量为质，另一个变量为量，这两个变量之间的相关。

5）时间序列

所谓时间序列，是随机过程的等时间隔的离散数值记录。通常在工商企业和政府机构的数据库中，有大量的数值记录是时间序列。它们各自反映了客观现实世界某一特定对象的运动状态和发展过程。根据以横坐标为时间，以纵坐标为序列的状态数值，绘出时间序列的图形，可直观地看到某一过程的历史演变情况。

时间序列分析是根据系统观测得到的时间序列数据，通过曲线拟合和参数估计来建立数学模型的理论和方法。它一般采用曲线拟合和参数估计方法（如非线性最小二乘法）进行。时间序列分析常用在国民经济宏观控制、区域综合发展规划、企业经营管理、市场潜力预测、气象预报、水文预报、地震前兆预报、农作物病虫灾害预报、环境污染控制、生态平衡、天文学和海洋学等方面。

时间序列建模基本步骤包括以下几个方面。

（1）用观测、调查、统计、抽样等方法取得被观测系统时间序列动态数据。

（2）根据动态数据作相关图进行相关分析，求自相关函数。相关图能显示出变化的趋势和周期，并能发现跳点和拐点。跳点是指与其他数据不一致的观测值。如果跳点是正确的观测值，在建模时应考虑进去；如果是反常现象，则应把跳点调整到期望值。拐点则是指时间序列从上升趋势突然变为下降趋势的点。如果存在拐点，则在建模时必须用不同的模型去分段拟合该时间序列，例如采用门限回归模型。

（3）辨识合适的随机模型，进行曲线拟合，即用通用随机模型去拟合时间序列的观测数据。对于短的或简单的时间序列，可用趋势模型和季节模型加上误差来进行拟合。对于平稳时间序列，可用通用自回归滑动平均模型及其特殊情况的自回归模型、滑动平均模型或组合自回归滑动平均模型等来进行拟合。当观测值多于 50 个时一般都采用自回归滑动平均模型。对于非平稳时间序列则要先将观测到的时间序列进行差分运算，化为平稳时间序列，再用适当模型去拟合这个差分序列。

时间序列分析主要用于以下几个方面。

①系统描述。根据对系统进行观测得到的时间序列数据，用曲线拟合方法对系统进行客观的描述。

②系统分析。当观测值取自两个以上变量时，可用一个时间序列中的变化去说明另一个时间序列中的变化，从而深入了解给定时间序列产生的机理。

③预测未来。一般用自回归滑动平均模型拟合时间序列，预测该时间序列未来值。

④决策和控制。根据时间序列模型可调整输入变量，使系统发展过程保持在目标值上，即预测到过程要偏离目标时便可进行必要的控制。

2. 几种主要的图表

1）饼形图

饼形图是以圆的整体面积代表被研究现象的总体，按各构成部分占总体比重的大小，把圆面积分割成若干扇形来表示部分与总体的比例关系（如图 4-15、图 4-16 所示）。

图 4-15　某市 2001—2012 年网民性别分布

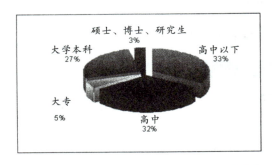

图 4-16　某市 2001—2012 年网民文化程度分布

2）曲线图

曲线图是利用线段的升降来说明现象的变动情况，主要用于表示现象在时间上的变化趋势、现象的分配情况和两个现象之间的依存关系。曲线图可分为简单曲线图和复合曲线图两种。简单曲线图用于描述一段时间内单个变量的历史状况及发展趋势，复合曲线图描述两个或两个以上变量一段时间内单个变量的历史状况及发展趋势（如图 4-17 所示）。

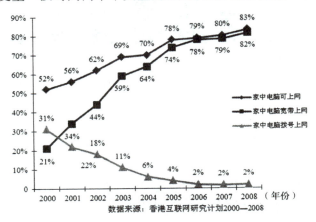

图 4-17　香港居民 2000—2008 年家庭上网情况

3）柱形图

柱形图也叫直方图，是利用柱形的长短来表现数据的大小与变动。柱形图可以清楚地表现各种不同数值资料相互对比的结果。柱形图可分为简单柱形图（如图 4-18 所示）、复合柱形图（如图 4-19 所示）。简单柱形图适用于说明一段时间内一个变量，复合柱形图适用于说明两个或两个以上变量及其对比关系。

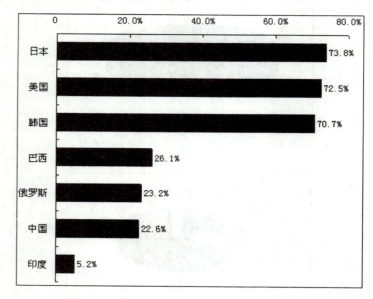

图 4-18　部分国家互联网普及率

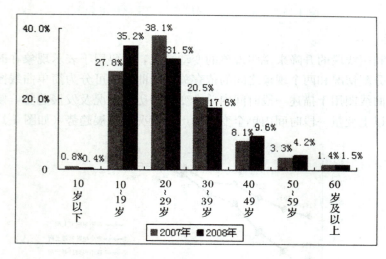

图 4-19　我国连续两年网民年龄结构对比

4）其他图形

此外，还有一些其他常用的图形，如散点图、面积图、高低图、控制图、雷达图、箱图等，在办公软件的帮助说明中都能查到，这里不再详细介绍。

（四）注意事项

（1）在使用问卷星时，可以设置答题时间控制、添加无效答卷筛选规则（如填写问卷最少时间规则、地区限制规则、职业类别限制规则、年龄限制规则），设置配额、甄别页等，以保证回收的答卷质量。如果问卷填写者在提交答卷后看到提示答卷无效，那是由于问卷发布者对回收的答卷有特定的目标人群要求，所以会对问卷设置配额规则、有效性规则等。

（2）估计分析只适合于超过 30 的大样本数据调查，严格来说，最好是超过 50 的样本。

四、网络市场调研报告撰写

（一）学习目标

通过学习，了解网络市场调研报告的结构，掌握网络市场调研报告的撰写方法。

（二）工作程序及内容

网络市场调研报告的撰写，首先是以市场调研的主题及其分解的题目为中心，进行草拟；然后扩展成以一个个分项题目为主体的分列报告，再对这些分列报告进行组合、扩充，加上必要的内容后成为市场调研报告的主体；最后根据主体内容的需要，编写附录并写出市场调研的摘要及目录。下面以"2012－2013 年中国电子银行用户调研报告"的撰写为例进行阐述。

1. 准备工作

步骤一　整理与本次调研有关的资料。包括过去已有的调研资料、相关部门的调查结果、统计部门的有关资料（包括统计年鉴）、本次调研的辅助性材料和背景材料等。

步骤二　整理统计分析数据。要认真研究数据的统计分析结果，可以先将全部结果整理成各种便于阅读比较的表格和图形。在整理这些数据的过程中，对调研报告中应重点论述的问题自然就会逐步形成思路。

步骤三　对理论假设作出接受或拒绝的结论。对难以解释的数据，要结合其他方面的知识进行研究，必要时可针对有关问题找专家咨询或进一步召开小范围的调查座谈会。

步骤四　确定报告类型及阅读对象。调研报告有多种类型，如综合报告、专题报告、研究性报告、说明性报告等。阅读的对象可能是企业、公司领导、专家学者，也可能是一般用户。也就是说，要根据具体的目的和要求来决定报告的风格、内容和长短。

经过上述步骤，针对本次电子银行用户调研，整理出相关资料与统计分析数据，并确定该调研报告为专题报告，阅读对象主要为企业、公司领导、专家学者。

2. 报告构思

通过收集到的资料，获得的实际数据资料及各方面的背景材料，初步认识客观事物，然后深入研究客观事物的性质、作用、表层原因和本质原因，得出所要分析的市场问题的一般规律性。

步骤一　在认识客观事物的基础上，确立主题思想。主题的提炼要努力做到准确、集中、深刻、新颖。准确，是指主题能根据调查的目的，如实反映客观事物的本质及其规律性；集中，是指主题突出中心；深刻，是指主题能深入揭示事物的本质；新颖，是指主题有新意。

步骤二　确立基本观点，列出主要论点、论据。确定主题后，对收集到的大量资料，经过分析研究，逐渐消化、吸收，形成概念，再通过判断、推理，把感性认识提高到理性认识，然后列出论点、论据，得出结论。

步骤三　安排报告的层次结构。在完成上述几步后，构思基本上就有了框架。在此基础上，考虑报告正文的大致结构与内容，安排报告的层次段落。报告一般分为三个层次，即基本情况介绍、综合分析、结论与建议。

经过上述步骤，可以确定本次电子银行用户调研报告包括五部分：中国电子银行用户基本属性、用户使用行为特征、安全性、用户使用偏好、用户满意度。

3. 报告撰写

步骤一　选取数据资料。市场调研报告的撰写必须根据调查所得的数据资料进行分析，即介绍情况要有数据作依据，反映问题要用数据作定量分析，提建议、措施同样要用数据来论证其可行性与效益。恰当选材可以使分析报告主题突出、观点明确、论据有力。因此，有无丰富的、准确的数据资料作基础是撰写调查报告成败的关键。在构思确立主题、论点、论据后，就要围绕主题，研究和选取数据资料。

在进行网络市场调研、收集资料的过程中，调查者思想上还没有形成任何固定的观点，因此，收集到的大量调查数据资料不可能都是切中主题、能准确反映事物本质特征的典型材料，必须对所收集的数据资料进行去粗取精、去伪存真、由此及彼、由表及里的分析研究、加工判断，才能挑选出符合选题需要，最能够反映事物本质特征的准确资料。在撰写时，要努力做到用资料说明观点，用观点论证主题，详略得当，主次分明，使观点与数据资料协调统一，以便更好地突出主题。

步骤二　撰写初稿。根据撰写提纲的要求，由单独一人或数人分工负责撰写，各部分的写作格式、文字数量、图表和数据要协调，统一控制。初稿完成后，就要对其进行修改，先看各部分内容和主题的连贯性，有无修改和增减，顺序安排是否得当，然后整理成完整的全文，提交审阅。

步骤三　定稿。写出初稿，征得各方意见并进行修改后，就可以定稿。在定稿阶段，一定要坚持对事客观，服从真理，使最终报告较完善、较准确地反映市场活动的客观规律。

步骤四　提出结论。结论是调研报告的最终结果。提出的结论应当是客观事物的真实反映，不能有任何迎合领导期望的倾向。要通过数据分析找出商业活动中具有规律性的东西，揭示事物发展的趋势和本质，提炼出对于商业活动具有指导意义的结论。有时，使用的分析工具不同，可能得出不同的结论，这时就需要综合各方面的情况，比较不同的分析结果，通过去粗取精、去伪存真的过程，得出最终的结论。

依据统计学理论和国际惯例，本次电子银行用户调研主要采用了计算机网上联机调查方法进行，于 2012 年 12 月 28 日至 2013 年 1 月 22 日期间进行在线调研。本次调研回收调查问卷 5.6 万份，经处理排除无效问卷，并根据网民的性别和年龄进行配比加权，最终分析样本数为 4.2 万份。本报告所涉及的电子银行共回收有效问卷 8 991 份。在对有效问卷进行分析后，按照提纲要求，撰写出了报告初稿，征得各方意见并进行修改后，最终完成了"2012—2013 中国电子银行用户调研报告"。

（三）相关知识

1. 网络市场调研报告的结构

网络市场调研报告的结构一般包括以下部分。

（1）题目封面。

（2）内容摘要。

（3）调研报告正文。

①绪言：调研报告的目的。

②背景分析：利用二手资料分析调研对象的基本行业、市场状况。

③实际调研分析。

a. 调研采用的详细细节。

b. 调研结果（正文、表格、图表）。

c. 调研结果小结。

④主要的结论：一系列简短的陈述。

⑤总的结论和建议。

（4）参考资料。

（5）附录。

2. 撰写网络市场调研报告的基本规范

撰写网络市场调研报告是营销调研的最后一步，是根据调研资料，分析、陈述和撰写对调研中发现问题的研究，并提出结论性意见。一般要遵守的基本规范有以下几点。

（1）调研报告应该用清楚的、符合语法结构的语言表达。

（2）调研报告中的图表应该有标题，对计量单位应清楚地加以说明。如果采用了已公布的资料，应该注明资料来源。

（3）正确运用图表。对于过长的表格，可在调研报告中给出它的简表，将详细的数据列在附录中。

（4）调研报告应该在一个有逻辑的框架中陈述调研结果。尽管特定的调查有特定的标题，但在调研报告中应对特定标题给出一些具体的建议。若涉及宣传方面的问题，调研报告的内容和形式都应满足特定要求。

（5）调研报告的印刷式样和装订应符合规范。

（四）注意事项

（1）调研报告的撰写是整个调研活动的最后一个阶段。报告不是数据和资料的简单堆砌，调研人员不能把大量的数字和复杂的统计技术扔到管理人员面前，否则就失去了调研的价值。正确的做法是把与市场营销关键决策有关的主要调查结果报告出来，并以调查报告具备的正规结构写作。

（2）作为对填表者的一种激励或犒赏，网络调查应尽可能地把调查报告的全部结果反馈给填表者或广大读者。如果限定为填表者，只需分配给填表者一个进入密码。对一些举手之劳式的简单调查，可以实时互动的形式公布统计的结果，效果更佳。

第二节　网络客户行为分析

一、网络客户需求特征分析

（一）学习目标

通过学习，理解网络客户的需求层次，能对网络客户的需求特征进行分析并提出相应对策。

（二）工作程序及内容

马斯洛需求层次理论把人的需求分成生理需求、安全需求、社会需求、尊重需求和自我实现需求五类，依次由较低层次到较高层次排列。从营销管理角度看，每一个需求层次上的消费者对产品的要求都不一样，即不同的产品满足不同的需求层次。将营销对策建立在消费者需求的基础之上考虑，不同的需求也即产生不同的营销对策。下面将以网络通信市场为例，根据马斯洛需求层次理论里的需求层次划分市场类型，据此将网络客户需求划分开来，继而有针对性地制订营销策略。

步骤一　确定客户需求层次及特征。

一般来说，需求层次越往上走，消费者越不容易被满足。而消费者的满意度往往又跟其愿意付出的价钱成正比。消费者满意度是企业和运营商所看重的问题，如何根据用户需求来提升用户满意度，从而获得用户青睐，实现收入和市场份额稳定增长，是每家运营商都在考虑的问题。那通信运营商的网络客户有哪些层次和特征呢？也可以分为以下五个层次。

（1）最低层次市场。根据马斯洛需求层次理论，在最低端的消费市场，用户因收入限制，只能选择满足最低层次的需求，即具有单一功能的产品。在通信市场，这类用户往往分布在偏远的乡镇区域。他们对于通信产品的需求显得单一化，例如手机能打电话、收发短信、宽带能上网等。同时，这类用户往往对资费极其敏感。

（2）安全需求市场。在以安全需求为诉求点的中低端市场上，消费者比较看重的是产品质量。如移动信号稳定、宽带网速良好等。这个市场还有个特点，消费者既看重产品质量，又往往对价格计较，侧重在限定的价格范围内选择能够接受的产品。这个市场的愿望竞争者众多，也是造成运营商觉得竞争激烈的原因。所谓愿望竞争者，是指提供不同的产品以满足不同需求的竞争者。例如消费者要选择一种万元消费品，他所面临的选择就可能有电脑、电视机、摄像机、出国旅游等，这时电脑、电视机、摄像机以及出国旅游之间就存在着竞争关系，成为愿望竞争者。放在通信行业上讲，用户可能只有一定额度的预算，实现了大带宽的愿望，可能就实现不了购买新款终端的愿望。

（3）社交需求层次市场。在"安全需求"之上的"社交需求"层次，消费者除了关注产品质量，更关心产品是否能满足自己的社交需求，让自己在社交圈子中不显得落伍。在通信市场上这类消费者以年轻用户最多。他们通常喜欢张扬个性，关注社交网络和时事新闻，他们需要时刻跟外界及朋友保持联络。因此，他们对于手机上网及短信的需求会比较大。这类用户还有个特点，容易受周围人群的影响，也就是说，周围人群对于某产品的口碑或使用人数多寡，会很大程度影响到该类用户是否选择该产品。

（4）尊重需求市场。在高端市场的尊重需求以价格和品质为诉求点。用户关注产品的象征意义，也看重使用该产品是否能得到相应的殊荣。在通信市场上，该层次市场又有不同的特点，用户在意是否得到运营商的区别对待。

（5）自我实现需求市场。这类市场客户非常注重品牌内涵，更在意服务，注重与运营商之间的长期互动感受，基本建立起一种忠诚度态度。

步骤二　根据不同需求特征确定相应对策。

根据划分的通信市场需求层次及其特征，相应对策如下。

（1）针对最低层次市场，运营商在争取该类用户时多以单产品为主推，营销诉求集中在基本功能上，突出低资费、多实惠的卖点。这个市场虽然利润低，却是运营商不肯放弃的市场。一方面在长尾效应下最后得到的收入规模依然可观，另一方面对看重市场份额的运营商而言该市场是不可或缺的一部分。目前，中国通信市场接近饱和，乡镇市场成为新的增长点，这个特点也促使运营商加大在该部分市场的投入。

（2）针对安全需求层次市场，运营商对该类用户的捕捉可用综合方案进行，即以"宽带＋移动业务＋增值业务"作为套餐产品，在强调某项重点业务的基础上，以"优惠购买或者免费赠送"另一项业务作为卖点，一次性满足用户 N 个愿望的同时又让用户觉得实惠。

（3）针对社交需求层次市场，运营商在设计产品时首先应注意对品牌的宣传。设计符合该类用户精神的品牌内容，而选择该类用户群拥护的偶像或明星作为代言会有更快更直接的效果。产品套餐上，根据用户具体需求组合上网流量、通话时长及短信数量，或者在基本套餐外增加流量包、通话包或者短信包可选，使用户的需求能够得到满足。

（4）针对尊重需求市场，应采取与前面三个层级有区别的策略。对待这类层次市场，应选择高端商务套餐，如果是集团用户，辅以赠送高端终端作为卖点。这种分层次做法正是马斯洛需求层次理论的实际应用。

（5）针对自我实现需求市场，企业除了予以一定的回报，同时要完善服务，并且以品牌内涵来获得消费者的满意。运营商与用户之间长期互动，用户便可对运营商逐渐建立起一种忠诚态度。

（三）相关知识

针对消费者的研究表明，不同的历史文化环境，特别是不同的媒体环境孕育出不同时代的消费群。20 世纪中叶开始，电视的普及和大众传播产生了所谓"影像的一代"，互联网的兴起造就第三代新媒体，网络的普及催化出新的第三代消费者，也被称为"e 人类"——网络消费者。传统的商务活动中，消费者仅仅是购买者，产业的影响力相对小些。而在网络营销中，消费者既是购买者，又在网络中扮演着引导者，网络营销的购买者因而有其特有的购买行为。

1. 网络消费者的群体特点

根据中国互联网络信息中心（China Internet Network Information Center，简称 CNNIC）2013 年 1 月发布的最新《中国互联网络发展状况统计报告》显示：截至 2012 年 12 月底，我国网民规模达到 5.64 亿人，全年共计新增网民 5 090 万人。互联网普及率为 42.1%，较 2011 年底提升 3.8%（如图 4-20 所示）。

图 4-20　2005—2012 年中国网民规模与互联网普及率

截至 2012 年 12 月底，中国网民中男女比例为 55.8∶44.2，与 2011 年情况基本保持一致，男性与女性居民的互联网使用率仍存在一定差距，但整体来看，网络市场用户其需求具有以下明显特征。

1）注重自我

由于目前网络用户多以年轻、高学历用户为主，他们有自己独立的见解和想法，对自己的判断能力也比较自负。所以他们的具体要求越来越独特，而且变化大，个性化越来越明显。因此，从事网络营销的企业应想办法满足其独特的需求，尊重用户的意见和建议，而不是用大众化的标准来寻找大批的消费者。

2）头脑冷静，擅长理性分析

由于网络用户是以大城市、高学历的年轻人为主，不会轻易受舆论左右，对各种产品的宣传有较强的分析判断能力，因此从事网络营销的企业应该加强信息的组织和管理，加强企业自身文化的建设，以诚信待人。

3）喜好新鲜事物，有强烈的求知欲

网络用户爱好广泛，无论是对新闻、股票市场还是网上娱乐都具有浓厚的兴趣，对未知的领域报以永不疲倦的好奇心。

4）好胜，但缺乏耐心

网络用户以年轻人为主，因而比较缺乏耐心，当他们搜索信息时，比较注重搜索所花费的时间，如果连接、传输的速度比较慢的话，他们一般会马上离开这个站点。

2. 网络营销消费者需求特征

随着互联网商务和网络市场的快速发展、信息通信技术的不断更新，市场竞争日益激烈，选择越来越多，消费者不再是广告信息的被动接受者，而是产品信息的积极寻求者，从而导致消费者的新消费理念和习惯逐步形成，具体体现在以下几方面。

1）个性消费回归

在近代，由于工业化和标准化生产方式的发展，使消费者的个性被淹没于大量低成本、单一化的产品洪流之中。随着21世纪的到来，这个世界变成了一个计算机网络交织的世界，消费品市场变得越来越丰富，消费者进行产品选择的范围全球化、产品的设计多样化，消费者开始制定自己的消费准则，整个市场营销又回到了个性化的基础之上。没有一个消费者的消费心理是一样的，每一个消费者都是一个细小的消费市场，个性化消费成为消费的主流。

2）消费需求的差异性

不仅消费者的个性化消费使网络消费需求呈现出差异性。对于不同的网络消费者因其所处的时代、环境不同，也会产生不同的需求；不同的网络消费者在同一需求层次上也会有不同的需求。同时，每个消费者对产品的理解也会不同，希望从产品上得到的价值体现也存在相当的差异性。所以，从事网络营销的厂商要想取得成功，必须在整个生产过程中，从产品的构思、设计、制造，到产品的营销策划、品牌、附加值效应，认真思考这种差异性，并针对不同消费者的特点，采取有针对性的手段和措施。

3）消费主动性增强

"push－pull"（推－拉）的市场定律就已经说明在新技术培育下的消费市场，消费主动性在个性化和差异化的需求下越来越明显。在许多大额或高档消费中，消费者往往会主动通过各种可能的渠道获取与商品有关的信息并进行分析和比较。网上消费者以年轻人为主，一般经济收入比较高，因此，主动性消费是其特征。

4）消费者直接参与生产和流通过程

传统的商业流通渠道由生产者、商业机构和消费者组成，其中商业机构起着重要的作用，生产者不能直接了解市场，消费者也不能直接向生产者表达自己的消费需求。而在网络环境下，消费者能直接参与到生产和流通中来，与生产者直接进行沟通，减少了市场的不确定性。

5）对购买便利性的需求与购物乐趣的追求并存

首先，网络购物的便利性会使消费者节省大量的时间、精力和开支。此外，网络购物，除了能够完成实际的购物需求以外，消费者在进行购物的同时，还能够搜集和比较许多信息，并得到各种在传统商店没有的乐趣，找到在门店里看不到的品牌或种类等。如今，人们对现实消费过程出现了两种追求的趋势：一部分工作压力较大、紧张程度高的消费者以便利性购买为目标，他们追求的是时间和劳动成本的尽量节省；而另一部分消费者，是由于劳动生产率的提高，自由支配时间增多，他们希望通过消费来寻找生活的乐趣。今后，这两种相反的消费心理将会在较长的时间内并存。

6）消费者选择商品的理性化

网络营销系统巨大的信息处理能力，为消费者挑选商品提供了前所未有的选择空间，消费者会利用在网上得到的信息对商品进行反复比较和理性分析，以决定是否购买。

7）网络消费仍然具有层次性

在网络消费的开始阶段，消费者偏重精神产品的消费；到了网络消费的成熟阶段，等消费者完全掌握了网络消费的规律和操作，并且对网络购物有了一定的信任感后，消费者才会从侧重精神消费品的购买转向日用消费品的购买。

8）网络消费需求的超前性和可诱导性

在网上购物的消费者以经济收入较高的中、青年为主，这部分消费者比较喜欢超前和新奇的商品，他们也比较注意和容易被新的消费动向和商品介绍所吸引。

9）价格仍然是影响消费心理的重要因素

价格虽然不是决定消费者购买的唯一因素，但却是影响消费者购买决策的重要因素之一。网上购物之所以具有生命力，重要的原因之一是网上商品价格普遍低廉。尽管商家都倾向于以各种差别化来减弱消费者对价格的敏感度，避免恶性竞争，但价格始终对消费者的心理产生重要的影响。如当当书店比市场价低 15％～30％甚至更多的书价对消费者有很大吸引力。

（四）注意事项

（1）网络消费者是网络市场最主要的组成部分，也是推动网络营销发展的主要动力，其现状决定了今后网络营销的发展趋势和道路。要做好网络营销工作，就必须对网络消费者的群体特征、需求特征、购买行为等进行分析以便采取相应的策略。

（2）根据 CNNIC 的调查数据，中国网民的发展存在以下趋势：规模逐渐扩大；女性比例趋于稳定；年轻用户和较低学历用户比重明显增加。

二、网络客户购买过程特征分析

（一）学习目标

通过学习，理解"消费者购买决策过程"流程步骤，掌握基本的消费者购买过程分析方法。

（二）工作程序及内容

分析网络消费者购买过程，能够依据消费者购买决策采取更加有针对性的营销策略。下面以消费者在网上选购数码相机为例，说明如何分析网络消费者购买决策过程。

步骤一　分析消费者购买动机（确认需求）。

消费者购买决策过程从确认需要开始。当消费者感觉到"没有被满足的需求"存在时，就产生了购买动机。这一步是要明确促使消费者决定购买的原因是什么？即消费者如何确认购买需要。这种需要可以是出于理智动机（如产品优惠打折）、感情动机（如孝敬父母的礼品）、惠顾动机（如对某个品牌的信赖）等。

例如数码相机购买动机，可能是消费者自己外出游玩需要，也可能是作为礼物送人之需。假设此例中消费者购买数码相机是为满足个人家庭平时外出游玩拍摄照片之需。

步骤二　分析消费者收集信息的内容和渠道。

当需求确认后，消费者开始通过各种渠道搜索并收集各种有助于其购买决策的信息。这一步主要是要了解影响消费者购买决策的因素有哪些，即为了做出正确满意的购买决策，需要哪些方面的信息支持。信息搜寻可以在内部、外部进行，或两者兼有。内部信息搜寻是在大脑中回忆信息的过程。外部信息搜寻则是从外部渠道获取信息的搜寻过程，网络数据库、在线商品目录、网络广告、BBS、新闻组、即时通信工具，以及来自同事、朋友、家人的信息都会影响消费者的购买决策。

为了满足个人家庭日常外出游玩之需，消费者选购数码相机时需要在网上收集各方面信息以供比较选择，如相机性能、价格、品牌、易用性、分辨率等。

步骤三　方案评估。

消费者对上一步收集到的信息进行比较、分析、评估、筛选，得到若干备选方案。如在数码相机选购一例中，消费者通过各种信息的比较，最终确定三个备选方案：索尼T料、佳能X料和奥林巴斯M料。

步骤四　消费者购买决策。

消费者根据评估结果，从以上备选方案中做出购买决定，安排支付和交货等。

经过反复比较，考虑到以后再购置数码相机的成本及通用性，消费者最终选择购买佳能X料相机。

步骤五　分析消费者购后评价及行为。

这一步是关注消费者对自己已做购买决策的评价如何，及其后续行为。这一步至关重要，因为消费者的购后评价及行为不仅会影响到其自身今后的购买决策，还会通过world－of－mouth effects（口碑效应）影响到他（她）身边的潜在消费者。

如此例消费者购买佳能数码相机并使用过一段时间之后，对自己的购买决策非常满意：质量上乘、容易掌握拍摄技能（学习难度小）、售后服务一流。同时，消费者也会将其对该产品的满意感受传递给身边的潜在消费者，并向他们推荐此产品及品牌。

步骤六　画出客户购买过程流程图。

将以上五步的分析因素及结果做成图形表示的流程图，此例消费者网上购买数码相机的过程如图4-21所示，此图能够为网络营销策略提供较为精准的决策依据。

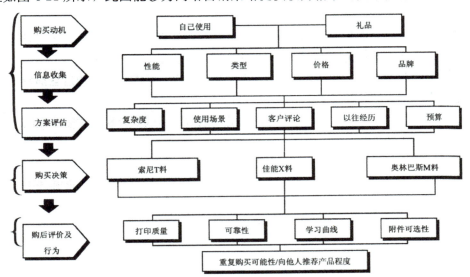

图 4-21　网络消费者购买决策过程图

（三）相关知识

1. 影响网络消费者购买行为的因素

1）文化因素

文化因素包括文化、亚文化和社会阶层，它们对购买行为起到了重要的作用。文化是人类欲望和行为最基本的决定因素。亚文化是更具体的认同感和社会化，它是差异化营销的基础。社会阶层是在一个社会中具有相对的同质性和持久性的群体，每一阶层成员具有类似的价值观、兴趣爱好和行为方式。由于社会阶层的不一样，他们所具有的消费欲望和消费价值观也不一样，企业应针对不同的社会阶层实施不同的营销策略。

2）社会因素

社会因素包括消费者相关群体、家庭和社会角色。进行网络营销就要识别目标客户的相关群体。家庭对消费有巨大的影响，不同的家庭结构有着不一样的消费方式。角色是一个人所期望做的活动内容。人们在购买时往往结合自己所处的地位和角色来考虑。

3）个人特征因素

个人特征因素特别受年龄和生命周期阶段、职业、生活方式、个性及自我概念的影响。网络消费者比较年轻；以学生和高技术人员为主；追求时尚潮流，追求新颖独特；追求个性的解放和满足，乐于选择与自己个性相符的品牌，网络用户的自我概念比较强烈。网络营销应当努力开发品牌个性，使之与目标市场的自我概念相一致。消费者的个人特征对网络营销的作用是不言而喻的，网络营销的优势就在于满足消费者的个性化需求。因此，获取消费者的个人特征数据成为网络营销发展的一个关键因素。

4）心理因素

影响网络消费者购买决策过程的心理因素主要包括动机、认知、学习以及信念、态度，网络消费者的购买往往受心理因素的驱动。

（四）注意事项

（1）实践经验告诉我们，没有任何一种简单的方案评估过程适合于不同的购买情况，在不同的情况下，有不同的评估过程。

（2）鉴于满意的客户会重复购买，并会主动将产品、品牌的正面信息传递给市场，因此企业常常衡量消费者的满意程度是明智的，不应等到消费者不满意时自动出来抱怨。

第三节　网络推广

一、制订电子邮件广告发布方案

（一）学习目标

通过学习，理解网络推广方法及电子邮件推广的评价指标知识，掌握制订电子邮件广告发布方案的方法。

（二）工作程序及内容

电子邮件广告发布方案的制订一般要经过六个步骤。下面将以"艺龙电子邮件广告发布方案"的制订流程举例说明。

步骤一　确定电子邮件广告目标。

不同的企业发送电子邮件的用途不一样，如企业品牌形象宣传、在线顾客服务、会员通信与电子刊物、产品或服务推广、收集市场信息和在线市场调查。其中，产品或服务推广是许多企业采用电子邮件广告的目的，如艺龙采用电子邮件广告就是通过定期向会员发送相关促销信息，以实现宣传产品和服务的目的。如六一儿童节临近，艺龙准备进行一次电子邮件广告的发布。其本次电子邮件广告的目标就是向 25～40 岁的客户发送 5 月至 6 月的酒店团购信息，以期获得较大幅度的订单增长。

步骤二　确定邮件主题。

邮件的主题是收件人最早看到的信息，邮件内容是否能引人注意，主题起到相当重要的作用。邮件主题应言简意赅，以便收件人决定是否继续阅读。如图 4-22 所示，艺龙此次电子邮件广告的邮件主题"亲子游特惠专辑，2 折起团！酒店、套票任你选！"的撰写就符合此原则。

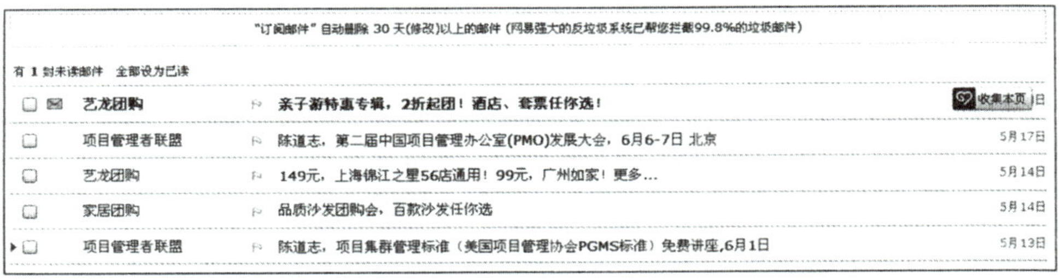

图 4-22　邮件主题

步骤三　撰写邮件内容。

电子邮件应力求用最简单的内容表达出你的诉求点。如果必要，可以给出一个关于详细内容的链接，收件人如果感兴趣，会主动点击你链接的内容，否则，内容再多也没有价

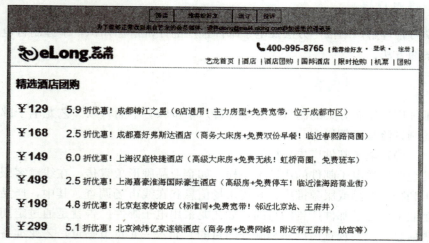

值，只能引起收件人的反感。要用通俗易懂的语言介绍产品能为客户带来什么好处，特别是自己的产品与竞争对手的产品有什么不同，要么在功能上，要么在服务上，必须与众不同。最忌夸夸其谈，丝毫不注意客户的感受。内容一定要以客户为中心，让客户感到是实实在在地为他着想。

此外，电子邮件虽然没有统一的格式，但作为一封商业函件，应该参考普通商务信件的格式，包括对收件人的称呼、邮件正文、发件人签名等因素。邮件要能够方便顾客阅读。最好采用纯文本格式的文档，把内容尽量安排在邮件的正文部分，除非插入图片、声音等资料。如图4-23所示，艺龙这则电子邮件广告的内容就直达要义，以实在的折扣为主题呈现内容，排版也较为合理。

图 4-23　邮件内容示意图

步骤四　确定发送频率。

应尽可能与专业人员一起确定目标市场，找出潜在用户，确定发送频率。发送电子邮件联系的频率应该与顾客的预期和需要相结合，这种频率预期因时因地因产品而异，从每小时更新到每季度的促销诱导。千万不要认为发送频率越高，收件人的印象就越深。过于频繁的邮件"轰炸"，会让人厌烦。研究表明，同样内容的邮件，每个月以发送2～3次为宜。如艺龙的促销广告，每月都能找出2～3个不同的主题发送给目标客户。

步骤五　制订收集、反馈信息策略。

可以选定目标客户群发邮件，也可针对某些顾客进行单独发送。开展营销活动应该获得特定计划的总体反应率（例如点击率和转化率）并跟踪顾客的反应，从而根据顾客过去的行为进行未来市场细分。例如艺龙在发送这封电子邮件广告后，它可以通过网络订单来源和400电话来统计反馈信息。

步骤六　确定更新邮件列表规则。

将从顾客那里得到的信息进行整理，更新邮件列表，创建一个与产品和服务相关的客户数据库，增加回应率，同时了解许可的水平。客户许可的水平有一定的连续性，发送的每封邮件中都应该包含着允许加入或退出营销关系的信息，没有必要用某些条件限制顾客进入或退出营销关系。这些信息可以加深个性化服务，增强顾客的忠诚度。

如艺龙电子邮件广告方案中可以规定，凡是发送 5 次以上的促销信息，邮件都没有被开启的电子邮件，可以删除。此外，还需要通过各种途径寻找其他目标客户的电子邮件地址以不断补充。

（三）相关知识

1. 常用网络推广方法

一般说来，只要是有网民活动的地方，都可以成为网络推广的阵地，因此，网络推广方法有很多种，有人甚至总结出 100 种，但就当前企业网络推广的应用情况来看，常用的主要有以下几种。

1）搜索引擎推广方法

搜索引擎推广是指利用搜索引擎、分类目录等具有在线检索信息功能的网络工具进行网站推广的方法。由于搜索引擎的基本形式可以分为网络蜘蛛型搜索引擎（简称搜索引擎）和基于人工分类目录的搜索引擎（简称分类目录），因此搜索引擎推广也相应地有基于搜索引擎的形式和基于分类目录的形式，前者包括搜索引擎优化、关键词广告、竞价排名、固定排名、基于内容定位的广告等多种形式，而后者则主要是在分类目录合适的类别中进行网站登录。随着搜索引擎推广的进一步发展变化，也出现了其他形式的搜索引擎，不过大都是以这两种形式为基础。

搜索引擎推广常见方法有登录免费分类目录、登录付费分类目录、搜索引擎优化、关键词广告、关键词竞价排名、网页内容定位广告等。

从目前的发展趋势来看，搜索引擎推广在网络营销中的地位依然重要，并且受到越来越多企业的认可，搜索引擎营销的方式也在不断发展演变，因此应根据环境的变化选择搜索引擎营销的合适方式。

2）电子邮件推广方法

以电子邮件为主要的网站推广手段，常用的方法包括电子刊物、会员通信、专业服务商的电子邮件广告等。基于用户许可的电子邮件营销与滥发邮件不同，电子邮件许可营销比传统的推广方式或未经许可的电子邮件营销具有明显的优势，比如可以减少广告对用户的滋扰、增加潜在客户定位的准确度、增强与客户的关系、提高品牌忠诚度等。根据许可电子邮件营销所应用的用户电子邮件地址资源的所有形式，可以分为内部列表电子邮件营销和外部列表电子邮件营销，或简称内部列表和外部列表。内部列表也就是通常所说的邮件列表，是利用网站的注册用户资料开展电子邮件营销的方式，常见的方法如新闻邮件、会员通讯、电子刊物等。外部列表则是利用服务商的用户电子邮件地址来开展电子邮件营销，也就是以电子邮件广告的形式向服务商的用户发送信息。许可电子邮件营销是网络营销方法体系中相对独立的一种，既可以与其他网络营销方法相结合，也可以独立应用。

3）资源合作推广方法

通过网站交换链接、交换广告、内容合作、用户资源合作等方式，在具有类似目标网站之间实现互相推广的目的，其中最常用的资源合作方式为网站链接策略，利用合作伙伴之间网站访问量资源合作互为推广。

每个企业网站均可以拥有自己的资源，这种资源可以表现为一定的访问量、注册用户信息、有价值的内容和功能、网络广告空间等，利用网站的资源与合作伙伴开展合作，实现资源共享，共同扩大收益。在这些资源合作形式中，交换链接是最简单的一种合作方式，调查表明也是新网站推广的有效方式之一。交换链接也称互惠链接，是具有一定互补优势的网站之间的简单合作形式，即分别在自己的网站上放置对方网站的 Logo 或网站名称并设置对方网站的超级链接，使得用户可以从网站中发现合作方的网站，达到互相推广的目的。交换链接的作用主要表现在以下几个方面：获得访问量、增加用户浏览时的印象、在搜索引擎排名中增加优势、通过合作网站的推荐增加访问者的可信度等。交换链接还有比取得直接宣传推广效果更深一层的意义，一般来说，每个网站都倾向于链接价值高的其他网站，因此获得其他网站的链接也就意味着获得了合作伙伴和一个领域内同类网站的认可。

4）病毒性推广方法

病毒性推广方法并非传播病毒，而是利用用户之间的主动传播，让信息像病毒那样扩散，从而达到推广的目的。病毒性推广方法实质上是在为用户提供有价值的免费服务的同时，附加上一定的推广信息，常用的工具包括免费电子书、免费软件、免费 FLASH 作品、免费贺卡、免费邮箱、免费即时聊天工具等，可以方便用户获取信息、使用网络服务、娱乐等。如果应用得当，这种病毒性营销手段往往可以以极低的代价取得非常显著的效果。

5）网络广告推广方法

网络广告是常用的网络营销策略之一，在网络品牌推广、产品促销、网站推广等方面均有明显作用。将网络广告用于网站推广，具有可选择网络媒体范围广、形式多样、适用性强、投放及时等优点，适合于网站发布初期及运营期的任何阶段。

6）论坛推广

这里所说的论坛推广绝对不是在论坛里一个一个贴广告，也不是将网站地址加在签名里然后疯狂刷屏，那样既耗费精力而且效果也不见得好。论坛管理员只要点几下鼠标就能将帖子全部删除，顺便封掉 ID。如果将这些资料贴到比较符合自身定位的论坛中相应的版块，必定能换来不少点击量。

7）综合网站推广方法

除了前面介绍的常用网站推广方法之外，还有许多专用性、临时性的网站推广方法，如有奖竞猜、在线优惠券、有奖调查等，有些甚至采用建立一个辅助网站进行推广。有些网站推广方法可能别出心裁，有些网站则可能采用有一定强迫性的方式来达到推广的目的，例如修改用户浏览器默认首页设置、自动加入收藏夹，甚至在用户电脑上安装病毒程序等。真正值得推广的是合理的、文明的网站推广方法，应拒绝和反对带有强制性、破坏性的网站推广方法。

8）移动网络推广方法

随着移动互联网应用的普及，许多移动网络推广方法也逐渐得到企业的应用，如利用腾讯的微信公共平台、微博企业应用、二维码技术应用等方式来宣传企业网站。

2. 许可电子邮件营销的指标及其含义

要准确地评估电子邮件营销的全部效果很困难，缺乏相应的统一评估指标体系。与其他网络营销方法的效果评估一样，目前对电子邮件营销效果的评估技术与方法正在不断探索中。为了科学、准确地评估电子邮件营销效果，可将电子邮件营销效果评估的指标体系设计如下。

1）用户资源评价指标及其含义

在获取和保持用户资源方面，许可电子邮件营销策略相关的指标主要有有效用户数量、用户增长率、用户退出率等。

（1）有效用户数量。用户的电子邮件地址资源即是许可电子邮件营销策略的基础，吸引尽可能多的用户加入是重要的长期任务。一般许可电子邮件自营策略的用户电子邮件地址应该在500个以上时才能逐渐开始发挥其营销价值，如果能维持一个5 000以上用户的企业电子邮件地址资源，那么其价值就会更加明显。对于专业的许可电子邮件服务商而言，订户数量往往可以高达数万，甚至更多。

（2）用户增长率。与许可电子邮件外包策略相比，许可电子邮件自营策略的优点在于：经营时间越长，用户数量积累越多。用户数量的增长也在一定程度上反映了用户对于企业电子邮件的认可。用户数量的增长可以用"用户增长率"来衡量，增长率越高，说明许可电子邮件策略越有成效。尽管不断有新用户加入，但同时也会有一定数量的用户退出列表，随着用户基数的增加，用户增长率会逐渐下降，甚至在某个阶段会接近于零。如果增长率为负数，则说明许可电子邮件策略出现了某些问题，用户退出率超过了增长率。

（3）用户退出率。与用户增长率相对应的一个指标是"用户退出率"。因为许可电子邮件策略的基本原则是允许用户自愿加入，自由退出，所以一旦电子邮件信息对用户没有价值，用户随时可以选择退出。对于营销人员来说，当然希望用户退出率越低越好。

2）电子邮件发送效果的评估指标及含义

（1）电子邮件送达率。电子邮件送达率是电子邮件营销效果最重要的评估指标。电子邮件营销是向用户发送电子邮件信息的一种网络营销手段，邮件送达率直接影响着电子邮件营销的效果。由于垃圾邮件对网络营销环境的破坏，邮件服务商屏蔽邮件的影响，即使是经过用户许可的邮件列表，同样面临着邮件送达率降低引起整体效果下降的难题，邮件的成功送达率低已成为电子邮件营销的最大障碍。邮件送达率的计算公式为：

邮件送达率＝（邮件送达总数÷邮件发送总数）×100％

其中，邮件送达总数由邮件自动回复系统提供，邮件发送总数由邮件群发系统提供。自动回复是指当信箱收到一封来信时，系统会按照预先的设置内容自动回复，无须自己去干预。几乎所有的邮件服务器软件都内置这个功能，一般只需要简单的设置就可以使用。需要说明的是，邮件送达率不等于邮件开信率，它们之间的关系为：邮件送达率＞邮件开信率。

（2）电子邮件退信率。由于很多用户使用免费邮箱或者ISP赠送的邮箱，加上电子邮件服务商出于自身利益考虑对邮件列表进行屏蔽，造成电子邮件列表退信率不断增高。同时，许多免费电子邮件服务商或停止运营，或实行有偿服务，使原有电子邮件地址无效，这在很大程度上提高了电子邮件的退信率。据统计，目前电子邮件列表的退信率已经超过35％，而且还有上升的趋势。电子邮件退信率的计算公式为：

电子邮件退信率＝（电子邮件退信总数÷电子邮件发送总数）×100％

电子邮件退信率与电子邮件送达率的关系为：

电子邮件退信率＋电子邮件送达率＝100％

3）电子邮件点击效果的评估指标及含义

（1）电子邮件开信率。由于很多用户将电子邮件广告等同于垃圾邮件，泛滥成灾的垃圾邮件不仅让用户感到气愤，同时也严重伤害了电子邮件营销的声誉。要提高开信率必须避免"垃圾邮件"之嫌。由此可见，电子邮件的主题词是否有吸引力、是否有"垃圾邮件"之嫌，电子邮件是否有针对性等都将直接影响电子邮件的开信率。

另外，有些用户由于更换电子邮箱但并未在所加入的邮件列表中更换新的邮箱，也造成老邮箱因无人使用而造成无效邮件，这在很大程度上降低了电子邮件的开信率。电子邮件开信率的计算公式为：

电子邮件开信率＝（电子邮件阅读总数÷电子邮件送达总数）×100％

其中，电子邮件阅读总数由电子邮件服务系统中嵌入的点击统计系统提供。只要用户点击该邮件，系统会自动记录点击行为并进行统计分析。

（2）引导点进率，又称点击通过率，在电子邮件中嵌入公司营销站点或营销页面地址链接，因电子邮件的阅读而引导点击进入公司营销站点或营销页面的比例。这是有效评估电子邮件对公司营销站点或营销页面访问量增加贡献率的重要指标。其计算公式为：

引导点进率＝（引导点进次数÷邮件开信总数）×100％

其中，引导点进次数由网站流量统计系统提供。同时，引导点进率的高低直接受邮件送达率和邮件开信率的影响。其数量关系为：

邮件送达率＞邮件开信率＞引导点进率

（3）附件（广告）点进率。当营销者在电子邮件中附有广告按钮或附件时，对广告按钮或附件的点击可说明用户对该电子邮件的关注程度。附件（广告）点进率类似于引导点进率，二者的区别在于：附件（广告）点进率统计的是阅读电子邮件者对电子邮件广告或附件的关注程度，主要是针对电子邮件广告本身的质量而言，是对电子邮件设计质量的评估。而引导点进率统计的是用户对公司营销站点或营销页面的关注程度。影响附件（广告）点进率的主要因素有客户定位、附件设计、广告设计等。其计算公式为：

附件（广告）点进率＝［附件（广告）点击总数÷邮件开信总数］×100％

（4）反馈率。反馈率指电子邮件用户收到邮件后的反馈程度。电子邮件本身具有定向性，其使用的便捷性也会导致更高的反馈率。电子邮件反馈率的高低，是衡量电子邮件营销引起用户关注程度的一项重要指标。影响反馈率高低的因素包括客户定位、产品（服务）是否有吸引力、反馈方式的便捷程度等。反馈率的计算公式为：

反馈率＝（电子邮件反馈总数－电子邮件开信总数）×100％

（5）转信率。转信率主要用于对病毒性电子邮件营销效果的评价。转信率是指电子邮件受众在接到电子邮件后，实施了多少人次的转信行为。影响转信率的因素包括客户定位、产品（服务）是否有吸引力、电子邮件质量的好坏、转信方式便捷性等。转信率的计算公式为：

转信率＝（转信人次总数÷电子邮件开信总数）×100％

（四）注意事项

1）许可电子邮件营销主题设计

许可电子邮件营销在主题设计上也应该遵循一些基本原则：

（1）要体现内容的精华。

（2）要体现出发件人信息中无法包含的内容。

（3）要体现出品牌或产品信息。

（4）不宜过于简单或过于复杂。

2）许可电子邮件营销主题常见的错误

（1）没有邮件主题。

（2）邮件主题过于简单或者过于复杂。

（3）邮件主题信息不明确。

（4）邮件主题信息不完整。

（5）邮件主题没有吸引力。

3）许可电子邮件营销内容设计

许可电子邮件营销内容设计要遵循一定的原则：

（1）电子邮件列表的目标应与企业总体营销战略相一致，内容中体现出企业首要信息，使读者一看就明白公司发送邮件的用意。

（2）一段时期的电子邮件内容应具有连续性、系统性，使用户对电子邮件列表产生整体印象。

（3）内容要精练，应控制电子邮件内容数量，尽量减少图片的使用，取而代之以 HT-ML 字体、色彩和背景运用来使电子邮件达到美观的效果。

（4）内部列表营销必须有稳定的内容来源，才能确保按照一定的周期发送电子邮件，电子邮件内容无论是撰写、编辑或者转载，都需要保持相对稳定性。

二、制订关键词广告发布方案

（一）学习目标

通过学习，了解搜索引擎营销知识，掌握制订关键词广告发布方案的方法。

（二）工作程序及内容

下面以某典当行为例来说明关键词广告发布方案制订的过程和内容：

步骤一　了解产品或服务针对哪些用户群体。

在分析用户群体时应该尽可能精准、确切。通过调查分析得出，该典当行是北京甚至全国比较知名的典当行公司，企业的用户群体是 30～45 岁的商务人士，尤其是中小企业者，以男性群体为主。这一信息也可通过关键词广告投放后台来查看验证（如图 4-24 所示）。

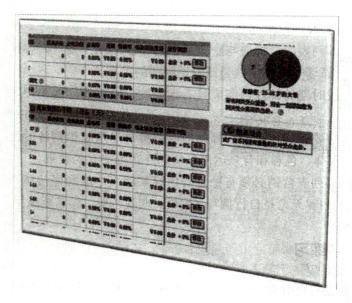

图 4-24　用户群体信息

步骤二　了解目标群体的搜索习惯。

目标群体在查找企业相关信息时习惯使用什么关键词搜索呢？获得这一信息的方法有很多，如从已有客户中获取搜索关键词信息就是一个不错的方法。

典当行行业是个较为冷门的金融服务行业，一般大众不是特别了解，因此，用户一般在搜索时使用的关键词基本以行业通用词为主，如"典当""典当行""北京典当行"和"北京典当"等（如图 4-25 所示）。另外对于典当行的老客户，他们可能会搜"房产典当""汽车典当""手表典当"等。此外还有一些长尾词也比较重要，如"典当行利息""典当行费率""规模较大的典当行"等，搜这些词的用户很有可能是直接的目标客户。

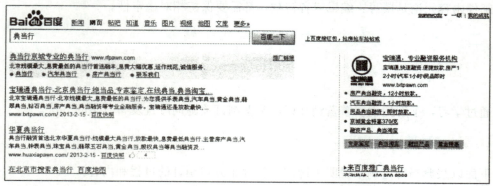

图 4-25　用户使用的搜索词

步骤三　调查目标群体经常会访问哪些类型的网站。

网站虽然很多，但相似类型的网站还是有共同规律的，调查这一信息主要是要了解用户的消费偏好，这样能够使用户到达企业目标页面时能够投其所好。调查的结果是可以画出用户经常浏览的网站图（如图 4-26 所示）。

图 4-26　用户经常浏览的网站图

调查的结果是用户经常浏览的网站主要是金融财经类、电子商务类、新闻类、搜索类、时尚类等网站。

步骤四　分析目标用户最关注产品的哪些特性。

影响目标用户购买的主要特性有哪些呢？品牌、价格、性能、可扩展性、服务优势等。哪些是主要的营销因素呢？即使是同一个企业，其不同层次用户对产品的关注也不一样。如在该典当行的目标用户中，小额融资用户可能更为关注价格，大额融资用户则非常注重品牌中的实力因素和服务优势。

步骤五　竞价广告账户及广告组规划。

创建谷歌或百度的广告系列及广告组，需要考虑管理的便捷，即广告文案与广告组下关键词相关性。以谷歌为例，其广告账户及广告组规划示意图如图 4-27 所示，该典当行可以根据用户搜索习惯确定竞价关键词，根据经常访问网站确定内容投放平台及关键词。

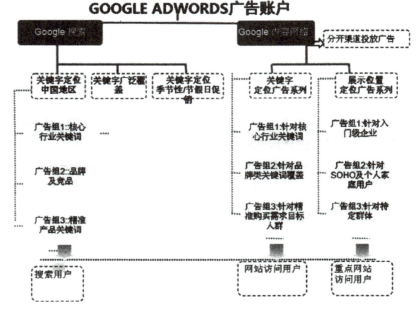

图 4-27　谷歌账户及广告组规划示意图

步骤六　相关关键词的选择。

可以借助谷歌关键词分析工具及百度竞价后台的关键词分析工具。这些工具都是以用户搜索数据为基础的，具有很高的参考价值。如图 4-28 就是利用谷歌的关键词工具进行关键词分析。如以典当行来进行扩展，可以扩展出更多的关键词，而这些扩展出来的关键词一般都是用户搜索和关注度比较高的词。

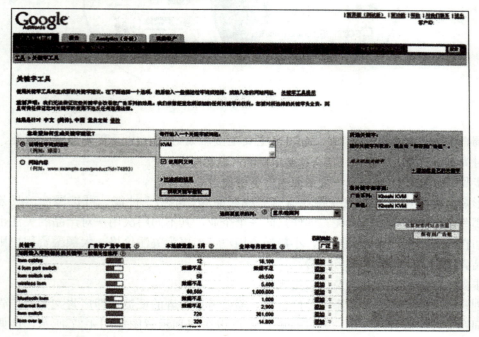

图 4-28　谷歌关键词工具

步骤七　撰写有吸引力的广告文案。

广告文案也叫关键词的广告创意，在广告文字中包括关键字，使相关性更高，并能抓住客户的眼球。需要做到突出产品、服务的竞争优势，在广告文字中使用号召性语言，让客户了解点击到网站之后的下一步，例如购买、订购、下订单、注册、致电、了解更多（如图 4-29 所示），该典当行的文案如下。

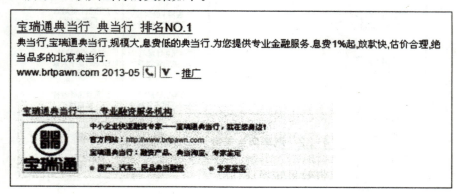

图 4-29　广告文案展示示意图

步骤八　目标广告页面的设计。

目标广告页面的设计，实际就要是进行着陆页的设计。设计着陆页一般要做到以下几点：

（1）包含重要的对下一步动作的引导，例如如何购买、金融服务产品流程介绍。

（2）涵盖主要内容的引导链接。

（3）更好的用户体验，如设计更友好的导航，设计不同类型用户的访问入口，进入之后显示适合这些用户的产品和服务等。

如图 4-30 所示，"汽车典当"关键词对应的目标广告页面应该是汽车典当融资页面，它对汽车典当业务流程的介绍、导向其他内容以及用户体验都做得比较好。

图 4-30 汽车典当关键词目标广告页面

步骤九　基于 KPI 广告效果转换评估

要做到 KPI 广告效果转换评估，必须实施基于用户行为分析的网站分析，例如谷歌分析（如图 4-31 所示）。

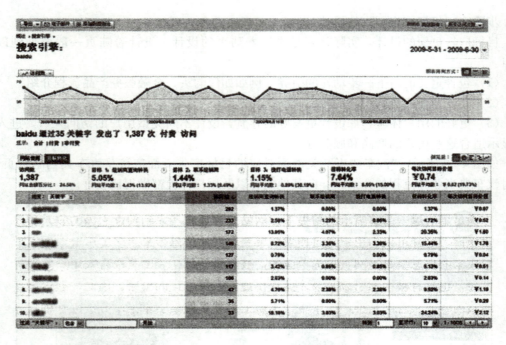

图 4-31　谷歌关键词广告效果转换评估

（三）相关知识

1. 搜索引擎营销的概念

搜索引擎营销，就是根据用户使用搜索引擎的方式，利用用户检索信息的机会尽可能将营销信息传递给目标用户。简单来说，搜索引擎营销就是基于搜索引擎平台的网络营销，利用人们对搜索引擎的依赖和使用习惯，在人们检索信息的时候尽可能将营销信息传递给目标客户。

搜索引擎营销目前仍然是最主要的网站营销推广手段之一，尤其是基于自然搜索结果的搜索引擎推广，到目前为止仍然是免费的，因此受到众多中小网站的重视。搜索引擎营销方法也成为网络营销方法体系的主要组成部分。目前对于搜索引擎营销的研究，无论是对于搜索引擎优化还是付费搜索引擎广告，基本上都处于操作层面，如果要将这些具体的操作方法和技巧归纳为搜索引擎推广的一般规律时，搜索引擎推广是基于网站内容的推广，这就是搜索引擎营销的核心思想。因为网站内容本身也是一种有效的网站推广手段，只是这种推广需要借助于搜索引擎这个信息检索工具，因此网站内容推广策略实际上也就是搜索引擎推广策略的具体应用。搜索引擎营销的核心思想——"搜索引擎推广是基于网站内容的推广"，这一核心思想对制定网站推广策略的指导意义表现在几个方面：

1）网站推广需要有效的网站内容

增加网站内容是满足用户获取信息的需求，这是任何网站发布内容的基本目的，从直接浏览者的角度来看，网上的信息通常并不能完全满足所有用户的需要，每增加一个网页的内容，也就意味着为满足用户的信息需求增加了一点努力。因此网站内容策略的基本出发点是可以为用户提供有效的信息和服务，这样，无论用户通过哪种渠道来到网站，都可以获得尽可能多的详尽的信息。在满足用户这一基本需求的前提下，网站内容还应考虑到搜索引擎的收录和检索规律，这样可以为用户通过搜索引擎获取网站信息带来更多的机会。搜索引擎收录的信息量是以网页数为单位的，被收录的每一个网页都有被用户发现的机会，也只有被搜索引擎收录才能获得搜索引擎推广的机会。因此，通过增加网站内容而实现网站推广的策略，本质上仍然是搜索引擎推广方法的一种具体应用形式，应服从于搜索引擎营销的一般原理。网页内容是否具有网站推广的价值，不仅依赖于搜索引擎，也取决于用户使用搜索引擎的行为，只有做到网页内容被搜索引擎收录，并且在用户利用某些关键词检索时网页出现在检索结果靠前的位置，才有可能被用户发现并引起进一步的兴趣。网络营销的基本任务之一就是利用互联网手段将营销信息传递给目标用户，网站的内容策略正是实现这一基本任务的具体方法之一。

2）网站内容策略与网站推广策略密不可分

网站推广是个系统工程，不仅网站建设的专业水平、网站的功能和结构等因素与网站推广策略和网站推广效果直接相关，网站的内容策略同样直接影响着网站推广的效果。只是在一般网站推广策略方面，对网站内容策略的研究比较少，或者很少将网站内容策略与网站推广策略联系起来。考虑到网站内容对于网站推广的意义之后，便于协调网站内容策略与网站推广策略之间的关系，两者均为网络营销策略的重要组成部分，应在网络营销总体策略层面得到统一。

2. 搜索引擎营销的常用手段

搜索引擎营销的手段主要有搜索引擎登录、搜索引擎优化、关键词广告、付费搜索引擎广告、竞价排名等。目前最常用的就是竞价排名和搜索引擎优化。

1）竞价排名

顾名思义，竞价排名就是网站付费后才能出现在搜索结果页面，付费越高者排名越靠前；竞价排名服务，是由客户为自己的网页购买关键字排名，按点击计费的一种服务。客户可以通过调整每次点击付费价格，控制自己在特定关键字搜索结果中的排名。并可以通过设定不同的关键词捕捉到不同类型的目标访问者。

国内最流行的点击付费搜索引擎是百度。值得一提的是，即使是做了 PPC（pay per click，按照点击收费）付费广告和竞价排名，最好也应该对网站进行搜索引擎优化设计，因为百度目前也引入了质量度概念，以价格和质量度共同决定排名。

2）搜索引擎优化

搜索引擎优化就是通过对网站优化设计，使得网站在搜索结果中靠前。搜索引擎优化包括网站内容优化、关键词优化、外部链接优化、内部链接优化、代码优化、图片优化、搜索引擎登录等。

搜索引擎优化的主要工作是通过了解各类搜索引擎如何抓取互联网页面、如何进行索引，以及如何确定其对某一特定关键词的搜索结果排名等技术来对网页内容进行相关的优化，使其符合用户浏览习惯，在不损害用户体验的情况下提高搜索引擎排名，从而提高网站访问量，最终提升网站的销售能力或宣传能力的技术。所谓"针对搜索引擎优化处理"，是为了要让网站更容易被搜索引擎接受。搜索引擎会将网站彼此间的内容做一些相关性的资料比对，然后再由浏览器将这些内容以最快速且接近最完整的方式呈现给搜寻者。不少研究发现，使用搜索引擎的用户往往只会留意搜索结果最前的几项条目，所以不少商业网站都希望通过各种形式来干扰搜索引擎的排序。

3. 营销搜索引擎自然排名的因素

除去部分热门商业关键词被商家购买付费关键词广告外，大部分的排名结果都是自然排名结果。影响搜索引擎自然排名结果主要有以下几个因素。

1）服务器

服务器的位置（国内、国外）；服务器 IP 是否被罚过（检查方法：查一下这个服务器上放了多少个站，即 http：//whois. webhosting. info/要查询的 IP，然后用 site 查其中几个网站被收录多少，多则没问题）；服务器的稳定性。

2）导航结构

导航要清晰明了（每个栏目均使用目录）；导航用文本做链接。

3）域名和文件目录名

关键词域名（如搜索 china tour 则 www. china—tour. com 有利）；域名包含关键词；文件及路径名包含关键词；二级域名 abc. web. corm 比 www. web. com/abc/有优势；www. web. com/abc/比 www. web. com/abc. htm 有优势；静态页面比动态页面有优势。

4）网页标题和标签

每个网页的标题都要不同，并与自身的网页内容相符合；每个标题只突出 1～2 个关键词，不要太多；长度不超过 30 个汉字，60 个字母。

5）优秀的网页内容

原窗内容；内容丰富，各个页面之间的链接有利于网站提高各个页面在 Google 中的评分；用文本来描述网页内容，不要用图片或者 FLASH；文本内容在 100～250 个字，不能太少，文本中的关键词要加粗加重。

6）关键词密度和位置

关键词在页面中的密度，即在网页中出现的次数与其他文本内容的比例。密度一般在 3～8，不是越高越好，过高有可能被搜索引擎惩罚；关键词出现位置，如在网页内容的大标题、网页前部文本、图片注释标签、超级链接注释中出现，这样的位置比较重要。

7）反向链接

搜索引擎优化中谈到的反向链接又叫导入链接，也称外链。搜索引擎优化实践证明，做某个关键词的时候，这个关键词有没有好的导入链接是影响这个关键词排名最重要的一个环节，所以做搜索引擎优化工作，要长期做好收集导入链接资源工作。简单概括为：网页 A 上有一个链接指向网页 B，则网页 A 上的链接是网页 B 的反向链接。

日常搜索引擎优化中添加导入链接的方法主要有以下几种。

（1）向目录网站（如 DMOZ. 开放目录）提交网址。

（2）与相关、相似内容的网站交换友情链接。

（3）书写"宣传营销短文"，并发表在合适的站点上。营销短文上带着站点的链接。

（4）站点上的文章写明版权声明。

（5）在人气旺的论坛上发表文章和留言，并带着签名指向你的站点。

（6）在博客上做适当的留言，名称指向你的站点。

8）PageRank 值

PageRank，简称 PR 值，是 Google 衡量网页重要性的工具，测量值范围为从 1 至 10 分别表示某网页的重要性。Google 会记录每次的搜索行为，高质量的网站能够获得较高的 PageRank 分值。当然，重要的网页如果不能匹配查询就没有任何价值。所以，Google 把 PageRank 技术及文本匹配技术进行结合从而搜索出既重要又相关的结果。Google 的匹配技术不是只考虑词条在网页上的出现次数，还包括检查网页内容（链接网页）的所有方面，从而决定该网页是否匹配你的查询。

PageRank 之所以对 Google 至关重要是因为它与 Google 搜索引擎排名有着密不可分的关系，虽然每个搜索引擎都对各自明确的搜索算法严格保密，但是搜索引擎分析人士相信，搜索引擎结果（排名列表）是"Page Relevance"与"PageRank"因素综合乘积的结果。

Ranking＝（Page Relevance）×（PageRank）

PageRank 的逻辑算法已经让其他大多数搜索引擎采用同类模式作为自己的搜索算法，成了一个重要的网络考量标准。

9）robots. txt 标签

robots. txt 指定搜索或者不搜索哪些内容，必须放在网站根目录下，且名字必须小写；记录格式＜field＞：＜optionalspace＞＜value＞＜optionalspace＞可以用"#"做注释。

（四）注意事项

1）在做关键词广告投放方案时应该注意的事项

（1）要注意关键词的选取，一般后台有关键词推荐工具，可以根据每个关键词的每天点击量等选取适合公司产品的关键词。

（2）要注意推广时间和推广地域等的设置，公司的推广目标是什么？推广地域是哪里？这些一定要明确，比如推广时间，根据公司产品的特点，如某公司做的是机械产品，一般都是企业采购才会来寻找的，这样就可以根据他们的工作时间来设定时间，早上 9 点到下午 5 点，同时要考虑到一些小企业晚上在网上购买物流搬运设备，还可以把 19 点到 22 点设置为推广时间。

（3）预算方面，可以灵活掌握。可以根据预算来做计划，一般为了预算可以灵活调整，最好是设置 2 个或 2 个以上的计划，这样，每个计划就可以进行预算分配，这样就可以做到有重点地投放推广预算。

2）搜索引擎优化的注意事项

（1）网站建设与优化始终要坚持遵守 W3C 原则，网站设计与程序是否规范对于搜索引擎优化很重要。

（2）更新网站内容需要增加与网站内容相关的内容，如果内容太丰富，网站的主题就会被冲淡，因为搜索引擎的核心思想就是基于文字的推广，目前搜索引擎还达不到能够判断图片与动画里面的信息。

（3）优化过程中切忌做些让搜索引擎反感的事情，比如添加隐藏的文本，或者采用隐藏样式，设置字体颜色与背景颜色一致等手段，不要为了优化而优化，而是要把用户体验放到第一位。

（4）不要大量复制别人的内容，搜索引擎对原创与复制内容具有很强的判断力，所以应尽量避免直接复制别人的内容。

三、制订网络广告发布方案

（一）学习目标

通过学习，了解网络广告联盟的相关知识，掌握制订网络广告发布方案的方法。

（二）工作程序及内容

网络广告发布方案一般有三个步骤。下面以制订"肯德基富媒体浮层广告发布方案"为例来说明其程序。

步骤一　选择网络广告媒体。

正如企业在做传统电视广告时需要选择在哪个电视台播放广告一样，网络广告也需要选择合适的网络广告媒体进行投放，才能更好地达到预期效果。目前国内比较热门的网络广告媒体是一些著名的门户网站，如新浪（ww. sina. com. cn）、搜狐（www. sohu. com）、网易（www. netease. com）等。企业在选择目标媒体时，不能只一味考虑网络媒体的流量和知名度，同时还要考虑网络媒体用户群和企业目标客户群的重合程度、产品特性、相关服务及成本等一系列因素。如婴儿尿不湿广告，则相对适合选择育婴相关网站。

如图 4-32 所示，肯德基的富媒体浮层广告受众面广，特别是年轻用户基数多，选择流量大的门户网站作为其投放媒体，获得了巨大成功。

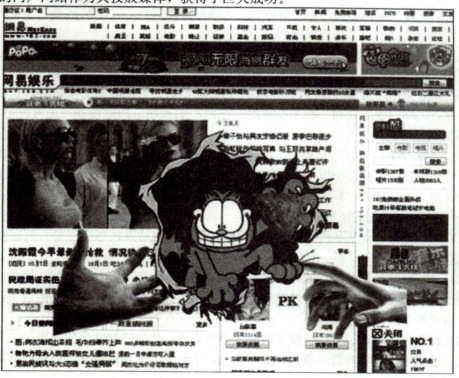

图 4-32　肯德基富媒体浮层广告页面

步骤二　选择网络广告形式。

确定了网络媒体，下一步就是选择具体的网络广告形式，即以何种形式向目标受众传播广告要表达的信息。通常认为横幅广告是目前最为常见的网络广告形式，其他常用的还有文本广告、浮动图标广告、视频广告、富媒体广告等多种形式。要根据广告需要传播的内容、目标人群特点等因素来选择合适的网络广告形式。如肯德基的"吮指原味鸡"广告，利用富媒体浮层广告技术与用户互动，有效融合了相关元素，精准地传达了品牌和促销信息。

步骤三　确定进度安排。

确定了网络广告媒体和广告形式，接下来就要制订广告在不同网络媒体出现的进度安排，包括广告在不同网络媒体出现的连续性、周期性、间歇性、密度等。诸如需求的季节性、新产品进入和竞争性活动等因素，使得广告最佳投放频率并不是一年四季不间歇地均匀出现。例如，"吮指原味鸡"广告就选择在圣诞节前一个月开始投放，持续两个月。

更具体的进度安排问题包括持续性进行广告还是间歇性地进行广告，或者广告的密度。例如：一般年轻"网虫"都有"夜游"习惯，那么在夜间推出适合年轻单身贵族的"吮指原味鸡"广告是一个好的策略。如果是针对办公室白领，则更适合在上午 10 点和下午 3 点左右投放，因为据统计此时白天上班的白领人群更容易浏览相关网站。

（三）相关知识

1. 网络广告媒体选择策略

如果确定了在互联网上投放广告，还需要确定投放广告的网络媒体，即在哪些站点上置放企业广告。这就需要对网络广告媒体进行选择，尽可能选择性价比最高的媒体。虽然没有严格统一的选择标准，但仍有一些可以遵循的规律，对网络媒体的评估通常包括以下几个指标：

1）网站质量与技术力量

网站的质量与技术力量决定网站信誉，任何一个企业在投放网络广告时，都希望自己能找到一个较安全可靠的网站，否则，网站的破产倒闭也会殃及自己，不仅浪费了广告费，而且有可能延误商机。

2）访问量

作为广告投放媒体，可接触到的受众数量是最重要的。广告投放站点必须有较高的访问量，不包括重复访问者数量（可根据站点或第三方提供的资料，判断站点的访问者是否过于集中）。不重复的人群越大，广告所能达到的受众就越多。如果访问量太小，尽管广告费用支出也相应较低，但广告效果难以保证，对于有时效性的广告活动，还会贻误时机。因此人们总是喜欢在访问量高的站点做广告，有统计资料表明，占全部网站数量 1% 左右的大型网站控制了 90% 以上的网络广告市场。

3）定向功能

广告投放站点访问者是否与企业目标客户群重合，重合度多大，这是企业在选择网络媒体时必须要考虑的问题。企业应充分利用互联网的定向功能，选择浏览人群与自己的目标受众重合度较高的站点投放广告，将广告指向目标客户，以达到较好的效果。通常，选择与企业业务方向相关的专业站点，广告效应会成倍增长。

知名的门户网站、娱乐网站、新闻网站等通常有较高的访问量，但目标定位程度会相应较低，而且这些高访问量的网站，广告定价也较高，因此总体网络广告效果未必最优。企业越来越意识到网络广告站点的定向性非常重要，因此内容专一的专业网站越来越受到企业的青睐，因为这样的网站往往聚焦于一个独特的领域，而对这一类独特的受众群体，能够帮助企业接触到较为集中的目标客户，对提高网络广告的效率大有好处。此外，流量大的门户网站广告价格往往比专业站点高很多，因而对于企业来说，选择专业站点更加经济，性价比更高。

4）可靠性

利用电脑软件可以很轻松地增大主页访问量，从而达到多收取广告费的目的。因此，对于选用点击量计费的企业，访问量数据的可靠性十分重要。Alexa.com 是世界上比较权威的第三方流量监测站点，网站在 Alexa 上的排名通常被认为是在全球的排名。目前，国内比较权威的网站排名检测机构是中国互联网信息中心访问量监测中心。

5）计费方法

由于广告投放站媒体的知名度、访问量不同，各个网站之间的广告费用的差距也较大。目前最常用的网络广告计费方法是 CPM（cost per mile，每千次展示费用），还有 CP（cost per cllck，每次点击费用）、CPA（cost per action，每次行动的费用）、按天/月/季度/年收取固定费用等方法。企业最好对比几家类似网站，选择最适合自己企业情况的媒体。另外，网站首页的广告价格通常比次级页面要高，也是企业需要考虑的一个选择因素。

6）管理水平

网站的管理水平包括网络媒体自身的管理和对网络广告的管理两方面内容。一方面，一个好的网站也会因为管理水平的更改与变换而导致衰落，比如某个网站的点击数在短时间内大幅下降，那么及时查清其原因以调整广告预算是非常必要的。一个不规范的管理者会擅自更改你的广告位置、大小或播放时间，为了避免这一点，就需要先对网站进行考察，同时要签订必要的合同。

另一方面，企业网络广告的内容并不是保持不变的，要保持内容优势，需要在一定时期内有规律地对广告内容进行更新。因此，广告发布管理接口应便于日常的上传、查看、调整、确认等操作，并对重要操作过程进行记录。此外，还要考虑在众多操作人员情况下权限分配和协作的实现。

7）广告效果监测

网站是否可以出具中立的第三方提供的详细的广告监测报告，这一点也很重要，如果刊登广告的网站可以提供实时、详尽的统计报告，并以表格、图标等方式提供资料，将给市场人员带来极大便利，可以根据监测报告分析许多有关的信息，如重复访问者是否过于集中？网站的访问者主要来自什么地方？因为网站不重复的访问者越多，广告可以送达的受众也越多，而访问者的地域分布则对某些服务范围有一定限制的公司有重要影响。根据实时检测效果可以对网络广告的表现及时做出调整，对提高网络广告的最终效果具有重要作用。

8）其他指标

对广告业的理解、定制广告的能力、灵活性、协商的意愿、响应能力、综合服务水平等，也是企业选择网络媒体时的评价指标。

好的网络广告媒体站点具有一些共同的特点：稳定的访问量、高点击率、覆盖面广、雄厚的技术基础、良好的信誉度等。

2. 网络广告常用计费方式

网络广告计费方式常用术语有 CPA、CPL、CPC、CPM、CPS，这些术语的基本含义解释如下：

（1）CPA 和 CPL（cost per leads，按注册成功支付佣金）

CPA 是根据每个访问者对网络广告所采取的行动收费的定价模式。对于用户行动有特别的定义，包括形成一次交易、获得一个注册用户或者对网络广告的一次点击等。

CPA 和 CPL 可以看成同一类型的模式，其代表就是著名的亚洲交友联盟和 Google Adsense 的火狐推介等产品，按每成功注册一次或每成功下载一个来计算佣金。

（2）CPC

CPC 根据广告被点击的次数收费。如关键词广告一般采用这种定价模式。其代表就是 Google Adsense 豆腐块广告、百度主题推广、雅虎联盟、搜狗联盟等。

（3）CPM（cost per mille，每千次展示费用）

CPM 即广告条每显示 1 000 次的费用。CPM 是最常用的网络广告定价模式之一。此类模式在国内联盟出现概率最高，很多联盟都有 CPM 的广告，大流量的网站一般都会加上此类广告。

（4）CPS（cost per sales，营销效果是按销售额提成）

CPS 是以后网络广告发展的大趋势，也是企业最喜欢的广告酬劳方式（按销售提成，企业不会担心任何作弊、恶意和无效的广告行为），更是正规发展的网站应该努力研究的方向，此类企业几乎永远不会结束其投放的广告。

3. 网络广告联盟知识

1）广告联盟的概念

广告联盟，通常指网络广告联盟，是指由众多中小型网站通过一个共同联盟平台为企业进行广告的营销活动。1996 年亚马逊通过这种新方式，为数以万计的网站提供了额外的收入来源，且成为网络 SOHO 族的主要生存方式。目前，我国广告联盟已经处于蓬勃发展的阶段，有很多个人和企业涉足这个领域，以"成果网"为首的跨国企业已开始崭露头角。企业也都越来越倾向于广告联盟这种以效果作为成功营销标准的投放模式。

广告联盟包括三要素：企业、网站主和广告联盟平台。

企业是广告活动的发布者，是在网上销售或宣传自己产品和服务的商家，是"成果网"广告的提供者。任何推广、销售其产品或服务的商家都可以作为企业。企业可以是通过网络长期推广销售其产品、服务的厂商，期望提高知名度/访问量的网站，期望增加会员的网站，寻找新的营销渠道、新的营销增长点的企业，期望降低营销成本却又能提高收益的公司，及计划重点推介某一项目、产品、服务、网站频道等的公司，并能承担相关法律责任。企业发布广告活动，并按照网站主完成的广告活动中规定的营销效果的总数量或总销售额向网站主支付费用。

网站主是网站的拥有者，具有特定网站的修改、新增、删除内容的能力，并承担相关法律责任。网站主在联盟中，可以选择企业的广告活动在自己网站播放，并按照自己完成的广告活动中规定的营销效果的总数量或总销售额而获得收益。网站主可以自主选择企业，免费享受"成果网"服务并承担相应的法律责任。网站主可以是门户网站、垂直网站、专业网站、个人网站、博客，或者是本身没有网站但正在使用"成果网"免费提供的"去买网"商城的用户。

广告联盟平台通过联结上游企业和下游加入联盟的中小网站，通过自身的广告匹配方式为企业提供高效的网络广告推广，同时为众多中小站点提供广告收入。

2）常用国内广告联盟平台

目前国内广告联盟有很多，比较常用的有以下这些。

（1）百度网盟。百度网盟是国内广告联盟的首选，是一种单价高、多样化的广告展现形式。只要你的网站备案了，有一定的内容，就可以申请百度网盟。没有备案的网站和电影网站是很难通过申请的。

（2）谷歌联盟。对于没有备案的网站，谷歌联盟是个很好的选择，单价也很高，但是盗版网站很难通过申请。

（3）阿里妈妈。阿里妈妈是阿里巴巴旗下的广告联盟，如果做淘宝客，无须网站备案，但是投放橱窗广告等需要对网站进行备案。只有用户通过链接购买东西后，你才能有收益。

（4）搜狗联盟。搜狗联盟是搜狗旗下的广告联盟，只要网站备案，即可通过申请，但是点击的单价很低。

（5）discuz联盟。这个联盟是盛康旗下的联盟，只支持用盛康系统做的网站投放联盟广告，网站也必须备案才能申请联盟。

（6）网易联盟。只要网站通过备案，就能投放广告申请。网易联盟对网站主作弊打击非常严厉，因此对企业相对有利一些。

（7）脉动联盟。这个联盟是国内专注于CPA产品的联盟，不同于以上大鳄级互联网联盟，该联盟对小型网站和各类综合运作产品的网站和渠道吸纳性更好，且付款时间更迅速。

（8）亿起发联盟。主要以CPA、CPL和CPS为主，产品也不错，还可以通过它间接申请到百度的主题推广。

（9）麒润广告联盟。主要以CPC、CPM为主，产品相对其他同类联盟丰富且佣金高。

（10）唯一广告联盟。主要以CPS广告产品为主。

（11）智易营销联盟。由老牌广告联盟，著名的好耶广告网络创办，大腕企业聚集地。

（四）注意事项

（1）一般而言，为了达到更好的广告效果，企业通常将不同类型的网络广告综合运用，给用户提供多途径的信息传播。

（2）网络广告的目标受众决定网络广告的表现形式、广告内容、发布站点的选择，也影响着广告最终效果。因此，企业只有首先准确识别目标受众，才能制订出适合其特征的广告发布方案，达到最佳传播效果。

四、营销短文撰写

(一) 学习目标

通过学习，了解营销短文的相关知识，掌握营销短文的撰写方法。

(二) 工作程序及内容

营销短文写作并不是先写作标题再写正文最后到口号，营销短文的写作是和创意联系在一起的，写作的过程往往也是创意的过程。下面以某典当行企业的营销短文撰写为例说明其程序。

步骤一　收集资料。

营销短文创作的工作首先从收集资料开始。优秀的文案是以全面的调查和缜密的分析为基础的。在这一阶段必须收集有关的所有资料。但是，许多撰稿人很容易疏忽资料收集工作，只根据长期以来积累的经验和感觉来代替这样的调查。资料收集作为文案创作的第一阶段，是最重要的基础工作之一。营销短文文案的任务是向消费者说明商品或服务，所以，创作者首先要详细了解市场和自己的商品，了解哪些人会购买，何种动机导致他们购买，除此之外别无他法。

例如，要为该典当行撰写营销短文，就要收集相应资料，资料至少应该包括典当行市场现状、自己的融资产品种类及其特征、目标人群特征以及与竞争对手相比较的优势等。

步骤二　分析产品概念和卖点。

分析阶段是从收集到的资料中导出结论的阶段。调查资料有旧的、新的、重要的、不太重要的，建立一个体系是这一阶段的重要工作。分析从调查资料中获得的问题点，并从中提取该商品吸引消费者的卖点，从而引出产品的定位、广告的诉求等。卖点正是推销人员向消费者介绍商品的诉求点，是消费者从众多的商品中比较得出的值得选定该商品的优点。

卖点必须与消费者的利益紧密相连，并且是在与其他商品比较后形成的能给消费者更强烈的印象和感动的诉求点。因此，作为创作者必须将重点放在与竞争对手商品的比较上，比较哪个卖点更有魅力。在这一步得到的产品的卖点，为走向下一个阶段迈出了关键的一步，卖点的决定将帮助创作者找到创作方向。

通过分析，典当行相关融资产品相对银行融资产品办理更为快捷、方便，碰到资金困难的企业和个人老板，可以将典当行的融资产品比作企业资金问题的"速效救心丸"。

步骤三　"孵化"创意。

根据第一步的调查和第二步的分析，产品概念和卖点确立之后，创作活动就进入一个"发酵"和"消化"的阶段。在创作过程中，一定要充分地活用潜意识。潜意识朝哪个方向不仅取决于创作人员的经验和才能，更取决于第一阶段和第二阶段调查研究的量和质。

进入思考阶段，在决定性的创意被找到之前，创作者潜意识始终在不停地工作。所以，进入"孵化"阶段，可以把题目搁置几天让它充分地"发酵"，最终酝酿出理想的作品。对于这样一个"孵化"阶段，充分地依赖个人的潜意识，因此，创作人员一定要找到适合自己思维的规律与周期。

通过前两步的结果，可以孵化出该典当行的营销短文创意有"某某典当行，企业资金速效救心丸""急用钱，就找某某典当行"及"中小企业融资被冰封，某某某七剑辟钱路"等。

步骤四　开发与决定选题。

优秀的广告作品不是简简单单就能完成的，常常是费了很长时间也未必能产生好的构思。但是，不管你当时认为这些构思是好还是坏，在此开发阶段产生的诸多想法都有必要全部记录下来。

对于这一阶段产生的诸多构思，决定最好、最适合的一个，是这一阶段工作的主旨。对构思的优缺点、可能和不可能使用的东西、崭新和平凡的东西要逐一进行分析和评价。到这一步，再次确认已经形成的卖点和产品概念，并与构思相结合，看这一构思是否适用于广告目标，是否适用于目标消费者及媒体，与竞争对手商品表现相比是否有创造性，这些都需要严格分析，以便对构思作出客观的评价。从诸多构思中选出一些优秀的构思，再从中决定一个最实用的构思，这就是写作过程的最终阶段。

通过不断对比和试创作，发现"中小企业融资被冰封，某某某七剑辟钱路"更加适合此次营销短文的选题，其中"某某某"指的是该典当行的商号。

步骤五　撰写营销短文。

根据选题和构思撰写主题、标题、内容。内容一般包括五个要素：对谁说、说什么、如何说、何时说、何处说，即 5W（Whom、What、Who、When、Where），这些要素有些是明示的，有些是隐含的。

（三）相关知识

1. 营销短文的概念

营销短文通常被称为"软文"。顾名思义，营销短文是相对于硬性广告而言，由企业的市场策划人员或广告公司的文案人员负责撰写的"文字广告"，通过特定的概念诉求、以摆事实、讲道理的方式使消费者走进企业设定的"思维圈"，以强有力的针对性心理攻击迅速实现产品销售的文字模式和口头传播，如新闻、第三方评论、访谈、采访等。

营销短文是基于特定产品的概念诉求与问题分析，对消费者进行针对性心理引导的一种文字模式。从本质上来说，它是企业软性渗透的商业策略在广告形式上的实现，通常借助文字表达与舆论传播使消费者认同某种概念、观点和分析思路，从而达到企业品牌宣传、产品销售的目的。

它的载体、目的和形式如下。

（1）载体：报纸、杂志、DM、网络、手机短信等。

（2）目的：提升企业品牌形象和知名度，促进企业销售。

（3）形式：包括特定的新闻报道、深度文章、付费短文广告、案例分析等。大部分报纸、杂志都会提供一定的篇幅用来刊登广告或营销短文。有的电视节目会以访谈、座谈方式进行宣传，这也属于营销短文的形式。

2. 营销短文分类

1）按照撰写内容分类

（1）日志营销短文。此类营销短文是反映网站日常工作情况和问题的文章，如"武汉百度网站日志"等。这类营销短文撰写比较复杂、烦琐，值得借鉴和探索研究。撰写时要注意以下几点：要迅速及时，尤其是在网站日常工作进行或出现问题时，更应注重速度；日志营销短文撰写要突出重点，一事一议，内容集中；要记录网站更新过程，反映网站所出现的问题，实事求是。这样当别人看到你的日志营销短文时，才能学以致用，共同探讨。

2）新闻营销短文。此类营销短文是针对某条新闻的专题营销短文，比如谷歌 ICP 备案续期，它是为专题反映新闻事实而撰写的营销短文，此类营销短文要与时俱进，反应及时，不然就过时了。

3）业务营销短文。此类营销短文主要是针对某个商品或者服务所撰写的营销短文。主要内容是围绕商品或者服务优势撰写，要写得吸引读者，引发读者的购买和合作欲望。当然有些商品或者服务比较简单，可写的内容比较少，但也应该有吸引读者购买或消费的卖点。

4）评论营销短文。此类营销短文主要用来交流经验，引用典型的事迹进行评论解说，这种营销短文必须要营造矛盾点，激发读者评论，针对性要强，同时也要简明扼要，这种营销短文是把双刃剑，搞不好容易伤到作者。

2）按照撰写方式分类

（1）悬念式，也可以叫设问式。核心是提出一个问题，然后围绕这个问题自问自答。例如："人类可以长生不老？""什么使她重获新生？""牛皮癣，真的可以治愈吗？"通过设问引起话题和关注是这种方式的优势。但是必须掌握火候，提出的问题要有吸引力，答案要符合常识，不能作茧自缚、漏洞百出。

（2）故事式。通过讲一个完整的故事带出产品，使产品的"光环效应"和"神秘性"给消费者心理造成强暗示，使销售成为必然。例如"1.2 亿买不走的秘方""神奇的植物胰岛素""印第安人的秘密"等。讲故事不是目的，故事背后的产品线索是文章的关键。听故事是人类最古老的知识接受方式，所以故事的知识性、趣味性、合理性是营销短文成功的关键。

（3）情感式。情感一直是广告的一个重要媒介，营销短文的情感表达由于信息传达量大、针对性强，当然更可以叫人心灵相通。"老公，烟戒不了，洗洗肺吧""女人，你的名字是天使""写给那些战'痘'的青春"等，情感最大的特色就是容易打动人，容易走进消费者的内心，所以"情感营销"一直是营销百试不爽的灵丹妙药。

（4）促销式。促销式营销短文常常跟进在上述几种营销短文见效时，如"×××在香港卖疯了""一天断货三次，西单某厂家告急"，这样的营销短文直接配合促销使用，通过"攀比心理""影响力效应"多种因素来促使消费者产生购买欲。

（5）事件式。所谓事件式营销短文，就是为宣传寻找一个由头，以新闻事件的手法去写，让读者认为仿佛是昨天刚刚发生的事件。这样的短文有对企业本身技术力量的描写，但是，要结合企业的自身条件，多与策划沟通，不要天马行空地写，否则会造成负面影响。

3. 营销短文的特点

1）要"软"

"软"，指文字表示要通俗易懂，营销短文的篇幅须视具体项目而定，一般营销短文撰写在 500～600 字是最容易传播和转载的。营销短文不是必读之文，如果长篇大论，拖泥带水，读者就无心阅读了。营销短文的创作者必须充分掌握其特点，要干净利索，思路清晰，扬长避短，以精彩的内容去赢得读者关注。

2）要"准"

精准，是营销短文的生命所在。营销短文须就事论事，且要考虑读者的身份，所以写营销短文前一定要明确目的：这篇营销短文诞生的目的是什么，受众是谁，营销短文的噱头在哪里，矛盾点在哪里，诱惑点在哪里，都要精确定位。例如本文的受众应该是各大营销短文写手，那么这篇文章能不能引起他们的注意，就是最重要的目的。营销短文撰写，要有根据，果断实在，把握分寸。拿不准的东西不宜写出，不能为了某种"需要"，歪曲事实，信口雌黄。

3）要"快"

快，是营销短文的又一特点，成功的营销短文，传播速度很快，容易引发转载。这样的营销短文除了撰写时要精力集中、文思敏捷外，重要的是要调查细节，抓住线索，紧跟不放。这样的营销短文，要对商品、服务或者信息了解全面、具体，写起来才能得心应手。

4）要"新"

这点尤其要针对新闻营销短文，因为新闻营销短文只有对新出现的情况、问题、经验，及时发现、及时报道，才能迅速地传递信息，得到及时的评论及转载。

4. 营销短文的要素

1）具有吸引力的标题是营销短文营销成功的基础

营销短文文章内容再丰富，如果没有一个具有足够吸引力的标题也是徒劳，文章的标题犹如企业的 Logo，代表文章的核心内容，其好坏直接影响营销短文营销的成败。所以在创作营销短文的第一步，就要赋予文章一个新颖的标题。这里需要说明一下，标题虽然要有诱惑力，但是切忌变成标题党，导致给用户挂羊头卖狗肉的感觉。

2）抓住时事热点，合理利用热门事件或流行词

热门事件就是那些具有时效性、最新鲜、最热门的新闻。流行词也一样，都能够捕捉到用户的心理，引起用户的关注。

3）文章排版清晰，巧妙利用小标题突出重点

高质量的营销短文排版应该是有条不紊的。一篇排版凌乱的文章，不但会令读者阅读困难、思路混乱，而且会给人一种不权威的感觉。因此，为了达到营销短文营销的目的，文章的排版不可马虎，需要做到最基本的上下连贯，最好给每一个话题标注小标题，从而突出文章的重点，让人看起来一目了然。

4）广告内容自然融入，切勿令用户反感

把广告内容自然融入文章是最难操作的一部分。因为一篇高境界的营销短文是要让读者读起来一点都没有广告的味道，就是要够"软"，读完之后读者还能够受益，认为文章为她或他提供了不少帮助，那么文章就成功了。这一个要点虽然是写在最后，但是并不代表融入广告是最后操作的步骤，相反要在写营销短文之前就要想好广告的内容、广告的目的。如果没有高超的写作技巧，营销短文的广告切勿放在最后，因为文章内容如果不具有吸引力，读者可能没有读到最后就已经关闭网页了，最好把广告内容放在第二段，当读者

被第一段吸引之后，很自然地接受广告内容，进而达到营销短文的写作目的。

（四）注意事项

（1）营销短文文案写作的过程虽然是创意的过程，如果创意虽然独特，却与主题不相协调，主题得不到充分体现，甚至出现干扰主题思想的现象，就必然会转移读者的注意力，或出现歧义，削弱广告的效果。因此，营销短文文案的写作与创意等应以企业题为核心。

（2）标题的字数最好控制在 8～11 个字，特殊情况除外。这是根据人类的正常视觉接受力和阅读习惯来确定的。短了，可能信息量不足；太长了，读者难以接受。紧扣热点，从热点出发找到文章的立足点。符合网络搜索关键词习惯，尽量用热门关键词。比如，旅游资讯网站在百度搜新闻时都往往直奔主题，旅游、酒店、旅行社、导游……带有这些词的文章转载率较高；标题中带有电子商务中的热门词语与热门概念的关键词，也很容易被转载。

（3）正文是营销短文中向受众传达全面信息、居于主体地位的文字，是营销短文的中心和主体，决定着营销短文是否得到读者的认可。纯粹的广告文章不能够叫营销短文，那叫广告。营销短文就是要写得让读者看不出是广告，但是却能够达到广告的效果。如尝试提出一个问题，然后给予解答，在解答的同时提到宣传的网站。

正文要做到以下几点。

（1）导语要精彩。营销短文的导语应将全文最重要的信息集中到一块来写，同时要设置冲突和悬念，让人读了以后，想进一步弄清事实的真相。

（2）主题要鲜明。好的营销短文应该只有一个主题，并且言简意赅，让人读后眼前一亮。与其将十个优点全部讲到，不如把一个优点讲透讲明，这样才会给人留下深刻的印象。

（3）多引述权威语言。写作营销短文要多引用第三方权威观点和语言，避免自说自话。

五、网络推广效果分析

（一）学习目标

通过学习，理解网络推广效果的评价指标，掌握网络推广效果分析的方法。

（二）工作程序及内容

一个企业开展了一定的推广之后，怎么知道网络推广是否有效果呢？网络推广必不可少的一项工作是对其效果进行评价分析。

下面仍然以某典当行网络推广活动为例来说明网络推广效果分析的流程。

步骤一　确定网络推广目标。

进行网络推广效果分析首先要明确定义网络推广目标。这个目标是单一的，可以测量的。比如，如果是直接销售产品的电子商务网站，网站营销目标当然就是产生销售额。但网站的类型多种多样，很多网站并不直接销售产品。我们需要根据情况，指定出可测量的网站推广目标。如果网站是吸引用户订阅电子邮件，然后进行后续销售，那么用户留下E-mail地址，订阅电子杂志，就是网站推广的目标。网络推广目标也可能是吸引用户填写联系表格，或者打电话给网站运营者，可能是以某种形式索要免费样品，也可能是下载白皮书或产品目录。

例如，某典当行在2012年"最后一击"网络推广活动中的目标就设定为：

1）网站优化目标

实现百度收录增加到2 500以上，百度反链达到35万以上。百度权重增加到3（现为2）。重点关键词排名——12个关键词（典当、典当行、北京典当行、典当融资、宝瑞通商城、房产典当融资、汽车典当融资、民品典当融资、典当淘宝、专家鉴定、在线典当、绝当品）90％达到百度首页，10％达到百度的第2页。

2）新闻宣传效果

品牌关键词下新闻搜索效果达到20 000（目前19 100），品牌词＋典当行关键词下搜索效果达到1 100（目前760），品牌词商城咨询增加10。

3）网流量

日均2p：1 800；日均PV：7 500（目前日均1P：1 440；日均PV：560。）

4）六百竞价推广

搜索时段展现产品组关键左侧前三。

5）微博粉丝

增加1 000有效粉丝。

步骤二　收集实际数据。

活动执行到某节点阶段或者最终完成阶段，为评价其效果，我们必须收集相关数据。这些数据都是反映网络推广目标是否实现的关键数据。

该典当行此次采用的网络推广方式有：①百度竞价及网盟；②百度地标；③网盟广告；④网络新闻发布；⑤网络软文发布；⑥微博发布，有奖转发活动；⑦百度知道、文库等免费推广；⑧分类信息网的发布和推广。

（1）百度地标预算5万，顺利上线，推广期内均顺利竞拍到位置。

（2）百度网盟广告费用。

自定义日期 数据概括	2013.01.08 - 2013.01.31		
¥ 5,551.77	4,668,102	2,672	0.0572%
总费用	展现次数	点击次数	点击率

（3）网络新闻发布。计划20篇×20篇次，共400篇次，力争500篇次以上；实际撰写29篇，发布532篇次，软文为27篇，1 185个链接。

（4）网络软文发布。计划25篇×40篇次，共1 000篇次，置顶20篇；实际撰写25篇，发布2 119篇次，置顶23篇。

（5）微博发布，有奖转发活动。计划15条×25天，转发活动4次；实际发布：297条，转发活动3次。

（6）百度知道文库推广。计划15×20＝300个；实际发布：问答25套，255个，文库

26 套，80 个，总计 335 个链接。

（7）分类信息推广。计划 10×20＝200，置顶 5×20＝100；实际发布：201；置顶消费：4 074.2。

步骤三 进行数据统计与分析，对照目标衡量是否实现目标。

在这一步中，除了总结统计工作的结果数据，还需要借助网站流量分析系统来统计其他相关数据，如用户是怎样来到网站的（是来自于搜索引擎、哪个搜索引擎、搜索的关键词是什么，还是来自于其他网站的链接？）来自于哪个网站？或者来自于搜索竞价排名？这些数据都会被网站流量分析系统所记录，并且与产生的相应目标相连接。

补充这些数据后，对照设定的推广目标对比结果如下：

（1）推广期间，按照所做分期，百度所选关键词均在左侧前三位。

（2）推广期间，网站日均 IP：2 887；日均 PV：9 207；日均 UV：3 223。

（3）百度收录：高峰期收录 2 200，目前 1 860；反链 33.5 万，目前 27.6 万。

（4）百度权重：增加到 3。

（5）网站关键词自然排名：12 个关键词有 10 个在首页，1 个在第 2 页，1 个在第 3 页。

（6）微博粉丝：增加 2 000 人。

步骤四 根据对标结果撰写推广效果总结。

推广效果总结一般包括是否实现目标，超出目标或者未完成目标的原因是什么，对以后工作的启示是什么。如该典当行推广效果总结如下几条。

（1）从推广数据来看，大项数据指标达成超出预期，达到了之前既定的推广目标。

（2）从实际效果来看，百度收录、反链效果未达到预期，主要原因有两个。

①推广的持续性未达到，中途的时效性损失，造成了未在既定时间内完成所应进行到的推广动作，导致搜索引擎收录及反链数据的升降反复。

②百度新闻数据统计的不稳定性，中途曾经抓取结果变为 200，再次刷新为 400。

（3）对以后工作的启示有以下几方面。

①临时性、瞬间性的网络推广效果有限。推广必须保持持续性，才能达到质的提升效果。

②时效性问题亟待解决，时效性是网络推广的关键点，无时效性的推广没有意义。

④需要增强对数据反馈的重视，反向来指导网络推广的操作。

⑤对于对手推广信息的监控，应该得到加强，时刻紧盯对手的动作。

（三）相关知识

1. 网络推广效果分析知识

由于网络推广的方法和手段如此之多，目前还没有一个完整的体系来评价和分析网络推广的效果，但每个长期从事网络推广的企业一般都会制定一套适合本公司的网络推广效果评价方法，然后结合网站流量监测的手段来评价和分析网络推广效果。

1）网络推广效果评价

随着互联网的多元化发展，网络推广的表现形式也越来越多，企业在网络推广方面越来越多地考虑如何进行整合营销推广，单纯的品牌、促销、活动信息等推广模式已不再是唯一选择，客户也不再只是关注投放网站的 PV、浏览用户量、点击量等，其中要考虑的环节有很多，比如说推广目的、推广预算如何实现经济效果的最大化、跨媒体的效果评估等。所以说，综合考核的指标变得越来越复杂。

（1）网络推广测评的内容和因素。如何评价和衡量一个推广的好坏，就目前而言，国内推广评估主要从推广的经济效果指标来进行综合评估，其包括推广费用指标、推广效果指标、推广效益指标、市场占有率指标和推广效果系数指标等六大指标。因此要评估一个推广投放是否成功，绝不能从单一指标就得出结论，而是要做一个全面的考察。可以将此总结归纳为三个因素：曝光数、点击数、转化率。

①曝光数：虽然很多网络推广投放是按效果付费的，每点击一次计费多少，不点击就不计费，但是不能否认，推广曝光也是有价值的，能提升自己的品牌形象，能在消费者心目中产生影响。

②点击数：这里说的是有效点击数，点击数是用来衡量网络推广投放所带来多少潜在客户的重要指标。

③转化率：这是用来衡量网络推广投放所带来的直接经济利益，也是很多网络运营商最为关注的重点。

（2）网络推广测评的时间与方法。关于网络推广测评的方法，应该多次测试，其原因很简单，虽然有经验的企业能对推广投放的大致情况有所了解，能掌握推广投放的方向，但是对细节如何把握更有效，走哪条路更快捷，还需要实践来验证，毕竟网络信息太多，网民需求也千变万化。因此，这也是网络推广投放的灵活性所在，可以根据推广投放测评及时改变战略战术。网络推广投放测评按时间来分，可以分为推广前测、推广中测、推广后测三种。

在测评过程中，要评估出网络推广的好坏，必须有一个可衡量的、标准化的方法，与传统推广拥有央视索福瑞、IC 尼尔森等权威机构相比，网络推广到目前为止还没有一家第三方机构可以提供量化的测评标准和方法，大多情况下，都是网络运营商通过后台和具体的销售情况来进行评估。

（3）影响网络推广效果的因素。在推广投放的过程中进行测量、评估、选择，无疑是为了找到最合适的网络推广投放方案，尽量避免一些不利于推广投放效果的因素。那么，到底哪些因素能影响推广的效果呢？

①网站本身。目前，网络信息上亿万条，让人眼花缭乱，各种各样的网站也有成千上万个，在给网络浏览者更多选择的同时，信息的海量化分散了人们的视线，这对网络推广运营商则是致命的伤害。因此影响网络推广投放效果的第一个因素就是网站本身。毋庸置疑，在新浪、网易这种知名度很高的网站是推广投放的最佳选择。

②推广本身。网络推广类型种类繁多，各有各的特点，但从人的视觉来说，一般情况下，图像推广比文字推广更吸引人一些，而 FLASH 动画图像又要比单页图片推广更加有效，图片推广面积越大，其效果也越好；与所处的位置也有关，在网页中间的动态推广明显比放在页面下脚的效果要好。

③文案的魅力。很多推广大师都是写文案出身的，不会写推广文案的人绝不是一个优秀的推广人。我们不要低估一篇优秀的文案所带来的效果，直复式营销大师麦克波尔就曾经利用一份推广信，使他的产品销售了 1 亿美金。哪怕是一个文案的推广标题，稍微修改

一下，有可能会给企业带来多达数倍的利润。

2）网站流量统计与分析

（1）常用网站流量统计工具介绍。

①51 流量统计：http：//www.51.1a/。

基本功能：网站概况、SEO 数据、时段分析、日周月段分析、在线用户、访问明细、升降榜、网站详情、客户端分析。

特色功能：日周月分析，SEO 数据。

特点：简单实用；注重数据的组织和拆分；细致地分析最近一段时间访问量的走势和分布；功能和易用性能够做到协调互补。

②CNZZ 流量统计：http：//www.cnzz.com/。

基本功能：在线列表、最近来源、时段分析、日期统计、地域分析、搜索引擎、关键字、来路分析、客户端分析、页面分析、升降榜。

特色功能：关键字分析，升降榜。

特点：免费；容易上手，使用比较方便；数据有些凌乱；功能和易用性能够达到一定的平衡。

③GOOGLE 流量统计：http：//www.google.com.hk/intl/zh － CN － ALL/analytics/。

基本功能：高层概览、营销分析、访问者分析、内容分析、广告分析、客户端分析。

特色功能：营销分析。

特点：与 Google Adwords 紧密结合，Google Analytics 有 80 多个报告，可以分析整个网站的访问者，并能分析 AdWords 广告的效果；数据比较抽象和宏观，使用不方便，一般站长很难使用到 Google Analytics 的全部功能，而且免费版本有每月统计访问量不能超过 500 万 PV 的限制。

④YAHOO 站长工具：http：//sitemap.cn.yahoo.com/mysites_

基本功能：最近访客、时段分析、每日分析、搜索引擎、关键词、访问来源、访问地区、被访主机、被访页面、访问入口、访问出口、客户端分析。

特色功能：被访页面，被访主机。

特点：简单实用，没有 Google Analytics 那么多功能，也没有那么复杂，但是该有的数据都有，而且操作起来比 Google Analytics 方便，并且完全免费。

（2）常用统计工具术语。

①IP：指独立 IP 数，24 小时内相同 IP 地址只被计算一次。

②PV：访问量，即页面浏览量或者点击量，用户每次对网站的访问均被记录 1 次。用户对同一页面的多次访问，访问量值累计。每一次页面刷新，就算作一次 PV 流量。

⑧UV：独立访客，是记录标准时间内独立访客数。标准时间一般可为一天、一个月，甚至一年。按照国际惯例，独立访客数记录标准一般为"一天"，即一天内如果某访客从同一个 IP 地址来访问某网站 n 次的话，访问次数计作 n，独立访客数则计作 1。

④新独立访客：是指一段时间内第一次访问网站的人数。

⑤人均浏览次数：总访问页面量/独立 IP 数量。

⑥弹出率：指浏览了一个页面就离开网站的次数/进入网站的次数。它可以反映出一

个网站对客户的吸引度。弹出率的高低也因行业网站而不同，对于一个普通的购物网站，弹出率太高，并不是一件好事。

⑦访问深度：访问深度指的是用户在网站上访问了多少个页面。访问页面越多，深度越高。Google Analytics 以图表形式列出访问深度不同的用户各占百分比是多少。访问深度可以理解为是平均页面访问数的另一种形式，也是衡量网站关注度的指标。

⑧跳出率：指的是访问该网站仅浏览了一个页面就离开的用户所占的比例。跳出率通常表示网站进入页与访问者无相关性。目标网页越有吸引力，就会有越多访问者在网站停留并转换。针对各个关键字和所投放的广告定制目标网页可以最大限度地降低跳出率。目标网页应提供在广告内容中所承诺的信息和服务。

3）网站流量统计指标

（1）流量分析指标。评价一个网站流量主要有两个指标，分别为 PV 和 IP。全面一点说，还应该包括另外两个指标：会话数和用户数。会话是指访问者从访问网站开始，查看了一些页面后到关闭浏览器或者离开网站的一个浏览过程，会话数即是所有浏览过程的个数；用户数是访问网站的所有访问者个数。一般来说，每个 IP 地址可以有多个用户的访问（比如 IP 地址是代理服务器），每个用户又会产生多个会话，每个会话会包括多个 PV，所以它们的关系是：PV≥会话数≥用户数≥IP 数。

如果网站在这段时间内直接输入流量较多，说明大部分的访问者都是熟悉网站的老用户，如果想发展更多的新用户，需要在更广泛的范围内推广网站。

如果网站在这段时间内站内跳转流量较少，说明大部分的用户都只访问了很少的页面，没有持续访问，需要丰富网站的内容，设置合理的页面内链接，引导访问者持续地了解网站、企业和产品。

（2）用户分析指标。新用户是指该访问者以前没有访问过该网站，而本次是第一次到访的访问者；回头用户是指该访问者以前访问过该网站。新用户和回头用户之和是这段时间内访问网站的用户数。

如果网站在这段时间内回头用户较多，说明大部分的访问者都是熟悉网站的老用户，如果想发展更多的新用户，需要在更广泛的范围内推广网站。如果网站在这段时间内新用户较多，想保留住这些用户，需要及时更新网站内容，尽可能地使网站内容丰富，多些行业动态和资讯等内容，同时可以配合使用论坛等手段来聚集人气等。

合理的比例是，新用户数和回头用户数项指标都在 40%～60%。例如，某网站回头用户只占 10%左右，原因可能是网站刚刚开始，推广得比较好，所以新用户比较多，还有一种可能是网站做得不够好，回头用户较少。

（3）来源分析指标。搜索引擎流量是指访问者通过搜索引擎访问网站所产生的流量；直达产品流量是指访问者通过 3721 网络实名，CNNIC 通用网址和 Google 实名通等客户端插件访问网站所产生的流量；其他网站流量是指访问者通过其他网站的友情链接或者其他网站的广告访问网站所产生的流量。

这些指标可以帮助考查网站搜索引擎优化的效果，以及购买商用搜索产品和直达产品的效果，并可以帮助企业及时调整投资策略，把有限的资金用在更有利于企业网站推广的产品上。

（4）关键词分析。我们可以对关键词进行归类分析。一般的方法是把流量在前 5 位的关键词放在一起作为 A 类，看一下它们在整个流量中所占的比重。将其余的关键词作为 B 类。如果 A 类中的关键词是你所需要的，那么要对它们继续优化；如果你所关注的关键词出现在 B 类中，那么要想一想应该如何优化关键词。

（5）页面分析。页面分析是非常重要的，我们可以通过页面分析来发现用户访问最多的页面、用户平均访问页面数、用户是从哪些页面离开的等。页面分析一般包括以下几个方面。

①热门页面。热门页面罗列出网站中访问量最高的页面的排名以及所占流量的比例，可以通过这些数据准确地了解哪些网页是最受欢迎的。

②访问入口。访问入口显示了在网站中客户第一次访问量最大的网页。绝大部分客户都是通过这些网页来找到该网站的。

③访问出口。访问出口代表了客户在观看完此网页后就退出了该网站，这里所列出的网页内容也许是许多客户都不感兴趣的，可以根据这些数据来丰富网站内容，吸引更多的客户。

④阅读页数。阅读页数反映了客户在一次登录后所读到的网站的平均页数，这个数据直接反映了客户是否对该网站及其内容感兴趣，可以根据这些数据的高低对网站内容做更合理的调整。

⑤浏览次数。此数据反映了网站对特定用户的吸引能力，它代表客户反复登录网站的次数。如果此数据较高说明该网站对某些客户比较有针对性，能持续地吸引他们。

通过这些分析，可以明确客户对网站页面的反应，同时可以明确网站工作重点，从而对某些页面进行进一步的优化，对客户不感兴趣的页面进行调整。

2. 网络广告效果分析知识

网络广告是网络推广中较为重要的手段，其效果评价与分析相对较为成熟。

1）网络广告效果测量评估的意义

网络广告是建立在计算机、通信等多种网络技术和媒体技术之上，在效果评估方面显示了传统广告所无法比拟的优势和特点。

（1）网络媒体的交互性使得网络受众在观看完广告后可以直接提交个人意见，企业可以在很短的时间内收到反馈信息，然后就可以迅速地对广告效果进行评估。

（2）企业可以利用网络上的统计软件方便准确地统计出具体数据，而且网络广告受众在回答问题时可以不受调查人员的主观影响，这样网络广告效果评估结果的客观性与准确性大大提高。

（3）网络广告的受众数量众多，因此网络广告效果调查能在网上大范围展开，参与调查的目标群体的样本数量能够得到保证。

（4）网络广告效果评估在很大程度上依靠技术手段，与传统广告评估相比，耗费的人力、物力比较少，广告成本比较低。

与传统广告相比，网络广告的效果评估虽然具有众多优势，但是目前在评估的具体实施上还存在相当大的难度。这主要体现在以下方面：传统广告的受众是被动地接受广告信息，企业可以有目的地选择广告受众，并且在效果评估过程中可以明确统计数据来源的样本，而网络广告受众在接受信息时具有自主性，这就使得企业在选择广告受众时完全没有主动权，在对广告进行评估时所需要的数据来源的样本很不确定；在传统广告中，只有对广告的浏览，而没有对广告的点击数之类的反馈，而网络广告除了对广告的浏览，还有相当一部分转化为对它的点击量，而点击行为要受到诸如网民的心理过程等多方面未知因素的影响，这样就增加了其效果评估的难度；受传统广告影响所产生的购买行为一般是在现实购物场所实现的，而受网络广告影响所产生的购买行为，除了一部分在网上实现购买容易进行统计之外，目前主要的购买行为是通过现实线下购买实现的，这样就使得对网络广告所产生的销售数据难于准确地统计。

尽管网络广告的效果评估存在以上诸多困难，但是并不能回避这项活动，因为网络广告效果评估是网络广告活动的重要一环。广告一旦投放到网络媒体，企业最关心的是广告所产生的效果，那么自然会对网络广告刊登一段时间后的效果进行评估。这个评估结果是衡量广告活动成功与否的唯一标尺，也是企业实施广告策略的基本依据。网络广告效果的评估，不仅能对企业前期的广告作出客观的评价，而且对企业今后的广告活动能起到有效的指导作用，它对于提高企业的广告效益具有十分重要的意义。因此，对网络广告效果评估的研究也具有非常重要的意义。

2）网络广告效果评估的原则

这些原则是贯穿整个工作过程的指导思想，是非常必要和明确的。同样，网络广告的效果评估工作也要遵循特定的原则。

（1）相关性原则。相关性原则要求网络广告的效果测定的内容必须与企业所追求的目的相关，制定广告目标以测定广告效果方法是这一原则的很好体现。举例来说，倘若广告的目的在于推出新产品或改进原有产品，那么广告评估的内容应针对广告受众对品牌的印象。若广告的目的是在已有市场上扩大销售，则应将评估的内容重点放在受众的购买行为上。

（2）有效性原则。评估工作必须要达到测定广告效果的目的，要以具体的、科学的数据结果而非虚假的数据来评估广告的效果。所以，那些掺入了很多水分的高点击率等统计数字用于网络广告的效果评估中是没有任何意义的、是无效的。这就要求采用多种评估方法，多方面综合考察，使网络广告效果评估得出的结论更加有效。

3）网络广告效果判定注意的问题

互联网行业已经逐渐进入到了理性阶段，不考虑效果的广告攻势有了一定程度的收敛，许多网络公司面临着如何利用有限的资金和资源取得更好的推广效果的问题。因此，有必要了解关于网络广告定位与费用等基本问题。

媒体广告成功的关键就是能够把明确的、具有新意的信息准确地传达给目标受众。一般来讲，只有在广告信息恰好符合某人兴趣时，他才会表现出较大的注意力，这就是广告定位的基本原理。

有效定位是营销战略的基本内容。但是，从茫茫人海之中找出符合条件的目标受众，是非常困难的。在确定网络广告方案时，往往要面对这种情形：是选择一个高度定位的专业网站，也许费用相当高，还是选用一个费用相对低廉而受众面较宽、目标定位并非十分专业的网站呢？

要回答这个问题，不仅要明确被宣传的产品或服务的特性，而且还取决于如何对目标受众这一概念进行定义。在现实中，一些企业对于网络广告的定位与成本之间的关系往往存在比较明显的两种极端的错误认识。

第一种错误：加大了定位的成本。如果广告对较大范围内的观众都具有影响力，而企业没有认识到这一点，只在高度定位的网站投放广告的话，这种定位的成本就会比较高昂，因为专业定位的广告媒体价格肯定比公共媒体要高。

第二种错误：降低了广告的效果。与第一种错误情形相反，为了节省费用，不考虑目标定位，通常是在廉价的广告网络中或者在廉价的时段投放广告。

在正常情况下，应该兼顾广告效果（定位）和广告费用，而不是从一个极端走入另一个极端。以旅游网站的在线广告为例，假设有 10 000 元的广告预算，在非目标定位网站，可能需要非常低廉的费用，而在一个高度定位的网站或频道，广告费用可能是它的 20 倍以上。也可以这样理解，如果在一个面向一般公众的网站可以购买 500 万次印象（其中可能有相当比例是在线旅游用户），在定位网站也许只能投放 25 万次标志广告。

对于这种问题，企业应该如何选择呢？两种方案哪个效果更好一些呢？在这一特定情况下，似乎在公众类的网站中增加广告显示次数更具吸引力，因为网上旅游服务是现在最流行并且发展最快的在线服务，旅游广告可能吸引大部分网民的注意，潜在用户可能出现在网上任何地方，而不仅仅局限于和旅游有关的场合。

关于广告投放方式选择的另一种判别方法是从公众曝光度中获得的价值。企业从目标定位网站获得的直接利益可能是公众网站的 20 倍，但是，如果将广告投放到数以千计的其他网站，可能会有更多的人看到，从而扩大了广告的覆盖范围。在网络广告中，覆盖范围这一要素可能经常被忽略，事实上，扩大网络广告的覆盖范围，吸引更多的新用户比在一些大型网站重复显示标志广告效果要好。

在某些情况下，购买廉价、非定位的网络广告几乎不可能取得效果，例如，对于一些特殊行业的产品或服务（如 B2B 网站、医疗网站等），最好选择高度定位的媒体投放广告，或者采取其他广告形式，如电子邮件营销或在搜索引擎相关类别中的页面放置标志广告等。如果企业对网络广告效果的关注是实际的点击率而不是印象的话，采取目标定位广告的方式更为理想。

在许多情况下，企业预期的目标受众可能介于高度定位和大众媒体这两种极端情形之间，应该如何选择合适的广告空间呢？最重要的是要首先了解用户的行为和特点，在没有其他证据可以明确表明广告效果的情形下，定位无疑是扩大覆盖范围的首选策略。

4）网络广告效果测定指标

网络广告效果测定的指标有以下几种。

（1）Ad view：广告浏览。即广告被用户实际看到一次称为一次广告浏览。广告浏览数是最早的定价基础之一，但由于出现的广告是否被浏览实际上无法测量，因此现在已经不用这一概念。现在采用的最接近广告浏览的概念是"广告显示"。

（2）Page view：页面浏览。即用户实际上看到的网页。由于页面浏览实际上并不能准确测量，因此现在采用的最接近页面浏览的概念是"页面显示"。

（3）Ad impression：广告印象。广告印象包括服务器端和用户端两种。网络广告可以是来自服务器为用户浏览器提供的广告显示，也可以是来自用户浏览器的请求。对广告印象有不同的测量方式。粗略地说，广告印象和页面显示、广告下载比较接近。

（4）Ad impression ratio：广告印象率。点击数与广告印象数的比例，同点击率。

（5）Ad click：广告点击。广告点击是用户对广告的反应形式之一，通过对广告的点击引起当前浏览内容重新定向到另一个网站或者同一个网站其他网页。

（6）Click throughs：点击次数。即网上广告被用户打开、浏览的次数。

（7）Click-through rate：点击率。网络广告被点击次数与显示次数的比例＝看到广告并点击的数量÷Page views。

（8）Ad display/Ad delivered：广告显示/广告传递。一个广告在用户电脑屏幕上完全显示称为一次广告显示/广告传递。

（9）Ad download：广告下载。服务器完整地将一个广告下载到用户的浏览器称为广告下载。如果用户的请求并没有被完全执行，广告下载不完整或者没有被下载，就无法形成广告浏览。

（10）Transfer/Ad transfer：传送/广告传送。传送是指服务器对来自网页请求的成功反应，也指浏览器接受到来自服务器的完整网页内容。广告传送是指用户点击一个广告之后成功地显示广告客户的网站。当一个网络广告被点击之后，正常情况下将重新定向，或者说为用户的浏览器"传送"广告客户的网站内容，如果用户浏览器成功地显示广告客户的网站内容，那么就形成了一次广告传递，否则，将只有点击而没有形成传递。

（11）Reach：送达。它有两个方面的含义：一是在报告期内访问网站的独立用户，以某类用户占全部人口的百分比表示；二是对于一个给定的广告所传递到的总的独立用户数量。

（12）Unique users：独立用户数量。指在一定的统计周期内访问某一网站的所有来自不同服务器的用户的数量。通过同一个服务器访问的不同用户，无论多少人次，都被认为是一个独立用户。

（13）Retum visits：重复访问数量。用户在一定时期内回到网站的平均次数。

（14）Repeat visitor：重复访问者。在一定时期内不止一次访问一个网站的独立用户。

（15）Traffic：访问量。来到一个网站的全部访问者的数量。

（16）Conversion & Conversion rate：转化次数与转化率。网络广告的最终目的是促进产品的销售，而点击次数与点击率指标并不能真正反映网络广告对产品销售情况的影响，"转化"被定义为受网络广告影响而形成的购买、注册或者信息需求。通常情况下，将受网络广告的影响所产生的购买行为的次数看作转化次数。

（17）Income：网络广告收入。顾名思义，网络广告收入就是指消费者受网络广告刊登的影响产生购买而给企业带来的利益收入。其计算公式为：Income＝P×Ni，其中，P表示网络广告所宣传的产品的价格，Ni 表示消费者在网络广告的影响下购买该产品的数量。这一结果看似很简单，但是要得到准确的统计数字，还是具有相当大的难度。

（18）Cost：网络广告成本，目前有以下几种网络广告的成本计算方式：

①千人印象成本：指网络广告所产生 1 000 个广告印象的成本，通常以广告所在页面的曝光次数为依据。它的计算公式为：CPM＝总成本÷广告曝光次数×1000

②每点击成本：点击某网络广告一次企业所付出的成本。其计算公式为：CPC＝总成本÷广告点击次数。

③每行动成本：企业为每个行动所付出的成本。其计算公式为：CPA＝总成本÷转化次数。如一定时期内一个企业投入某产品的网络广告的费用是 6 000 元，这则网络广告的曝光次数为 600 000，点击次数为 60 000，转化数为1 200。那么这个网络广告的千人印象

成本为：CPM＝6 000÷600 000×1 000＝10（元）；这个网络广告的每点击成本为：CPC＝6 000÷60 000＝0.1（元）；这个网络广告的每行动成本为：CPA＝6 000÷1 200＝5（元）。

千人印象成本是目前应用最广，也是使用起来最简单的指标。

（19）投资收益率：净利润除以投资额。

（四）注意事项

（1）网络推广目标的确定需要根据企业实际情况确定，并不是千篇一律的。但最好能够定量化，这样方便评测效果。

（2）网站流量统计工具是网络推广效果评价的重要工具，但也不是全部，有时需要实际销售数据和其他线下数据来支撑，如电话、实体门店到访等数据的补充。

（3）网络广告推广是网络推广的重要手段，其投入一般占整个推广预算比重较大，效果也较为明显，评价和分析也相对成熟，可以设置条件尽量做到单独分析其效果。

第四节　网络客户服务

一、客户常见问题解答

（一）学习目标

通过学习，理解客户常见问题解答（frequently asked questions，FAQ）的概念和在网络客户服务中的作用，掌握 FAQ 内容设计方法。

（二）工作程序及内容

1. FAQ 内容设计

FAQ 内容设计即列出客户常见问题及答案。FAQ 的内容主要来源于客户提问，收集客户提问最多的问题，分析出客户提问的真正目的，并将问题进行汇总，形成 FAQ 清单。

网站的 FAQ 一般包括两个部分：一部分是在网站正式发布前准备好的内容，这些并不是等客户经常问到才回答的问题，而是一种"模拟客户"提出的问题，或者说是站在客户的角度，对于在不同场合中可能遇到的问题进行回答；另一部分是在网站运营过程中，客户不断提出的问题，这才是真正意义上的客户问题解答。不过，通常并不需要对这两部分的内容做严格的区分，都通称为 FAQ。如果网站发布前的 FAQ 设计比较完善，那么在运营过程中遇到的问题就会大大减少，因此，比较理想的状况是，前期准备的问题应该至少包含 80% 的内容。

在设计 FAQ 时，可以从不同的角度去设计，如企业提供产品使用或服务、产品或服务涉及的技术等方面。如果将 FAQ 的内容按照客户角度来分，可以分为以下几个步骤：

步骤一 针对潜在客户设计的 FAQ。

提供产品和服务特征的 FAQ，激发购买需求。

步骤二 针对新客户设计的 FAQ。

提供新产品的使用、维修及注意事项的 FAQ，主要是帮助解决实际问题。

步骤三 面向老客户设计的 FAQ。

提供更深层次的技术细节和技术改进等信息，主要是提高老客户忠诚度。

图 4-33 为达闻联盟营销网站 FAQ 页面，内容比较全面，其中既有针对潜在客户、新客户设计的内容，也有面向老客户设计的内容。

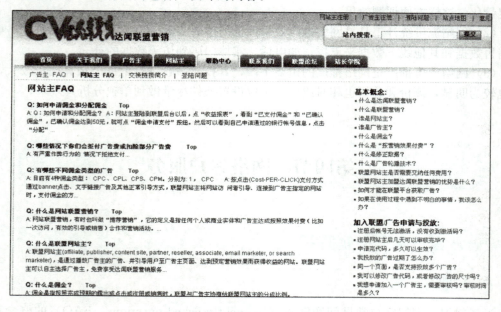

图 4-33 达闻联盟营销网站 FAQ 页面

2. FAQ 页面设计

FAQ 页面设计要做到为客户节约访问时间，保证页面内容清晰易读，易于浏览。进行 FAQ 页面设计包括如下步骤。

步骤一 选择合理的 FAQ 格式。

FAQ 的格式设置一般将问题分成几大类，并且每类问题对应相应的区域，指引客户查询信息。一般的 FAQ 分类主要有关于产品的常见问题；关于产品升级的常见问题；关于订货、送货和退货的常见问题；关于获得单独帮助的常见问题。

步骤二 客户 FAQ 搜索设计。

搜索工具是为了节约客户的查询信息时间，在设计搜索的时候需要注意以下内容：将检索工具安排在所有 FAQ 页面上；FAQ 搜索功能要适应网站需求；从客户角度去设计搜索引擎关键词。

步骤三 确保 FAQ 的效用及可用性。

经常更新问题，回答客户提出的热点问题；问题要短小精悍，重点问题在保证准确的前提下尽量简短。保证客户使用方便，要做到：提供搜索功能，可通过关键词查询到问题；问题较多时采用分层式目录结构组织问题；将客户最常问的问题放在最前面；对复杂问题可以用设置超级链接的方式解答问题。

FAQ 的问题回答要适度，既要保证客户对信息的需要，又要防止竞争者对给出信息的利用。

图 4-34 为试衣网 FAQ 页面，设计比较合理，页面内容清晰易读，易于浏览，分为注册帮助、试衣帮助、3D 商城、其他问题等几大类。

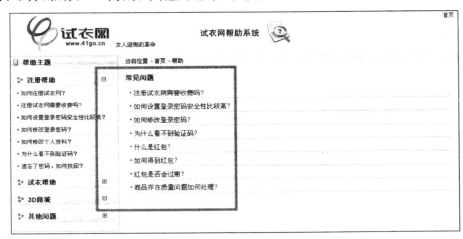

图 4-34　试衣网 FAQ 页面

（三）相关知识

1. 网络客户类型及心理

不同的研究者对网上客户的行为有不同的研究方法，得出的结果也会有所不同，但不管怎样，了解网上客户的类型，对营销策划人员有针对性地改善营销策略具有重要价值。比较流行的一种观点是将网上客户分为四类。

1）简单型

简单型的客户需要的是方便直接的网上购物。他们每月上网时间不多，但他们进行的网上交易却占了一半上网时间。零售商们必须为这一类型的人提供真正的便利，让他们觉得在商业网站上购买商品将会节约更多的时间。

2）冲浪型

冲浪型的客户在网上花费的时间非常多，他们访问的网页数是其他网民的许多倍。冲浪型网民对常更新、具有创新设计特征的网站很感兴趣。

3）接入型

接入型的网民是刚触网的新手，占的比例也很大，他们属于购物尝试者。那些著名传统品牌的公司应对这类人群保持足够的重视，因为网络新手们更愿意相信生活中他们所熟悉的品牌。

4）议价者

议价者有一种趋向购买便宜商品的本能，某平价网站一半以上的客户属于这一类型，他们喜欢讨价还价，并有强烈的愿望在交易中获得优惠。

不管是哪种类型的客户，其心理特征有不同的方面也有交叉的方面，这也正体现了客户心理的复杂。客户根据自己的需求，到商店去购买商品，在这一行为中，心理上会有许多想法，驱使自己采取不同的态度。它可以决定成交的数量甚至交易的成败。因此我们对客户的心理必须予以高度重视。

1）求实心理

这类客户购买物品时，首先要求商品必须具备实际的使用价值，讲究实用，不强调商品的美观悦目。主要以家庭妇女和低收入者为主。所以销售生活必需品的卖家，文字描述中要突出产品实惠、耐用等字眼。

2）求新心理

这类客户购买物品重视"时髦"和"奇特"，喜欢追赶"潮流"。对于商品是否经久耐用、价格是否合理等因素不大考虑，没有主见，很容易受到诱惑。这类客户多为青少年群体，在经济条件较好的城市中也较为多见。

3）求美心理

爱美是人的一种本能和普遍要求，这类客户在购买商品时关注商品的风格和个性，强调"艺术美"，而且也关心商品的包装、款式、颜色、造型等欣赏价值。所以销售化妆品、服装的卖家，要注意在文字描述中写明"包装""造型"等字眼。

4）求名心理

这类客户特别注意商品的品牌，牌子要响亮，以此来"炫耀"自己的社会地位和购买力。同时对名牌有一种安全感和信赖感，觉得质量信得过，不容易受骗上当。所以文字描述中要突出品牌的名字和相关尊贵字眼。这类客户主要是城市青年消费群体，他们时髦、热情而冲动。为了名牌绝不讨价还价，因此此类产品应该以一口价为主，给人一种高端大气的印象，这样才能赚得品牌带来的高额利润。

5）求廉心理

这是一种"少花钱多办事"的心理动机，其核心是"廉价"和"低档"。这类客户在选购商品时，往往要对同类商品之间的价格进行仔细的比较，还喜欢选购打折或处理商品。只要价格低廉，其他一切都不太在意，精打细算，尽量少花钱。对这些客户，可以以略高于厂价去吸引他们，做好讨价还价的准备。

6）偏好心理

这是一种以满足个人特殊爱好和情趣为目标的购买心理。喜欢购买某一类型的商品。例如，有的人爱养花，有的人爱集邮，有的人爱字画等。这类客户以中老年人为主，他们购买力稳定，购买的商品比较固定，适合发展成老主顾。只要你了解他们的癖好并为他们提供需要的商品，就能长久留住他们。因此，产品的文字描述中可以有一些"值得收藏"之类的词语。

7）从众心理

这是一种仿效式的购买心理动机，多为女性，她们平时总是留心观察周围人的打扮，喜欢打听别人购物的信息，进而产生模仿心理。总想跟着潮流走，有人说好，就掏钱买；有人说不好，多半就会放弃。所以如果卖家有大批商品积压需要处理，就可以根据这种心理描述文字，再加上价格的优势，很容易聚拢人气，购买者就会源源不断。

8）隐秘性心理

这种心理的人，购物不愿被他人所知，常常采取秘密行动。例如：性用品之类商品在网上销售有很大的市场。

9）安全心理

有这种心理的人，要求在产品使用过程中和使用以后，必须保障安全。尤其像食品、药品、洗涤用品、卫生用品、电器用品等，不能出任何问题。因此，此类心理客户非常重视食品的保鲜期，药品的无副作用，洗涤品的无化学反应，电器保证不漏电等。在卖家解说后才能放心地购买。卖家可以在用词上使用"安全""环保"等。

10）疑虑心理

这类客户他们在购买物品的过程中，对商品质量、性能、功效持怀疑态度，怕不好使用，怕上当受骗，满脑子疑虑。因此反复向卖家询问，仔细地检查商品，并非常关心售后服务，直到心中的疑惑解除后才肯掏腰包购买。卖家和这类客户打交道时，要用证据有力证明自己的产品质量经得起考验，而且要做好售后服务，如出现质量问题可以退货等。

2. 网络客户服务沟通技巧

1）保持积极态度，树立"顾客永远是对的"理念

有了问题的时候，不管是顾客的错还是快递公司的问题，都应该及时解决，而不是回避、推脱，要积极主动与客户进行沟通。对客户的不满要反应敏感积极；尽量让客户觉得自己是备受重视的；尽快处理客户反馈的意见。我们在除了与客户之间的金钱交易之外，更应该让客户感觉到购物的乐趣和满足。

2）礼貌待客，多说"谢谢"

礼貌待客，让客户真正感受到作为"上帝"的被尊重。客户光临先说一句"欢迎光临，请多多关照"或者"欢迎光临，请问有什么可以帮忙的吗？"诚心致意，会让人有一种亲切感。并且可以先培养一下感情，这样客户心理抵御就会减弱或消失。有时客户只是随便到店里看看，我们也要诚心地感谢人家说声"感谢光临本店"。诚心致谢是一种心理投资，不需要很大代价，但可以收到非常好的效果。

3）坚守诚信

网络购物虽然方便快捷，但唯一的缺陷就是看不到、摸不着。客户面对网上商品难免会有疑虑和戒心，所以对客户需要用一颗诚挚的心，像对待朋友一样。包括诚实地解答客户的疑问，诚实地告诉客户商品的优缺点，诚实地向客户推荐适合他的商品。坚守诚信还表现在一旦答应客户的要求，就应该切实地履行自己的承诺。哪怕自己吃点亏，也不能出尔反尔。

4）处处为客户着想，用诚心打动客户

让客户满意，重要一点体现在真正为客户着想。处处站在客户的立场想客户所想，把自己变成一个买家助手。网络购物不同的是客户还要另外多付一份邮费。卖家就要尽量为对方争取到最低运费，客户在购买时，可以帮助客户所购的商品化整为零，建议客户多样化采购，节省运费。以诚感人，以心引导人，这是最成功的引导客户购买的方法。少用"我"字，多使用"您"或者"咱们"这样的字眼，让客户感觉我们在全心地为他考虑问题。

5）多虚心请教、多听听客户声音

当客户上门时我们并不能马上判断其来意与需要购买什么物品，需要先问清楚客户的意图，客户需要什么样的商品，是送人还是自用，是送给什么样的人等。了解清楚客户的情况，才能准确对客户定位。尽量了解客户的需求与期待，努力做到只介绍对的不介绍贵的商品给客户。做到以客为尊，满足客户需求才能走向成功。

当客户表现出犹豫不决或者不明白的时候，我们也应该先问清楚客户的困惑，是哪个问题不清楚，如果客户表述也不清楚，我们可以把自己的理解告诉客户，问问是不是理解对了，然后针对客户的疑惑给予解答。

6）要有足够的耐心与热情

常常会有一些客户喜欢"打破砂锅问到底"，这时候我们就需要耐心热情地细心回复，会给客户信任感。要知道爱挑剔的买家才是好买家。有些客户所有问题问完了也不一定会立刻购买，但我们不能表现出不耐烦。就算不买也要说声"欢迎下次光临"。如果服务好，这次不成，下次有可能还会回头购买的。砍价是买家的天性，只要在能够接受的范围内，可以适当地让一步，如果确实不行就应该婉转地回绝。比如说"真的很抱歉，没能让您满意，我会争取努力改进"，或者引导买家换个角度来看这件商品，让他感觉货有所值，就不会太在意价格了，也可以建议客户先货比三家。总之要让客户感觉你是热情真诚的。千万不可以说"我这里不还价"等伤害客户自尊的话语。

（7）做个专业卖家，给客户准确的推介

不是所有的客户对你的产品都是了解和熟悉的。当有的客户对你的产品不了解的时候，在咨询过程中，我们要了解自己产品的专业知识，这样才可以更好地为客户解答。帮助客户找到适合的产品。不能一问三不知，这样会让客户感觉没有信任感，也就不会在这样的店里买东西了。

8）坦诚介绍商品优点与缺点

介绍商品的时候，必须要针对产品本身的特点。虽然商品缺点应该尽量避免触及，但如果因此而造成客户抱怨，反而会失去信用，得到"差评"也就在所难免了。所以，在介绍商品时首先要坦诚地让客户了解到商品的缺点，努力让客户了解商品的优点，先说缺点再说优点，这样会更容易被客户接受。在介绍商品时，切莫夸大其词介绍商品优点。例如，介绍自己产品时，可以强调一下："东西虽然是次了些，但是功能齐全"，或者说，"这件商品拥有其他产品没有的特色"等。这样介绍收到的效果是完全不相同的。

9）遇到问题多检讨自己，少责怪对方

遇到问题的时候，先想想自己做得不周到的地方，诚恳地向客户检讨自己的不足，不要一味指责客户。比如，商品说明上有些内容明明写了，可是客户没有看到，这个时候不要光指责客户不好好看商品说明，而应该反省自己没有及时提醒客户。

10）多换位思考有利于理解客户的意愿

当遇到不理解客户想法的时候，不妨多问问客户是怎么想的，然后把自己放在客户的角度去体会他的心境。

11）表达不同意见时尊重对方立场

当客户表达不同的意见时，要力求体谅和理解客户，以"我理解您现在的心情，目前……"或者"我也是这么想的，不过……"等方式来表达，这样客户会感到商家理解他的想法，能够站在他的角度思考问题，同样，他也会试图站在商家的角度来考虑。

12）认真倾听，先了解客户的情况和想法，再做判断和推荐

有的时候客户常常会用一个没头没尾的问题来开头，比如"我送朋友送哪个好"，或者"这个好不好"，不要着急去回复他的问题，而是先问问客户是什么情况，需要什么样的东西，如果他自己也不是很清楚，你就要来帮他分析情况，然后站在他的角度来帮他推荐。

13）保持相同的谈话方式

对于不同的客户，应该尽量用和他们相同的谈话方式来交谈。如果对方是个年轻的妈妈给孩子选商品，我们应该站在母亲的立场，考虑孩子的需要，用比较成熟的语气来表述，这样更能得到客户的信赖。如果你自己表现得更像个孩子，客户会对你的推荐表示怀疑。

如果在和客户交流的时候，有可能他对你使用的网络语言不理解，会感觉和你有交流的障碍，有的客户也不喜欢网络语言。建议在与客户交流时，尽量不要使用网络语言。

3. FAQ 知识

在很多网站上都可以看到 FAQ，列出了一些客户常见的问题，是一种在线帮助形式。FAQ 汇集了网站上客户经常提问的问题答案，还包括了网站主要功能介绍和操作流程，方便客户在最短的时间内解决网站浏览的问题，提高网站体验感。FAQ 看似是网站规划中非常微小的一部分，但却最直接地体现了网站对客户的关注和理解。在利用一些网站的功能或者服务时往往会遇到一些看似很简单，但不经过说明可能很难搞清楚的问题，有时甚至会因为这些细节问题的影响而失去客户。其实在很多情况下，只要经过简单的解释就可以解决这些问题，这就是 FAQ 的价值。以下是关于网站 FAQ 设计的几个要点。

1）注意 FAQ 页面设计

FAQ 页面设计包括四方面：一是 FAQ 导航按钮的设置，一般安排在主页的右上角，和语言选择等在一起，最好在注册或功能展示页面安置 FAQ 按钮，以便于用户发现。此外可以把 FAQ 的导航按钮设计为与其他导航不一样的形状和色彩，以便使 FAQ 更加醒目。二是 FAQ 页面布局，FAQ 页面切忌将不同主题的所有问题流水账似地列在同一页上，问题显示务必设置顺序和分类，页面中最好添加留言本或注册链接，便于提交意见和问题。三是增加相关链接地址，注意有效路径的引导。在问题解答后最好链接相关页面，

便于用户看完问题解答后再次回到出现问题的地方。四是最好将页面设置为静态 HTML 页面，在增加链接的同时起到类似网站地图的效果，便于搜索引擎收录。

2）注意检索功能的设计

对于常见问题较多的网站，最好在 FAQ 页面显要位置设置搜索框，位置在导航栏下，问题内容之上比较合适。客户寻找问题解决办法时一般不会有太多耐心，如果多次查找仍然没有找到答案就可能失去耐心。为方便客户使用，FAQ 应该提供搜索功能，客户通过输入关键词就可以直接找到有关问题的答案。

3）注意分类管理目录结构

如果问题类型较多时，可以采用分层目录式的结构来组织问题的解答，但目录层次不能太多，最好不要超过四层；注意问题顺序，将客户经常问的问题放到前面，最好按点击数量排列，显示人性化一点；此外，在设置问题和答案时可以通过相关链接延伸问题解答。对于大型网站而言，将 FAQ 改为"帮助中心"，将常见问题和基本知识系统梳理，可以参照一下大公司网站，如 IBM 和淘宝等。

4）注意 FAQ 的内容来源

FAQ 的内容来源主要有两方面：一方面是在站点建立之初，站长首先围绕产品、服务、功能的使用和购买程序进行解答，帮助初到网站的浏览者注册，理解产品和服务的购买流程，引导客户完成网站体验，这部分内容在建站初期完成。另一方面是在网站运营期间，通过总结客户的留言、咨询、电子邮件，或者从公司的论坛、电话等反馈信息中选择比较有代表性的问题作为 FAQ。

5）保证 FAQ 简单易用

FAQ 的关键是让客户最快地找到答案，因而在设计问题时要简明扼要，问题的回答也要直接明了。可以设置单击"查看详细"按钮，以免客户认为操作烦琐而放弃使用。对于 FAQ 问题的解答，务必通俗易懂，尽量减少专业术语。

6）保证 FAQ 的有效性

客户单击 FAQ，自然是要解答疑惑的问题，在单击 FAQ 栏目之前，客户都会有一个积极的期望，认为 FAQ 能够帮助他们解决现有的问题。了解客户的访问心理，一方面，网站设计者要密切关注客户疑问，经常更新问题，回答客户提出的一些热点问题；另一方面，要与一线销售服务人员沟通，了解并掌握客户关心的具体问题是什么，根据客服和留言记录及时调整问题和答案，做到与时俱进。此外，再全面的问题也难免会有疏漏，不妨在 FAQ 页面设置一个提交问题的互动栏目，及时了解和更新客户关注的问题。

（四）注意事项

在网络营销中，FAQ 被认为是一种常用的在线客户服务手段，一个好的 FAQ 系统，应该至少可以回答客户 80% 的一般问题及常见问题。这样不仅方便了客户，也大大减轻了网站工作人员的压力，节省了大量的客户服务成本，并且增加了客户的满意度。因此，一个优秀的网站，应该重视 FAQ 的设计。

二、网上客户投诉处理

(一) 学习目标

通过学习，熟悉处理网上客户投诉的知识，掌握处理网上客户投诉的方法。

(二) 工作程序及内容

一般情况下，客户投诉处理流程包括以下几个步骤。下面以某网上商城处理某次客户投诉为例进行阐述。

步骤一　记录投诉内容。

根据客户投诉登记表详细记录客户投诉的全部内容，如投诉人、投诉时间、投诉对象、投诉要求等（如表 4-2 所示）。

表 4-2　客户投诉登记表

| 序号 | 投诉 | | | | | 回访 | | | |
	投诉时间	投诉人	住址	联系电话	投诉内容	处理结果	回访方式	回访时间	回访人	客户意见
1	2012 年 12 月 12 日	马凡	略	略	购买的鞋质量有问题，鞋帮开胶	按该网站规定，超过一个月不退货，经协商，给用户换了货	电话	2012 年 12 月 20 日	关欣	满意

步骤二　判断投诉是否成立。

在了解客户投诉的内容后，要确定客户投诉的理由是否充分，投诉要求是否合理。如果投诉并不成立，就可以用委婉的方式答复客户，以取得客户的谅解，消除误会。

2012 年 12 月 12 日，马凡发现一个多月前在某网上商城购买的鞋质量有问题，鞋邦开胶，于是致电该商城，要求退货。该商城客服人员以委婉的方式答复：按网站售后服务规定，超过一个月不能退货，但是马凡坚持要求退货。

步骤三　确定投诉处理责任人。

依据客户投诉的内容，确定相关的具体受理部门和受理负责人。如果是物流问题，物流部处理；如果是质量问题，则售后部处理。

由于是鞋的质量有问题，该商城客服人员把问题交给售后部处理。

步骤四　责任部门分析投诉原因。

明确客户投诉的具体原因及造成客户投诉的具体责任人。经分析，客户马凡投诉的原因主要有两点：一是鞋的质量有问题，二是马凡在购物时，该商城客服人员没有尽到告知义务，马凡不知道超过一个月不能退货。

步骤五　提出处理方案。

依据实际情况，参照客户的投诉要求，提出解决投诉的具体方案。如退货、换货、维修、折价、赔偿等。

为了维护消费者权益，维护网站形象，该网上商城根据客户马凡的投诉要求，与之协商后，提出了换货并由商城承担运费的方案。

步骤六　提交主管领导批示。

针对客户投诉问题，主管领导应对投诉的处理方案一一过目，并及时做出批示。根据实际情况，采取一切可能的措施，尽力挽回已经出现的损失。

该网上商城的售后部把此次投诉的处理方案交给主管领导审核，主管领导同意。

步骤七　实施处理方案。

处罚直接责任者，通知客户，并尽快收集客户的反馈意见。对直接责任者和部门主管要根据有关规定做出处罚，依照投诉所造成的损失大小，扣罚责任人一定比例的绩效工资或奖金。对不及时处理问题而造成延误的责任人也要追究相关责任。

该网上商城在很短的时间内就为客户马凡换了货，马凡比较满意。此次投诉涉及的未尽到告知义务的客服人员受到处罚。

步骤八　总结评价。

对投诉处理过程进行总结与综合评价，吸取经验教训，并提出改善对策，从而不断完善企业的经营管理和业务运作，提高客户服务质量和服务水平，降低投诉率。

该网上商城处理完此次投诉后，很快对投诉的处理过程进行了总结，之后加强了客服人员的培训工作，并加强了供应商的筛选工作，从而最大限度地保证商品质量。

（三）相关知识

1. 客户投诉的概念

当客户购买或使用产品和服务的时候，对产品本身和企业服务都抱有良好的期望，当期望和要求都得不到满足的时候，就会令客户心理失去平衡由此产生的抱怨和不满行为，最终会进行投诉。投诉客户的种类一般有三类：第一种是事务型，就事论事；第二种是态度型；第三种是意见型。意见型的客户本身都是很挑剔的。但是往往这种人的投诉是最宝贵的。

处理好客户投诉具有重要意义。据营销专业网站统计，在没有平息委屈和解决困难的客户中有89%不会再回来；一个烦恼的客户平均会将他的不满意告诉9个人；如果积极地解决了客户的抱怨，75%的客户会再回来；如果当场积极地解决了客户的抱怨，95%的客户仍会回来。

2. 客户投诉的内容

客户投诉的主要内容一般包括以下几方面。

（1）商品质量投诉。产品在质量上的缺陷、产品规格不符、产品故障等。

（2）购销合同投诉。产品数量、等级、规格、交货时间、交货地点、结算方式、交易条件等与原合同不符。

（3）服务投诉。对各类服务人员的服务质量、服务态度、服务方式、服务技巧等提出不满。

（4）流通投诉。货物流通过程中，运输环节的损坏、丢失和变质，或由于装卸搬运不当、包装不良等引起损害、腐烂等问题。

3. 处理客户投诉的原则

处理客户投诉一般应遵循如下原则。

（1）预防原则。企业加强管理，提高员工的整体素质和业务能力，杜绝可能产生的投诉问题，减少客户的不满意度，从而减少投诉。

（2）及时原则。投诉问题的处理必须及时、快速，减少客户不满意的持续时间，使客户尽早得到满意的答复，这是投诉产生后最重要的处理原则。

（3）责任原则。投诉问题责任到部门，责任到人，避免类似问题重复发生，同时使投诉问题得到最妥善的处理，令客户满意。

（4）管理原则。对投诉问题有效的管理、建立相应的管理资料库并即时回访，使客户尽早消除误会，树立良好的企业形象。

4. 处理客户投诉的要求

客户投诉处理解决可分为四个阶段：接受投诉阶段、解释澄清阶段、提出解决方案阶段、回访阶段。每个阶段的要求如下。

1）接受投诉阶段的要求

（1）认真倾听，保持冷静，同情、理解并安慰客户。

（2）给予客户足够的重视和关注。

（3）明确告诉客户等待时间，一定在最短时限内将处理结果反馈客户。

（4）注意对事件全过程进行仔细询问，语速不宜过快，要做详细的投诉记录。

2）解释澄清阶段的要求

（1）不与客户争辩或一味寻找借口。

（2）注意解释语言的语调，不要给客户有受轻视冷漠或不耐烦的感觉。

（3）换位思考，易地而处，从客户的角度出发，做合理的解释或澄清。

（4）不要推卸责任，不得在客户面前评论公司、其他部门、同事的不是。

（5）在没有彻底了解清楚客户投诉的问题时，不将问题反映到相关人员处，避免出现"车轮战"的局面。

（6）如果确实是公司原因，必须诚恳道歉，但是不能过分道歉，注意管理客户的期望，同时提出解决问题的办法。

3）提出解决方案阶段的要求

（1）可按投诉类别和情况，提出相应解决问题的具体措施。

（2）向客户说明解决问题所需要的时间及其原因，如果客户不认可或拒绝接受解决方案，坦诚地向客户传达公司的规定。

（3）及时将需要处理的投诉记录传递给相关部门处理。

4）回访阶段的要求

（1）根据处理时限的要求，注意跟进投诉处理的进程。

（2）及时将处理结果向投诉的客户反馈。

（3）关心询问客户对处理结果的满意程度。

（四）注意事项

（1）解决客户投诉的步骤：先处理心情再处理事情，要做到迅速接受投诉，决不拖延；平息怒气、怨气；总结并澄清问题，让客户把情绪宣泄出来；提供选择，关注解决方案；探讨解决问题的方式、方法，寻求补救措施；在方案上达成共识并采取行动；感谢客户，表示诚意和歉意；跟踪并监控解决问题的执行情况。

（2）客户投诉后期望得到公平的对待，这种公平对待的含义有三种：结果公平、过程公平、相互对待公平。结果公平是指客户希望结果或赔偿能与其不满意水平相匹配，这种赔偿采用双方友好协商的形式商定；过程公平是指除公平赔偿外，客户希望抱怨过程的政策、规定和时限公平；相互对待公平是指除对公平赔偿、快速处理的期望之外，客户们希望被有礼貌地、细心地和诚实地对待。

三、客户服务整改措施

（一）学习目标

通过学习，了解客户服务整改的知识，掌握根据客户行为提出整改措施的方法。

（二）工作程序及内容

客户服务工作过程中会碰到各种各样的问题，也会发现客户的相关行为特征。作为客服人员，应该能够收集和整理这些信息，并能够针对客户意见提出整改建议。

步骤一　对网上客户反馈信息进行分类。

网上客户反馈信息主要有两类：一类是对所购产品或服务提出的产品支持和技术服务，另一类是对网上产品或服务的意见、建议或投诉。客服在平时的工作中应该多加留意，看看客户在使用网站客户工具沟通的时候是否有不畅，平时就做好记录，记录好时间、记录人、客户、联系电话、内容等信息。

2013 年 1 月 3 日，该网上商城的客服人员关欣主动打电话给客户马凡，马凡说有质量问题的鞋已换货，并表示感谢。客服关欣做好了记录（如表 4-3 所示）。

表 4-3　客户信息反馈表

客户信息反馈						
序号	记录时间	记录人	客户	联系电话	反馈内容	类别
1	2013 年 1 月 3 日	关欣	马凡	略	有质量问题的鞋已换货，客户满意	第二类

步骤二　撰写整改措施报告。

根据收集和整理的客户信息撰写整改措施报告。报告一般包含以下要素。

（1）客户直接提出的问题和建议。

（2）客服与客户沟通过程的障碍。

（3）公司处理客户投诉的流程障碍。

（4）解决相关问题的应对措施。

（5）批准请示。

该网上商城的客服人员关欣每个月撰写一次客户服务整改措施报告，碰到影响严重或者较大漏洞的客服问题时，就不拘泥于周期，会马上积极地解决问题，并撰写整改措施报告。

步骤三　对相关结果进行归档。

将以上各种方式收集的问题及解决方法、用户意向、相关整改报告的批复结果等汇总，按用户及问题类型归档，以备公司相关部门查阅。

该网上商城有专人负责对客户服务整改的结果等资料进行归档，以备公司相关部门查阅。

（三）相关知识

1. 获得网络客户反馈的方法

从客户那里得到有价值的反馈信息，可以学到许多有利于业务发展的东西，比如客户购买产品主要只是为了得到免费赠送的礼品，客户可能觉得网站导航不太方便等。了解到诸如此类的重要信息，就可以做出相应的调整，例如改进网站设计、产品或服务、广告以及营销策略等。下面是取得客户反馈信息的几种方法。

（1）定期采用调查表及问卷。可以用多种方式公布调查表，如发布在网站、电子刊物、直邮资料，以及放置在产品包装箱内等，也可以张贴在网上信息公告板、电子邮件讨论列表或新闻组中。

（2）为客户创建在线社区。包括聊天室、公告板、讨论组等，客服人员可以作为主持人定期了解客户对产品谈论和看法。

（3）向一组客户分发产品。通过这种方式请客户使用并评论产品，请客户将评论表寄回，有的客户会填写调查表，也有的客户将不会反馈信息，但只要能得到的反馈信息大都很有价值。

（4）为网站访问者提供免费的在线产品。这些产品可以是电子书籍、搜索引擎登记、电子邮件咨询、网站设计等，作为回报，请他们填写一个关于网站、产品或服务、客户服务等的调查表。

（5）创建客户服务中心小组。邀请10～12个最忠诚的客户定期会面，他们会提供改进客户服务的意见，企业可以付给他们酬劳、请他们吃饭或者给他们提供免费产品。

（6）定期与客户保持联系。为客户订阅免费的电子刊物，询问客户网站更新时是否用电子邮件通知他们，每次购买之后，继续了解客户对购买是否满意。

（7）使客户便于和企业联系。提供尽可能多的联系方式，允许客户通过电子邮件与企业联系，把企业的电子邮件地址做超级链接设置，提供免费电话号码和传真号码，这样方便客户表达他们的意见。

（8）在客户的生日或假日定期保持联系。为终身客户发送礼物以示感谢，通过电子邮件发送问候卡，打电话亲自祝贺客户节日愉快，询问客户对服务是否满意。

（9）邀请客户出席公司会议、宴会，参观车间或参加讨论会。为客户创造特别的参与机会，如晚会、野餐、舞会等，在这些活动中与客户可以相互交流，可以得到对公司业务有价值的反馈信息。

2. 提升客户服务质量

提高客户服务质量涉及多种因素，一般包含以下方面。

1）硬件方面

硬件方面主要是工作流程、工作方法以及办公室配置等。工作流程应该牢记在我们头脑中，并且有必要来引导客户应该做什么。要熟练掌握工作方法，只有熟练掌握才能节省服务时间，提高效率，让客户体验到我们工作的快捷性。办公室可以专门设置客户接待室，可以放置公司的荣誉资质证书和企业宣传彩页，以及专门用于演示的电脑。

2）软件方面

软件方面主要是工作态度和责任心、员工形象、专业水平、服务亮点、投诉或差错等。

（1）工作态度和责任心。在和客户沟通时，要摆正自己的位置，服务人员不是被动的服务提供者，而是主动的意见贡献者。要学会换位思考，要能站在客户的立场，为客户想出更好的办法去处理问题。可以定期考核服务态度、服务水平，作为评估工作好坏的依据。

（2）专业水平。专业水平包括理论知识和技术技能，专业水平的提高通过公司日常培训以及自行学习，可以设置一些考核来验证专业技能的掌握程度。

（3）服务亮点。服务亮点指服务特色或特需服务，服务要体现艺术性。服务的艺术性具体体现在要使服务对象感到舒适和满意，乐意接受我们的服务。服务的艺术性主要包括：要灵活应用文明礼貌用语，讲话要轻声细语，语句要正确、婉转；语气要亲切柔和，要用平等口气，不要居高临下；要注意语速、语调，动作要轻盈，要注意倾听和引导，要将心比心，换位思考，要礼貌服务，尤其是在出现服务不到位时，更应注意礼貌，这样可弥补不足，取得谅解。

（4）投诉或差错。投诉或差错越少越好。服务弥补的过程决不应是一个对客户恩赐"补偿方案"的过程，而是一个去争取回头客户的过程。在处理客户投诉时，要注意以下几点：

①倾听是解决问题的前提。在倾听客户投诉的时候，不但要听他表达的内容，还要注意他的语调与语音（语气），这有助于了解客户语言背后的内在情绪。同时，要通过解释与澄清确保你真正了解了客户的问题。例如，你听了客户反映的情况后，根据你的理解向客户复述一遍。认真倾听客户，向客户解释他所表达的意思，并请教客户我们的理解是否正确，是向客户显示你对他的尊重以及你真诚地想了解问题。同时，这也给了客户一个机会去重申他没有表达清晰的地方。在听的过程中，要认真做好记录（所要表达的意思一定不能理解有误），注意捕捉客户的投诉要点，以做到对客户需求的准确把握，为下一步对症调解打好基础。

②认同客户的感受。客户在投诉时会表现出烦恼、失望、泄气、发怒等各种情感，你不应当把这些表现当作是对你个人的不满。特别是当客户发怒时，客户仅是把你当成了倾听对象。客户的情绪是完全有理由的，是理应得到重视的。所以，一定要让客户知道你非常理解他的心情，关心他的问题。

③立即响应。速度是关键，速度体现了态度，一旦解决问题的时间被拖延，不论结果如何客户都不会满意，而且拖得越久，处理的代价就越高昂。客户投诉是由于客户的需求

在产品上得不到满足而引发的。客户在哪里有困难，哪里就有我们的责任。抚慰措施一定要迅速而有力，态度一定要诚恳和谦恭。调查及流转工作应快速进行，要根据所闻所记，及时弄清事情的来龙去脉，然后做出正确的判断，拟定解决方案，与有关部门取得联系，找出工作的薄弱环节，把握改进工作的机会。

④持续反馈。如果在处理投诉的过程中牵涉的部门很多，最好的办法是持续反馈事情的最新进展，哪怕没有进展也要反馈，这样做可以让客户放心。在处理复杂的客户投诉时，一定要坚持至少每天反馈一次。

⑤超越期望。不要弥补完过失，使客户的心理平衡后就草草收场，应当好好利用这一机会把投诉客户转变成忠诚客户。当与客户就处理方案达成一致后，以超出客户预期的方式真诚道歉，同时再次感谢他购买了公司的产品和服务。服务业的胜败关键就是回头客的多少，所以"善终"比"善始"更重要。

（四）注意事项

1. 收集客户反馈信息，不一定要等客户主动反馈，作为客服人员，需要做有心人，平时要注意观察，收集客户的意见和建议，比如多位客户在注册过程中咨询了客服人员，我们一定要引起重视，是不是注册流程或者引导还不够完善。

2. 撰写客户服务整改措施的周期不宜太短，一般以月或季度为单位较为适宜，确保收集到的反馈信息比较多。当然，如果碰到影响严重或者较大漏洞的客服问题应该马上整改，不必拘泥于时间周期。

第五章

电子支付与网上银行

电子商务支付是开展电子商务活动交易的重要一环，本节通过对电子商务支付系统及网上银行的介绍，使学生对电子商务有清晰的认识，明确电子商务支付的分类及常用的电子支付方法。

第一节 电子支付认知

一、电子支付的概念

在对电子商务网站有所了解之后，需要对电子商务网站中的技术应用有所认知，在整个电子商务活动中，最重要的环节便是支付。电子支付是开展电子商务的重要组成部分，在电子商务活动中，如何管理好支付环节，实现安全交易，是买卖双方共同关注的重要问题。

电子支付在日常生活中很常见，从网络购物到网上转账、还贷、缴费，电子支付已经渗透到生活中的方方面面，当我们在电子商务网站中购买商品下单点击支付结算，网站便会跳转至支付页面。

从携程提供的支付方式来看，线上支付包含信用卡、第三方支付（财付通、支付宝）、网上银行、微信支付以及银联手机支付。相对传统交易方式的复杂、费时，在线支付使得支付方式发生了巨大的改变，网上交易逐渐被人们所接受和推崇。随着互联网技术与网络支付技术的成熟，主流的网上在线支付手段如支付宝、微信支付等已经在各大平台通用了。

然而电子商务支付并不等同于网上支付，网上支付指的是客户通过互联网进行资金支付，而电子商务支付不仅仅包含了网上支付，还包括通过银行内部的专用网进行的其他电子形式的支付活动，如我们最常见的银联 POS 机。但无论是哪种支付方式，我们可以看到，电子支付环节中都采用了电子化的方式进行款项付款。

那么，到底什么是电子支付？电子支付是指单位或个人通过电子终端，直接或间接向银行等金融机构发出支付指令，实现货币支付与资金转移的行为。

二、电子支付工具

我们可以将电子支付划分为三大类：电子货币类，如电子现金、电子钱包等；电子信用卡类，包括智能卡、借记卡、电话卡等；电子支票类，如电子支票、电子汇款（EFT）、电子划款等。这些方式各有自己的特点和运作模式，适用于不同的交易过程。以下主要介绍电子现金、电子钱包、电子支票和智能卡的交易过程。

（一）电子现金

电子现金是一种以数据形式流通的货币。它把现金数值转换成为一系列的加密序列数，通过这些序列数来表示现实中各种金额的市值，用户在开展电子现金业务的银行开设账户并在账户内存钱后，就可以在接受电子现金的商店购物了。

（二）电子钱包

电子钱包是客户网上购物常用的一种电子商务支付工具，是在小额购物或购买小商品时常用的新式钱包。

电子钱包一直是全世界各国开展电子商务活动中的热门话题，也是实现全球电子化交易和因特网交易的一种重要工具。全球已有很多国家正在建立电子钱包系统以便取代现金交易。目前，我国也正在开发和研制电子钱包服务系统。使用电子钱包购物，通常需要在电子钱包服务系统中进行。电子商务活动中的电子钱包软件通常都是免费提供的，可以直接使用与自己银行账号相连接的电子商务系统服务器上的电子钱包软件，也可以从因特网上直接调出来使用。目前世界上有 VISA Cash 和 Mondex 两大电子钱包服务系统，其他电子钱包服务系统还有 HP 公司的电子支付应用软件（VWALLET）、微软公司的电子钱包 MS Wallet、IBM 公司的 Commerce Point Wallet 软件、Master Card Cash、Euro Pay 的 Clip 和比利时的 Proton 等。

（三）电子支票

电子支票是一种借鉴纸质支票转移支付的优点，利用数字传递将钱款从一个账户转移到另一个账户的电子付款形式。这种电子支票的支付是在与商户及银行相连的网络上以密码方式传递的，多数使用公用关键字加密签名或个人身份证号码（PIN）代替手写签名。

用电子支票支付，事务处理费用较低，而且银行也能为参与电子商务的商户提供标准化的资金信息，是最有效率的支付手段之一。

（四）电子支付的特征与流程

1. 电子支付的特征

与传统的支付方式相比，电子支付具有以下特征。

（1）电子支付采用先进的技术通过数字流转来完成信息传输，其各种支付方式都是通过数字化的方式进行款项支付的；而传统的支付方式则是通过现金的流转、票据的转让及银行的汇兑等实物来完成款项支付的。

（2）电子支付的工作环境基于一个开放的系统平台（即互联网）；而传统支付则是在较为封闭的系统中运作。

（3）电子支付使用的是最先进的通信手段，如 Internet、Extranet，而传统支付使用的则是传统的通信媒介；电子支付对软、硬件设施的要求很高，一般要求有联网的微型计算机、相关的软件及其他一些配套设施，而传统支付则没有这么高的要求。

（4）电子支付具有方便、快捷、高效、经济的优势。用户只要拥有一台可联网的 PC 机，便可足不出户，在很短的时间内完成整个支付过程。支付费用仅相当于传统支付的几十分之一，甚至几百分之一。

在电子商务中，支付过程是整个商贸活动中非常重要的一个环节，同时也是电子商务中准确性、安全性要求最高的业务过程。

2. 电子支付流程

流程包括支付的发起、支付指令的交换与清算、支付的结算等环节。

清算（Clearing），指结算之前对支付指令进行发送、对账、确认的处理，还可能包括指令的轧差。

轧差（Netting），指交易伙伴或参与方之间各种余额或债务的对冲，以产生结算的最终余额。

结算（Settlement），指双方或多方对支付交易相关债务的清偿。

严格意义上，清算与结算是不同的过程，清算的目的是结算。但在一些金融系统中清算与结算并不严格区分，或者清算与结算同时发生。

第二节　网络银行

一、网络银行的概述

网络银行又称网上银行、在线银行，是指银行利用互联网技术，通过互联网向客户提供开户、查询、对账、行内转账、跨行转账、信贷、网上证券、投资理财等传统服务项目，使客户可以足不出户就能够安全便捷地管理活期和定期存款、支票、信用卡及个人投资等。可以说，网络银行是在互联网上的虚拟银行柜台。

网络银行又被称为"3A银行"，因为它不受时间、空间限制，能够在任何时间（Anytime）、任何地点（Anywhere）、以任何方式（Anyway）为客户提供金融服务。

客户可以通过自己所拥有的借记卡或信用卡的银行，申请开通网上支付。其基本支付流程为客户通过购物网站提供的接口，将购买物品的费用直接转入到商家对应的银行账户，转入成功后并通过邮件或电话方式通知商家。在支付环节中，网络银行支付可能通过手机验证或邮件验证方式提醒用户，保证交易的安全性。

网络银行支付流程如图5-1所示。

图 5-1　网络银行支付流程

2. 网络银行在电子商务中的作用

电子商务实现了网上物流、信息流、货币流的统一，作为电子商务中至关重要的货币流动，在线支付的行为主要体现在网络银行中。电子商务能融合银行、证券、保险等行业市场，减少各类金融企业对同一客户的重复劳动，拓宽银行产品创新的空间，向客户提供更多的有针对性的服务。银行通过网络这一先进工具获得从事全能银行业务的能力，包括存贷款、国际结算、财务顾问、证券经纪、信托、保险代理等。

电子商务的形成加强了金融自动化，使得货币业务突破了时间和空间的限制，促成了五星金融市场（即虚拟化金融市场）的形成，为银行形成"3A式服务"提供了有效的平台和空间。

电子商务降低了银行的服务成本，实现了全球互联，随着网络银行和在线支付技术的成熟以及相关法律法规的健全，网络银行越来越多地应用在电子商务交易中，成为电子商务交易安全的保障。

网络银行交易流程如图5-2所示。

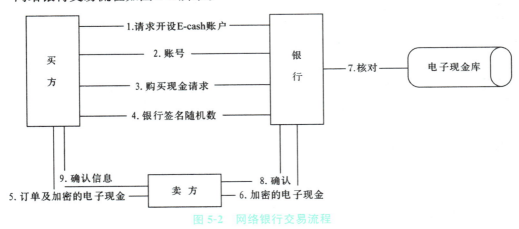

图5-2 网络银行交易流程

1. 网络银行的认证介质

（1）密码。密码是每一个网络银行必备的认证介质，一定要使用安全好记的密码，但是密码非常容易被木马软件盗取或被他人偷窥。

（2）文件数字证书。文件数字证书是存放在电脑中的数字证书，每次交易时都需用到。如果电脑没有安装数字证书则无法完成付款，已安装文件数字证书的用户只需输入密码即可。用户安装数字文件证书需要验证大量的信息，相对比较安全。但是文件数字证书不可移动，对经常换电脑使用的用户来说不方便；而且文件数字证书存在被盗取的风险。

（3）动态口令卡。动态口令卡是一种类似游戏的密保卡样式的卡。卡面上有一个表格，表格内有几十个数字。当进行网上交易时，银行会随机询问你某行某列的数字，如果能正确地输入对应格内的数字便可以成功交易；反之则交易失败。

动态口令卡可以随身携带，轻便，不需要驱动，使用方便。但是如果电脑中隐藏有木马软件，口令卡的内容也会随着使用频率增加而逐渐暴露，同时在外使用口令卡，也存在被拍照而暴露数字口令的风险。

（4）动态手机口令。当你尝试进行网上交易时，银行会向你的手机发送短信，如果你能正确地输入收到的口令则可以成功付款，反之不能。使用动态手机口令不需安装驱动，只需随身带手机即可，不怕被偷窥，不受木马软件威胁，相对安全。

但是使用动态手机口令要求用户必须随身携带手机，同时保证手机处于可联网状态。通信运营商服务质量也会影响动态手机口令的接收及使用效率。

（5）移动口令牌。移动口令牌在一定时间段后自动更换口令号码。付款时只需按下移动口令牌上的按键，将口令牌上显示的编码于一分钟内输入网上银行付款界面即可，如果无法获得该编码，则无法成功付款。

不需要驱动，不需要安装，只要随身带就行，不怕偷窥，不怕木马。口令牌的编码一旦使用过就立即失效。

（6）移动数字证书。中国工商银行的 U 盾，中国农业银行的 K 宝，中国建设银行的网银盾，光大银行的阳光网盾以及支付宝中的支付盾，均为移动数字证书。它存放着个人的数字证书，并不可读取，同样，银行也记录着数字证书。以中国工商银行的 U 盾为例，当用户尝试进行网上交易时，银行会发送由时间字串、地址字串、交易信息字串、防重放攻击字串组合在一起进行加密后得到的字串 A，U 盾将根据个人证书对字串 A 进行不可逆运算得到字串 B，并将字串 B 发送给银行，银行端也同时进行该不可逆运算，如果银行运算结果和用户的 U 盾的运算结果一致便认为该 U 盾合法，交易便可以完成，如果不一致便认定该 U 盾不合法，交易便会失败。

理论上，不同的字串 A 不会得出相同的字串 B，即一个字串 A 对应一个唯一的字串 B；但是字串 B 和字串 A 无法得出你的数字证书，而且移动数字证书具有不可读取性，所以任何人都无法获取你的数字证书，并且银行每次都会发不同的防重放字串（随机字串）和时间字串，所以当一次交易完成后，此前发出的 B 字串便不再有效。综上所述，理论上移动数字证书是绝对安全的。

2. 网上银行的特点

计算机和通信技术实现资金划拨的电子银行业务至今已有几十年历史，传统的电子银行业务一般包括资金清算和用 POS 网络、ATM 网络提供服务的银行卡业务。网上银行是随着互联网的普及和电子商务的发展在近几年逐步成熟起来的新一代电子银行，它依托传统银行的业务系统，为其带来根本性变革，同时也拓展了传统电子银行业务的一些功能。与传统银行业务和传统电子银行业务相比，网上银行的运营机制和服务功能方面都凸显了不同的特点。

（1）全球化。传统银行需通过开设分行等分支机构来发展金融业务和开拓国际市场，所以银行客户通常只限定于固定的区域，而网上银行则是利用互联网来开展银行业务，所以说，网上银行可以将金融业务和市场延伸到全球每个有互联网覆盖的角落。网上银行打破了传统业务地域范围的局限性，不仅可以吸纳本国和本地区的客户，也可以直接吸纳国外客户，为其提供服务。

（2）开放性与虚拟化。传统银行所提供的业务和服务都是在银行的封闭系统中运作的。与传统银行不同，网上银行会使用 Web 服务器代替传统银行的实体，使用网址取代传统银行的地址，银行的分支机构就等同于终端机和互联网这个虚拟化的电子空间。因此，网上银行也会被叫作"虚拟银行"。网上银行只是利用互联网技术把银行与客户连接起来，在有相关安全设施的保护下，随时通过不同的计算机终端为客户办理所需的金融业务。

（3）智能化。传统意义上的银行主要是借助物质资本，通过大多数员工实际工作和管理层的管控为客户提供服务。与此不同的是，网上银行借助的是智能资本，由少数脑力劳动者的劳动提供比传统银行更多、更快、更好、更加方便的业务。网上银行可以为客户提供多元化且交互性强的信息，银行客户除了可以转账、查询账户余额外，还可以享受到网上支付、贷款申请、国内外金融信息查询、投资理财等相关服务，功能远超电话银行和传统的自助银行。网上银行是一种能在任何时间（Anytime）、任何地方（Anywhere）、以任何方式（Anyhow）为客户提供超越时空、智能化服务的银行，因此可称之为"3A银行"。

（4）创新化。网上银行具有创新化的特点，在技术日新月异、个性化消费需求日益凸显的现代社会，网上银行只有不断采取新技术、推出新产品、实现持续创新才能在行业内继续生存下去。

（5）运营成本低。与其他银行服务手段相比，网上银行的运营成本最低。据悉，在美国开办一个传统的分行需要150万～200万美元的投资，每年的运营成本为35万～50万美元，相比之下，建立一个网上银行所需的成本仅为100万美元。1998年美国USWeb网络服务与咨询公司的一次调查发现，普通的全业务支行平均每笔交易成本约1.17美元，而网上银行为0.11～0.14美元。

（6）亲和性增强。增加与客户的沟通与交流是企业获取必要信息，改进企业形象，贴近客户，寻找潜在客户的主要途径。在这方面，网上银行具有传统银行无法比拟的优势。网上银行可通过统计客户对不同网上金融产品的浏览次数和点击率，以及各种在线调查方式了解客户的喜好与需求，设计出有针对性的金融产品以满足其需求，这不仅方便了客户，也增强了银行与客户的亲和性，提高了银行的竞争力。

二、网上银行初步实践

通过登录博星电子商务教学实验系统完成网上银行的初步实践，具体步骤如下：

步骤一　登录博星电子商务教学实验系统主界面（见图5-3），进入课堂（以B2C为例）。

图5-3　银行系统登录界面

步骤二　进入B2C商城以后，点击"注册"，注意选择B2C账号。账号注册成功并开通后，可通过此界面登录系统进行各项操作。登录成功的界面如图5-4所示。

步骤三　点击上方的"银行服务"进入图5-5所示的界面。

步骤四　如图5-5所示，在此处可以进行存款、转账、取现、贷款等操作。提交的操作申请经老师审批通过后即生效。用户还可在"个人信息"界面查看账户信息、修改密码，也可在"历史记录"界面查看历史操作记录。

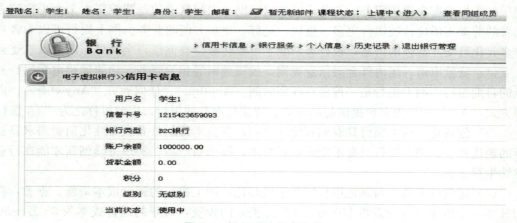

图 5-4　银行系统用户信息

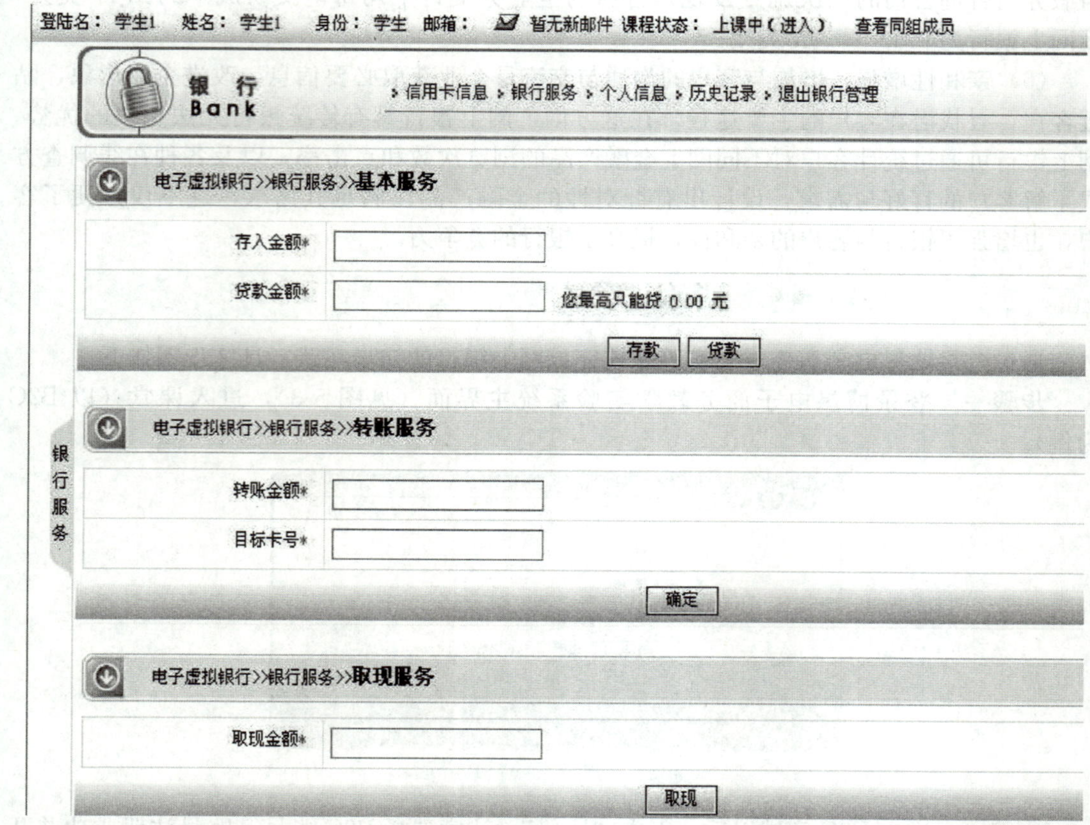

图 5-5　银行服务界面

第三节　第三方支付平台

一、第三方支付平台概述

第三方支付平台包括支付宝、银联在线支付、微信支信以及财付通支付。

第三方支付的模式通常为用户和卖家通过平台在各个银行的接口，将购买货物的货款转到第三方平台账户中，如支付宝、财付通。平台程序在收到银行到款通知后，将信息发送给卖家，卖家确认后发送货物给客户。买家确认收货无误后，买家确认发送信息到平台，平台将买家的货款再转入卖家账户（见图5-6）。

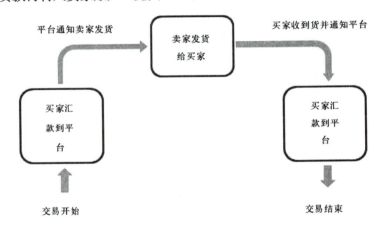

图 5-6　第三方支付的交易流程

第三方支付平台解决了中国电子商务支付过程中的安全问题、信用问题以及成本问题，其在支付环节中所占的比例日益壮大（见图5-7）。

银联手机支付是移动支付的一种，移动支付是一种允许移动用户使用其移动终端对消费的商品或服务进行账务支付的支付方式，也称为手机支付，但是其只适用于小额买卖，受限于手机话费。智能手机的出现，使得移动端APP在手机上直接完成手机支付变得轻松便捷，如支付宝客户端等，银联手机支付在支付中所占比例下滑。

对支付方式有所了解之后，那么这些支付方式分别具有什么的特点呢？

通过表5-1分析可知，无论什么样的支付方式，商户都需要支付一定的服务费用。结合多项因素考虑，采用第三方平台支付和网络银行的支付方式对于商家来说较为合适。此类方式在用户使用和商户支付费用上均比其他支付方式具有优势，这也是旅游电子商务中应用最多的支付方式。

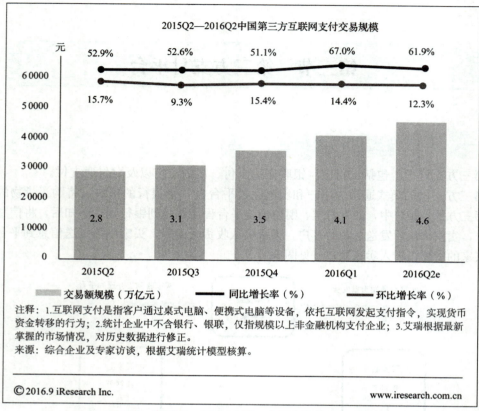

2015Q2—2016Q2中国第三方互联网支付交易规模

注释：1.互联网支付是指客户通过桌式电脑、便携式电脑等设备，依托互联网发起支付指令，实现货币资金转移的行为；2.统计企业中不含银行、银联，仅指规模以上非金融机构支付企业；3.艾瑞根据最新掌握的市场情况，对历史数据进行修正。
来源：综合企业及专家访谈，根据艾瑞统计模型核算。

© 2016.9 iResearch Inc.　　　　　　　　　　www.iresearch.com.cn

图 5-7　2015Q2—2016Q2 第三方网上支付交易规模

表 5-1　各支付方式对比

名称	担保	可否取消交易	安全性	备注
网上银行	无	不可	中	商户在使用时需要缴纳一定服务费；用户无须缴纳
第三方支付平台	有	可以	高	部分第三方平台对商户收取一定服务费用，用户无须缴纳
移动支付	无	不可	中	只适合于小额支付，避免银行卡是否支持的结算麻烦
信用卡网上支付	无	可以	中	商户在使用网上银行时需要在所在银行申请开通，开通收取服务费用，用户在使用网上银行时不需要支付任何手续费

　　国内较为知名的第三方支付平台有支付宝、财付通等，依托于其各自强大的 C2C 网站——淘宝网及拍拍网而成为我国第三方支付中的佼佼者。

二、快捷支付

（一）什么是快捷支付

　　快捷支付是由支付宝率先在国内推出的一种全新支付理念，具有方便、快速的特点，是未来消费的发展趋势，其特点体现在"快"。

快捷支付指用户购买商品时，不需开通网银，只需提供银行卡卡号、户名、手机号码等信息，银行验证手机号码正确后，第三方支付发送手机动态口令到用户手机号上，用户输入正确的手机动态口令，即可完成支付。

如果用户选择保存卡信息，则用户下次支付时，只需输入第三方支付的支付密码或者是支付密码及手机动态口令即可完成支付。

（二）快捷支付的特点

快捷支付可跨终端、跨平台、跨浏览器支付，能够支持 PC、手机、电话、平板电脑、电视等终端，支持 IE、Chrome、Firefox、Opera、Safari 等浏览器。快捷支付操作方便，只需要银行卡信息、身份信息以及手机就能支付，没有使用门槛，无须开通网银、无须安装网银控件，支付成功率在 93% 以上。

（三）快捷支付的安全手段

双重密码保护，支付时需要支付宝密码以及手机动态口令。

支付过程由支付宝 CTU 系统实时监控，所有异常交易都被重点关注。

开通快捷支付的商户经过严格筛选，保证商户资质。

大额交易回呼，如果用户使用快捷支付进行了大额交易，会由支付宝客服通过电话与持卡人确认是否为本人操作。

如果用户的支付宝账户或银行卡被盗，盗用者通过快捷支付造成了持卡人的资金损失，支付宝将为持卡人承担所有损失。

支付宝已通过 PCI 认证。Payment Card Industry（简称 PCI）认证，是由 VISA、美国运通公司、JCB 和 MasterCard 等国际组织联合推出，是目前全球最严格、级别最高的金融机具安全认证标准。

三、第三方支付平台的介绍

中国国内的第三方支付产品主要有银联商务、支付宝、财付通、银联在线、快钱、汇付天下、易宝支付、微信支付、盛付通等。

（一）银联商务

银联商务有限公司（见图 5-8），作为国内十大第三方支付平台，是专门从事银行卡受理市场建设和提供综合支付服务的机构，是中国银联控股的从事银行卡收单专业化服务的全国性公司，是人民银行确认的重点支付机构之一。

（二）支付宝

支付宝网络技术有限公司（见图 5-9），是国内最大的独立第三方支付平台、中国互联网产业影响力品牌、中国主流的第三方网上支付平台、用户最信赖互联网支付平台、中国优秀支付解决方案提供商。

图 5-8　银联商务　　　　　　　　　图 5-9　支付宝

支付宝与国内外 180 多家银行以及 VISA、MasterCard 国际组织等机构建立战略合作关系，成为金融机构在电子支付领域最为信任的合作伙伴。

从 2016 年 12 月初到 2017 年 1 月初，一个月内支付宝中的余额宝规模增长近 400 亿元，总规模已突破 8 000 亿元，收益涨幅达 32％。同时，余额宝用户数超 3 亿，其中农村用户超过 1 亿。

（三）财付通

财付通支付科技有限公司（见图 5-10），作为国内十大第三方支付平台之一，是腾讯集团旗下品牌、第一批获得央行支付牌照的企业，致力于为互联网用户和企业提供安全、便捷、专业的在线支付服务，是以"安全便捷"作为产品和服务核心的企业。

（四）银联在线

上海银联电子支付服务有限公司（见图 5-11），是国内十大第三方支付平台之一，中国银联控股的银行卡专业化服务公司，拥有面向全国的统一支付平台，致力于面向广大银联卡持卡人提供"安全、便捷、高效"的互联网支付服务。

图 5-10　财付通支付　　　　　　　图 5-11　银联在线支付

（五）快钱

快钱支付清算信息有限公司（见图 5-12），是国内十大第三方支付平台之一，是最具竞争力电子支付品牌之一、国内领先的独立第三方支付企业、中国支付清算协会的常务理事单位，支付产品最丰富、覆盖人群最广泛的电子支付企业之一。

（六）汇付天下

汇付天下有限公司（见图 5-13），是国内十大第三方支付平台之一，中国支付清算协会网络支付工作委员会副理事长单位，首批获得央行颁发的"支付业务许可证"，首家获得证监会批准开展网上基金销售支付结算业务的第三方支付平台。

图 5-12　快钱支付　　　　　　　　图 5-13　汇付天下

汇付天下有限公司于 2006 年 7 月成立，投资额近 10 亿元人民币，核心团队由中国金融行业资深管理人士组成，致力于为中国小微企业、金融机构、行业客户和投资者提供金融支付、账户托管、投资理财等综合金融服务。

（七）易宝支付

易宝支付有限公司，是国内十大第三方支付平台之一，是网民最信赖的支付品牌之一、中国证券投资基金行业协会会员，是首批央行颁发的支付牌照的第三方支付公司，曾获得中国电子金融事业最高荣誉——"金爵"大奖，致力成为世界一流的交易服务平台。易宝支付（YeePay.com，见图 5-14）是中国行业支付的开创者和领导者，也是互联网金融和移动互联领军企业。

（八）环迅支付

迅付信息科技有限公司的环迅支付（见图 5-15），是十大第三方支付平台之一，是中国最早成立的第三方支付企业之一、中国银行卡受理能力最强的电子支付平台之一，支持国际主流信用卡及所有国内主流银行的在线支付。

图 5-14　易宝支付

图 5-15　环迅支付

（九）盛付通

上海盛付通电子商务有限公司（简称"盛付通"，见图 5-16）是国内领先的独立第三方支付平台，由盛大集团创办，致力于为互联网用户和商户提供"安全、便捷、稳定"的支付服务。

盛付通网站用户可免费使用"账户管理、充值、提现、收付款、信用卡还款"等支付产品，充分享受"10分钟到卡，10秒钟到账"的快捷服务，线上用户可以使用银行网银、手机固话、银联手机等支付方式进行付款；线下用户可通过数十万售卡网点、上百万 PC 机售卡终端买到盛大一卡通。

图 5-16　盛付通

四、其他支付方式

（一）微信支付

微信支付（见图 5-17）是由腾讯公司知名移动社交通讯软件微信及第三方支付平台财付通联合推出的移动支付创新产品，旨在为广大微信用户及商户提供更优质的支付服务，微信的支付和安全系统由腾讯财付通提供支持。财付通是持有互联网支付牌照并具备完备的安全

图 5-17　微信支付

体系的第三方支付平台。

微信支付以绑定银行卡的快捷支付为基础，向用户提供安全、快捷、高效的支付服务。用户只需在微信中关联一张银行卡，并完成身份认证，即可将装有微信 APP 的智能手机变成一个全能钱包，之后即可购买合作商户的商品及服务，用户在支付时只需在自己的智能手机上输入支付密码后，无须任何刷卡步骤即可完成支付，整个过程简便流畅。

（二）支付宝声波支付

"声波支付"是利用声波的传输完成两个设备的近场识别，以下是两种声波支付场景。

用户可以通过手机去购买售货机里的商品，使用时手机播放一段超声波，听起来像是"咻咻咻"，然后售货机听到这段声波之后就会自动处理，用户在自己手机上输入支付密码后，售货机就会吐出商品。

图 5-18 为支付宝当面付的页面。

图 5-18　支付宝当面付

使用支付宝声波支付很简单，在自动售货机上选择商品，点开手机支付宝客户端，选择当面付，就可以听到"咻咻咻"的声波，自动售货机会自动识别声波并从支付宝账户扣除费用，然后吐出商品（见图 5-19）。

图 5-19　声波支付

1. 第三方支付平台优势

（1）第三方支付平台作为中介方，可以促成商家和银行的合作。对于商家，第三方支付平台可以降低企业运营成本，同时对于银行，可以直接利用第三方的服务系统提供服务，帮助银行节省网关开发成本。

（2）第三方支付服务系统有助于打破银行卡壁垒。由于中国实现在线支付的银行卡"各自为政"，每个银行都有自己的银行卡，这些自成体系的银行卡纷纷与网站联盟推出在线支付业务，客观上造成消费者要自由地完成网上购物，手里面必须有十几张卡。同时商家网站也必须装有各个银行的认证软件，这样就会制约网上支付业务的发展，第三方支付服务系统可以很好地解决这个问题。

（3）第三方支付平台能够提供增值服务，帮助商家网站解决实时交易查询和交易系统分析，提供方便及时的退款和止付服务。

（4）第三方电子支付平台可以对交易双方的交易进行详细的记录，从而防止交易双方对交易行为可能的抵赖并为在后续交易中可能出现的纠纷问题提供相应的证据，虽没有使用较先进的安全电子交易协议（SET 协议）却达到了同样的效果。总之第三方电子支付平台是当前所有可能的突破支付安全和交易信用双重问题中较理想的解决方案。

相对于其他的资金支付结算方式，第三方支付可以更有效地保障货物质量、交易诚信、退换要求等环节，在整个交易过程中，都可以对交易双方进行约束和监督。在不需要面对面进行交易的电子商务形式中，第三方支付为保证交易成功提供了必要的支持，因此随着电子商务在中国的快速发展，第三方支付行业也发展迅猛。

第六章

电子商务与物流

在电子商务环境下，由于全球经济的一体化趋势，当前的物流业正向全球化、信息化、一体化方向发展。本项目通过对电子商务物流的模式及技术应用进行介绍，使学生对电子商务物流形成系统的认知，明确电子商务的物流模式及物流技术的选择方法。

第一节　电子商务与物流的关系

一、物流的认知

物流是指为了满足客户的需求，以最低的成本，通过运输、保管、配送等方式，实现原材料、半成品、成品从供应地向接收地流动的过程。物流是一个控制原材料、半成品、成品和信息的管理系统，从供应开始经各种中间环节的转让及拥有而到达最终消费者手中的实物运动，以此实现组织的明确目标。现代物流是经济全球化的产物，也是推动经济全球化的重要服务业。世界现代物流业呈稳步增长态势，欧洲、美国、日本等地区和国家成为当前全球范围内的重要物流基地。

物流主要包含七大部分：运输、仓储、包装、搬运装卸、流通加工、配送以及相关的物流信息管理等环节。具体内容包括以下几个方面：用户服务、需求预测、订单处理、配送、存货控制、运输、仓库管理、工厂和仓库的布局与选址、搬运装卸、采购、包装、情报信息。

（一）运输

运输是指使用设施和工具，将物品从一个点传送至另一个点的物流活动。

（二）库存

库存控制是指对库存数量和结构进行控制分类和管理的物流作业活动。

（三）包装

包装是为在流通过程中保护产品、方便储运、促进销售，按一定的技术方法采用容器、材料及辅助物等进行的操作。

（四）搬运

搬运是在同一场所内，对物品进行水平移动为主的物流作业，搬运是为产品货物的运输和保管需要而进行的作业。

（五）流通加工

流通加工是物品在从生产地到使用地的过程中，根据需要施加包装、分割、计量、分拣、刷标志、贴标签、组装等简单作业的总称。

（六）信息管理

信息管理是指对于物流有关的计划、预测、动态信息及有关生产、市场、成本等方面的信息进行收集和处理，使物流活动能有效并顺利地进行。

二、物流的选择

如今网上购物已经走进了千家万户，成为人们常用的购物方式之一。而对于网上购物来说，物流则是其最重要的支撑点。如何使交易顺利完成，这就要求企业在物流选择方面擦亮眼睛，从实际出发。以淘宝网店为例，淘宝 C2C 电子商务模式下货物配送的基本流程为：卖家选择并联系快递公司，快递上门取货，快递公司配送货物给买家，买家确认货物无误，签收。若有误，在淘宝网上与卖家协商"退款"或"退货"，退货物流费用由协商结果决定。淘宝 C2C 电子商务模式下的物流配送，与买卖双方、快递公司，以及 C2C 电子商务企业在整个交易流程中扮演的角色有直接的关系。

另外，在选择快递公司的时候，还需要结合以下因素进行判断，然后再对物流方式做出选择。

（1）尽量使用通过总公司开设分公司方式拓展网络的快递公司。

（2）尽量使用本地经过正规注册的规模较大的快递公司。

（3）尽量使用业内口碑较好的快递公司。

（4）尽量使用网点比较多的快递公司。

（5）尽量使用开货车取件的快递公司。

（6）尽量使用用胶袋包着快递单或快递单最后一联是压敏胶黏剂的快递公司。

（7）尽量选择赔偿金额或倍数高而且保价率低的快递公司。

三、电子商务与物流的关系

电子商务和物流作为现代商品流通的两大手段，相互之间有着密切的联系。物流是电子商务系统的重要组成部分，电子商务的快速发展同样依赖于物流体系的高效发展。

电子商务可以用下面的等式来表示：电子商务＝网上信息传递＋网上交易＋网上支付＋物流配送。一个完整的商务活动，必然要涉及信息流、商流、资金流和物流四个流动过程。在一定意义上说，物流是电子商务的重要组成部分，是信息流和资金流的基础和载体。

在电子商务下，商品生产和交换的全过程，都需要物流活动的支持，没有现代化的物流运作模式支持，没有一个高效的、合理的、畅通的物流系统，电子商务所具有的优势就难以发挥。因此，随着电子商务的不断扩大发展，对物流的需求越来越高，而作为实体流动的物流活动发展相对滞后，从而在某种程度上来说，物流成为电子商务发展的瓶颈。物流业直接影响着电子商务，其发展壮大对电子商务的快速发展起到支撑作用。

此外，在电子商务状态下，人们在进行物流活动时，物流的各项职能及功能可以通过虚拟化的方式表现出来，在这种虚拟化的过程当中，人们通过各种组合方式寻求物流的合理化，使商品实体在实际的运动过程中达到效率最高、费用最省、距离最短、时间最少的目的。电子商务可以对物流网络进行实时控制，在电子商务下，物流的运作以信息为中心，信息不仅决定了物流的运动方向，而且决定着物流的运作方式。在实际运作当中，网络的信息传递，可以有效地实现对物流的实时控制，实现物流的合理化。

而在传统条件下，物流往往是由某一个企业进行组织和管理的，而电子商务则要求物流以社会的角度来实行系统地组织和管理，以打破传统物流分散的状态。这就要求企业在组织物流的过程中，不仅考虑本企业的物流组织和管理，而且更重要的是要考虑全社会的整体系统。

对于现代物流来说，电子商务的发展改变了物流企业的竞争状态。在电子商务时代，物流企业之间依靠本企业提供优质服务、降低物流费用等方面来进行的竞争内容依然存在，但是有效性却大大降低了。原因在于电子商务需要一个全球性的物流系统来保证商品实体的合理流动，对于一个企业来说，即使其规模再大，也是难以达到这一要求的。这就要求物流企业应相互联合起来，在竞争中形成一种协同合作的状态，以实现物流高效化、合理化和系统化。

电子商务具有高效率和全球性的特点，而物流要达到这一目标，良好的交通运输网络、通信网络等基础设施则是最基本的保证。除此之外，相关的法律条文、政策、观念等都要不断地提高。

在一定程度上，电子商务促进了物流技术的进步。因为物流技术水平的高低是实现物流效率高低的一个重要因素，要建立一个适合电子商务运作的高效率的物流系统，加快提高物流的技术水平是电商发展的必经之路，也是关键之路。

1. 物流业务操作流程

一般情况下，物流公司的业务流程是起运地收货→提货→装车→运输→到达集散地→进行货物的分配→派送→客户收货→反馈。

（1）收货。按客户要求进行收货，大型的物流公司通常有长期合作并且货量较大的客户，零散的客户一般是送货上门进行投递。

（2）提货。按客户要求，大宗货物一般都会要求物流公司上门提货。

（3）装车。主要由操作部进行操作，物流公司会按照客户要求的时效进行相应的安排，装车的原则就是车辆空间运用的最大化。

（4）运输。各种运输方式和运输工具都有各自的特点，不同类物品对运输的要求也不尽相同。合理选择运输方式，是合理组织运输、保证运输质量、提高运输效益的一项重要内容。所以针对自身的需求，对运输人员说明运输要求同样重要。

（5）到达集散地。货物到达集散地后，需要卸货。卸货的速度一定要快，卸载的时候可以按照不同派送地点堆放货物，或直接由到达车辆装载到派送车辆上。

（6）进行货物的分配。按照到达地以及时效等要求装车，需要先送达的货物最后装车，避免取货时的重复劳动。

（7）派送。这个过程很重要，到达地的操作人员要根据具体的到货情况进行具体分拆，需要中转的货物要及时中转，需要派送的货物要按时效派送，如果不能及时派送要第一时间和收货方、发货方进行沟通，以确保物流环节的时效性和诚信。

（8）客户收货。送货之前客服或者送货司机要及时和客户联系，沟通送货时间和到达后是否有人卸货或者是有无卸货的工具等。还有，客户的签收也很重要，要确保客户在签收单上正确签收，以免发生不必要的纠纷。

2. 物流的分类

（1）按照物流系统的性质不同，物流活动可以划分为社会物流、行业物流和企业物流。

（2）按照物流活动的空间范围，物流活动可以划分为国际物流、国内物流和区域物流。各类物流在社会经济中所起的作用不一样，根据物流活动在企业中的作用，可以将物流活动划分为供应物流、生产物流、销售物流、回收物流和废弃物物流。

第二节 电子商务物流模式

电子商务物流模式主要指以市场为导向、以满足顾客要求为宗旨、获取系统总效益最优化的适应现代社会经济发展的模式，主要可以分为以下五种。

一、自营物流

企业自营物流模式意味着电子商务企业自行组建物流配送系统，经营管理企业的整个物流运作过程。在这种方式下，企业也会向仓储企业购买仓储服务，向运输企业购买运输服务。但是这些服务都只限于一次或一系列分散的物流功能，而且是临时性的纯市场交易的服务，物流公司并不按照企业独特的业务流程提供服务，即物流服务与企业价值链之间是松散的关系。如果企业有很高的顾客服务需求标准，物流成本也会相应增加，因此，当企业自身的物流管理能力较强时，企业往往采用自营方式。

由于我国物流公司大多是由传统的储运公司转变而来的，还不能满足电子商务的物流需求，因此很多企业借助自身开展电子商务的经验来开展物流业务，即电子商务企业自身经营物流。目前，在我国采取自营模式的电子商务企业主要有两类：一类是资金实力雄厚且业务规模较大的电子商务公司，电子商务在我国兴起的时候，国内第三方物流的服务水平远不能满足电子商务公司的要求，电子商务公司不得不使用自营物流。第二类是传统的大型制造企业或批发企业经营的电子商务网站，由于其自身在长期的传统商务中已经建立起初具规模的营销网络和物流配送体系，在开展电子商务物流配送时只需将其加以改进、完善，即可满足物流配送的要求。选用自营物流，可以使企业对物流环节有较强的控制能力，易于与其他环节密切配合，全力专门地服务于本企业的运营管理，使企业的供应链更好地保持协调、简洁与稳定。

此外，自营物流能够保证准确和及时供货，保证顾客服务的质量，可以维护企业和顾客间的长期关系。但自营物流所需的投入非常大，建成后对规模的要求很高。另外，自建庞大的物流体系，需要占用大量的流动资金，自营物流需要管理人员具有较强的物流管理能力。

二、物流联盟

物流联盟是制造业、销售企业、物流企业基于正式的相互协议而建立的一种物流合作关系联盟。参加联盟的企业汇集、交换或统一物流资源以谋取共同利益，同时，合作企业仍保持各自的独立性。物流联盟为了达到比单独从事物流活动更好的效果，在企业间形成了相互信任、共担风险、共享收益的物流伙伴关系。企业间在物流方面通过契约形成优势互补、要素双向或多向流动的中间组织。联盟是动态的，只要合同结束，双方又变成追求自身利益最大化的单独个体。

选择物流联盟伙伴时，要注意物流服务提供商的种类及其经营策略。一般可以根据物流企业服务的范围大小和物流功能的整合程度，选择物流企业的类型。物流服务的范围主要是指业务服务区域的广度、运送方式的多样性、保管和流通加工等附加服务的广度。物流功能的整合程度是指企业自身所拥有的提供物流服务所必要的物流功能的完整度。必要的物流功能是指包括基本的运输功能在内的经营管理、集配、配送、流通加工、信息、企划、战术、战略等各种功能。一般来说，组成物流联盟的企业之间具有很强的依赖性，物流联盟的各个组成企业明确自身在整个物流联盟中的优势及担当的角色，内部的对抗和冲突减少，分工明晰，使供应商把注意力集中在提供客户指定的服务上，最终提高了企业的竞争能力和竞争效率，满足企业跨地区、全方位物流服务的要求。

三、第三方物流

第三方物流是指独立于买卖之外的专业化物流公司，长期以合同或契约的形式承接供应链上相邻组织委托的部分或全部物流功能，因地制宜地为特定企业提供个性化的全方位物流解决方案，实现特定企业的产品或劳务快捷地向市场移动，在信息共享的基础上，实现优势互补，从而降低物流成本，提高经济效益。第三方物流是由相对"第一方"发货人和"第二方"收货人而言的第三方专业企业来承担企业物流活动的一种物流形态。第三方物流公司通过与第一方或第二方的合作来提供其专业化的物流服务，它不拥有商品，不参与商品买卖，而是为顾客提供以合同约束、以结盟为基础的系列化、个性化、信息化的物流代理服务。服务内容包括设计物流系统、EDI能力、报表管理、货物集运、选择承运人、货代人、海关代理、信息管理、仓储、咨询、运费支付和谈判等。

第三方物流企业一般都是具有一定规模的物流设施设备（库房、站台、车辆等）及专业经验、技能的批发、储运或其他物流业务经营的企业。第三方物流是物流专业化的重要形式，其发展过程体现了一个国家物流产业发展的整体水平。第三方物流是一个新兴的领域，企业采用第三方物流模式对于提高企业经营效率具有重要作用。首先，企业将自己的非核心业务外包给从事该业务的专业公司；其次，第三方物流企业作为专门从事物流工作的企业，有大量专门从事物流运作的专业人士，有利于确保企业的专业化生产，降低费用，提高企业的物流水平。目前，第三方物流的发展十分迅速，体现在以下几个方面。

第一，物流业务的范围不断扩大。商业机构和各大公司面对日趋激烈的竞争，不得不将主要精力放在核心业务，将运输、仓储等相关业务环节交由更专业的物流企业进行操作，以求成本节约和时间高效，因此，物流企业服务对象不断增多。物流企业为提高服务质量，也在不断拓宽业务范围，提供配套服务。

第二，物流企业根据第一方、第二方的谈判条款，分析比较自理的操作成本和代理费用，灵活运用自理和代理两种方式，提供客户定制的物流服务。

四、第四方物流

第四方物流主要是指由咨询公司提供的物流咨询服务，但咨询公司并不就等于第四方物流公司。目前，第四方物流在中国还停留在"概念化"阶段。许多自称从事"第四方物流"服务，号称拥有信息技术的物流公司、咨询公司甚至软件公司并不具有供应链设计能力，未达到"第四方物流"公司标准。

第四方物流公司能够应物流公司的要求为其提供物流系统的分析和诊断，或提供物流系统优化和设计方案，因此第四方物流公司是以其知识、智力、信息和经验为资本，为物流客户提供一整套的物流系统咨询服务的公司。从事物流咨询服务就必须具备良好的物流行业背景和相关经验，但并不需要从事具体的物流活动，更不用建设物流基础设施，只是对于整个供应链提供整合方案。第四方物流的关键在于为顾客提供最佳的增值服务，即迅速、高效、低成本和个性化的服务。

第四方物流的优势包括以下几点。

第一，它对整个供应链及物流系统进行整合规划。第三方物流的优势在于运输、储存、包装、装卸、配送、流通加工等实际的物流业务操作能力，在综合技能、集成技术、战略规划、区域及全球拓展能力等方面存在明显的局限性，特别是缺乏对整个供应链及物流系统进行整合规划的能力。而第四方物流的核心竞争力就在于对整个供应链及物流系统进行整合规划，也是降低客户企业物流成本的根本所在。

第二，它具有对供应链服务商进行资源整合的优势。第四方物流作为有领导力量的物流服务提供商，可以通过其影响整个供应链的能力，整合最优秀的第三方物流服务商、管理咨询服务商、信息技术服务商和电子商务服务商等，为客户企业提供个性化、多样化的供应链解决方案，为其创造超额价值。

第三，它具有信息及服务网络优势。第四方物流公司的运作主要依靠信息与网络，其强大的信息技术支持能力和广泛的服务网络覆盖支持能力是客户企业开拓国内外市场、降低物流成本的重要工具，也是取得客户的信赖，获得大额长期订单的优势所在。

第四，具有人才优势。第四方物流公司拥有大量高素质国际化的物流和供应链管理专业人才和团队，可以为客户企业提供全面的卓越的供应链管理与运作支持，提供个性化、多样化的供应链解决方案，在解决物流实际业务的同时，实施与公司战略相适应的物流发展战略。

第五，发展第四方物流可以减少物流资本投入（如仓库、配送中心、车队、物流服务网点等），降低资金占用，提高资金周转速度，减少投资风险。

第六，降低库存管理成本及仓储成本。第四方物流公司通过其卓越的供应链管理和运作能力可以实现供应链"零库存"的目标，为供应链上的所有企业降低仓储成本。同时，第四方物流大大提高了客户企业的库存管理水平，从而降低库存管理成本。发展第四方物流还可以改善物流服务质量，提升企业形象。

五、物流一体

物流一体化是指以物流系统为核心，是从生产企业、物流企业、销售企业到消费者的供应链整体化和系统化。它是在第三方物流的基础上发展起来的新的物流模式。20 世纪

90年代，美、法、德等国提出物流一体化现代理论，并应用和指导其物流发展，取得了明显效果。在这种模式下物流企业通过与生产企业建立广泛的代理或买断关系，使产品在有效的供应链内迅速移动，使参与各方的企业都能获益，使整个社会获得明显的经济效益。

这种模式还表现为用户之间广泛交流供应信息，从而起到调剂余缺、合理利用资源、共享资源的作用。在电子商务时代，这是一种比较完整的物流配送模式，它是物流业发展的高级和成熟的阶段。物流一体化的发展可进一步分为三个层次：物流自身一体化、微观物流一体化和宏观物流一体化。物流自身一体化是指物流系统的观念逐渐确立，运输、仓储和其他物流要素趋向完备，子系统协调运作，系统化发展。微观物流一体化是指市场主体企业将物流提高到企业战略的地位，并且出现了以物流战略作为纽带的企业联盟。

宏观物流一体化是指物流业占到国民生产总值的一定比例，处于社会经济生活的主导地位，使跨国公司从内部职能专业化和国际分工程度的提高中获得规模经济效益。宏观物流一体化是物流产业化的发展形式，它必须以第三方物流充分发育和完善为基础。宏观物流一体化的实质是一个物流管理的问题，即专业化物流管理人员和技术人员，充分利用专业化物流设备、设施，发挥专业化物流运作的管理经验，以求取得整体最优的效果。同时，宏观物流一体化的趋势为第三方物流提供了良好的发展环境和巨大的市场需求。

1. 现代物流的特点

在当今的电子商务时代，全球物流产业有了新的发展趋势，现代物流服务的核心目标是在物流全过程中以最小的综合成本来满足顾客的需求。

现在电商的快速崛起和行业的需求，对于仓储物流配送这一重要环节的需求和要求也在不断提高，而专注于电商仓储物流的第三方物流公司在市场行业中也扮演着越来越重要的角色，甚至能够协助商家在终端和渠道端提供广泛的服务。这类企业的服务不再局限于简单地发货和配送，更重要的是需要站在商家的角度去做好仓储库存物流配送的各个环节，使电商整体流程形成良性发展。现代物流具有以下四个特点。

（1）电子商务与物流的紧密结合。

（2）现代物流是物流、信息流、资金流和人才流的统一。

（3）电子商务物流是信息化、自动化、网络化、智能化、柔性化的结合。

（4）物流设施、商品包装的标准化，物流的社会化、共同化也都是电子商务下物流模式的新特点。

2. 物流的管理层次

第一层是基础技术层，包括基础网络架构、办公自动化、财务管理、信息的采集条形码、射频识别、全球定位系统技术等。

第二层是运作执行层，包括仓储管理、运输管理、流程管理与事件管理等应用系统。

第三层是计划协同层，包括供应链计划、网络设计、需求计划、高级计划/高级排程以及B2B业务集成（协同）应用等。

第四层是战略决策层，由领导者决定企业的战略方向，寻找企业的核心竞争力，决定企业采取何种竞争、发展策略。

第三节　电子商务物流技术

电子商务物流技术是指与电子商务物流要素活动有关的所有专业技术的总称，包括各种操作方法、管理技能等，如流通加工技术、物品包装技术、物品标识技术、物品实时跟踪技术等，而在当下电子商务物流发展中，被应用最多的物流技术为下面几个。

一、条形码技术

条形码技术是在计算机的应用实践中产生和发展起来的一种自动识别技术，它是为实现对信息的自动扫描而设计的，是实现快速准确而可靠地采集数据的有效手段。条形码技术的应用解决了数据录入和数据采集的瓶颈问题，为供应链管理提供了有力的技术支持。

（一）生产线上的产品跟踪

首先在生产任务单上粘贴条码标签，任务单跟随相应的产品进行流动。每一生产环节开始时，用生产线条码终端扫描任务单上的条码，更改数据库中的产品状态。最后产品下线包装时，打印并粘贴产品的客户信息条码，从而实现对各工序产品数据的采集和整个生产过程的跟踪，具体流程如图 6-1 所示。

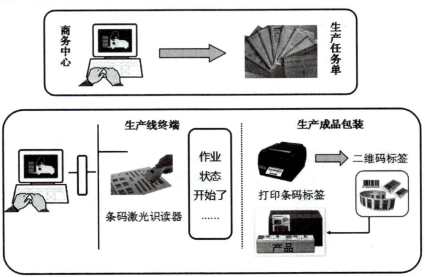

图 6-1　产品跟踪

（二）产品标签管理

在产品下线时，产品标签由制造商打印并粘贴在产品包装的明显位置，产品标签将成为跟踪产品流转的重要标志。

（三）产品入库管理

识读商品上的条码标签，同时录入商品的存放信息，将商品的特性信息及存放信息一同存入数据库。通过条码传递信息，有效地避免了人工录入的失误，实现了数据的无损传递和快速录入，将商品的管理推进到更深的层次——个体管理，如图 6-2 所示。

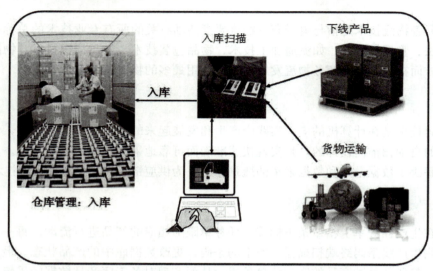

图 6-2　产品入库管理

（四）产品出库管理

产品出库时需扫描商品上的条码，对出库商品的信息进行确认，同时更改其库存状态，如图 6-3 所示。

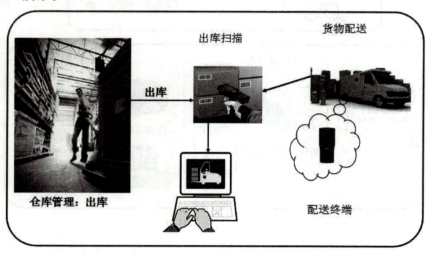

图 6-3　产品出库管理

（五）库存管理

一方面条码可用于存货盘点，通过手持无线终端扫描物品条码，收集盘点商品信息，然后将收集到的信息由计算机进行集中处理，从而形成盘点报告。另一方面条码可用于出库备货，如图 6-4 所示。

图 6-4　库存管理

（六）货物配送

配送前将配送商品资料和客户订单资料下载到移动条码终端中，商品到达配送客户后，打开移动终端，调出客户相应的订单，然后根据订单情况挑选货物并验证其条码标签。确认客户的货物配送完毕后，移动条码终端会自动校验配送情况，并做出相应的提示，如图 6-5 所示。

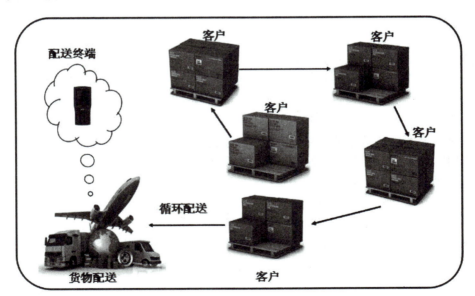

图 6-5　货物配送

可见，以条码这种标准标识"语言"为基础的自动识别技术，大大提高了数据采集和识别的准确性和速度，实现了物流的高效率运作。

二、电子数据交换技术

电子数据交换（electronic data interchange，EDI）是一种信息管理或处理的有效手段，它可以对物流供应链上物流信息进行有效的运作，比如传输物流单证等。EDI 在物流运作中的目的是充分利用现有计算机及通信网络资源，提高交易双方信息的传输效率，降低物流成本。

首先，对于制造业来说，利用 EDI 可以有效地减少库存量及生产线待料时间，降低生产成本；其次，对于运输业说，利用 EDI 可以快速通关报检、科学合理地利用运输资源、缩短运输距离、降低运输成本费用和节约运输时间；再者，对于零售业来说，利用 EDI 可以建立快速响应系统，减少商场库存量与空架率，加速资金周转，降低物流成本；同时也可以建立起物流配送体系，完成产、存、运、销一体化的供应线管理。

三、全球定位系统技术

全球定位系统（global positioning system，GPS）是由美国国防部研制，1994 年全面建成，具有在海、陆、空进行全方位实时三维导航与定位能力的新一代导航与定位系统。它主要有三大组成部分，即空间星座部分、地面监控部分和用户设备部分。GPS 作为新一代的卫星导航与定位系统，具有以下特点：信号覆盖面积广、全天候、实时定位、定位精度高、操作简单、观测时间短、测站间无须通视。将 GPS 技术引入物流行业中，对车辆及货物实时定位跟踪，将运输行业中的货主、第三方物流及司机等各环节的信息有效充分地结合起来，达到充分调度货物及车辆的目的，能保障货物及司机的安全，提高运输效率，具有十分重要的现实意义。

四、射频识别技术

射频识别（cordio frequency melen tification，RFID）是一种自动识别技术，是集编码、载体、识别与通信等多种技术于一体的综合技术。与其他自动识别技术一样，RFID技术主要应用目标是实现信息系统的自动化采集，保证被识别物品的信息化管理。典型的RFID 系统由 RFID 读写器和 RFID 标签组成，标签承载物品信息，作为标识附着于物品上，读写器利用感应无线电波、微波实现标签信息的识别与采集，并将信息输入信息管理系统。RFID 不局限于视线，识别距离比光学系统远，射频识别卡具有读写能力，可携带大量数据、难以伪造并且智能。RFID 在物流中应用的表现如下。

（一）仓储管理

将 RFID 系统用于智能仓库货物管理，有效地解决了仓库里与货物流动有关信息的管理，增加了一天内处理货物的数量。

（二）生产线自动化

用 RFID 技术在生产线上实现自动控制和监视，能提高效率、降低成本，在各个流水线高效正确地完成装配任务。

（三）分析和预测

企业通过 RFID 对物流体系进行管理，不仅可对产品在供应链中的流通过程进行监督和信息共享，还可对产品在物流链中各阶段的信息进行分析和预测。

五、电子商务物流技术的作用

电子商务物流技术存在于电子商务物流活动的各个环节，电子商务物流技术是否先进、合理，直接影响着电子商务物流活动的运行状况，因而可以说，电子商务物流技术是保证电子商务物流活动顺利进行的基本条件之一。

电子商务物流技术的作用主要表现在以下几个方面。

（1）电子商务物流技术是提高电子商务物流效率的重要条件。电子商务物流的优势之一就是简化物流的业务流程，提高物流的作业效率。在电子商务物流情况下，一方面，人们可以通过电子商务方面的有关技术，对电子商务物流活动进行模拟、决策和控制，从而为物流作业活动选择最佳方式、方法和程序，降低货物的库存，提高物流的作业效率；另一方面，物流作业技术的应用可以提高物流作业的水平、质量和效率。

（2）电子商务物流技术是降低电子商务物流费用的重要因素。先进、合理的电子商务物流技术不仅可以有效地提高电子商务物流的效率，而且可以有效地降低电子商务物流的费用。这主要是由于先进、合理的电子商务物流技术的应用使物流资源得到合理的运用，同时有效地减少物流作业过程中的货物损失。

（3）电子商务物流技术可以提高电子商务物流的运作质量，从而提高客户的满意度。电子商务物流技术的应用不仅提高了电子商务物流效率，降低了物流费用，而且也提高了客户的满意度，使企业与客户的关系更加密切。电子商务物流技术的应用、快速反应的建立，可使企业能根据客户的需要，将货物迅速准确地送到客户指定的地点。此外，先进、合理的电子商务技术的应用，还有利于实现物流的系统化和标准化，有利于企业开拓市场，扩大经营规模，增加收益。

六、维码区别是什么

1. 一维条形码

一维条形码只是在一个方向（一般是水平方向）表达信息，而在垂直方向则不表达任何信息，设置成一定的高度是为了便于阅读器的对准。

一维条形码的应用可以提高信息录入的速度，减少差错率，但是一维条形码也存在一些不足之处：

①数据容量较小：30 个字符左右。

②只能包含字母和数字。

③条形码尺寸相对较大（空间利用率较低）。

④条形码遭到损坏后便不能阅读。

2. 二维条形码

在水平和垂直方向的二维空间存储信息的条形码，称为二维条形码。与一维条形码一样，二维条形码也有许多不同的编码方法，或称码制。这些码制可根据编码原理分为以下两种类型。

①线性堆叠式二维码：是在一维条形码编码原理的基础上，将多个一维码在纵向堆叠而产生。典型的码制如 Code 16K、Code 49. PDF417 等。

②矩阵式二维码：是在一个矩形空间通过黑、白像素在矩阵中的不同分布进行编码。典型的码制如 Aztec、Maxi Code、QR Code、Data Matrix 等。

3. 邮政码

邮政码是通过不同长度的条进行编码，主要用于邮件编码，如 Postnet、BPO 4-State。

在许多种类的二维条形码中，常用的码制有：Data Matrix、Maxi Code、Aztec、QR Code、Vericode、PDF417、Ultracode、Code 49、Code 16K 等，其中：Data Matrix 主要用于电子行业小零件的标识，如英特尔（Intel）的奔腾处理器的背面就印制了这种码。Maxi Code 是由美国联合包裹服务（UPS）公司研制的，用于包裹的分拣和跟踪的码制。Aztec 由美国韦林（Welch Allyn）公司推出，最多可容纳 3 832 个数字或 3 067 个字母字符或 1 914 个字节的数据。

4. 彩色条形码

彩色条形码是结合带有视像镜头的手提电话或个人电脑，利用镜头来阅读杂志、报纸、电视机或电脑屏幕上的颜色条码，并传送到数据中心。数据中心会根据收到的颜色条码来提供网站资料或消费优惠。

彩色条码的优点是可以利用较低的分辨率来提供较高的数据容量。一方面，颜色条码不需要较高分辨率的镜头来解读，使沟通从单向变成双向；另一方面，较低的分辨率会让使用条码的公司在条码上加上变化，以提高读者参与的兴趣。

新的彩色条码将使用 4 种或 8 种颜色，在较少的空间中储存更多的资讯，并以小三角形取代传统的长方形。由 CNET 新闻中公布的图片看来，类似彩色版的二维 QR 条码。彩色条码未来计划用于电影、电玩等商业性媒介上，以提供更高的安全性，甚至电影宣传片连接或其他附加功能。

参考文献

［1］中国互联网络信息中心．第 27 次中国互联网络发展状况统计报告［R］．2011．

［2］陈丽能，宋文官．全国高职高专电子商务专业人才培养状况调研报告［M］．北京：清华大学出版社，2013．

［3］宋文官．电子商务师国家职业资格培训教程［M］．北京：中央广播电视大学出版社，2005．

［4］卢少平．电子商务概论［M］．北京：清华大学出版社，2017．

［6］万守付．电子商务基础［M］．4 版．北京：人民邮电出版社，2015．

［7］惠亚爱，乔晓娟．网络营销：推广与策划［M］．北京：人民邮电出版社，2016．

［8］人力资源社会保障部教材办公室．电子商务师［M］．北京：中国劳动社会保障出版社，2020．

［9］孙静．电子商务师［M］．北京：中国商业出版社，2018．